臺灣歷史與文化研究輯刊

十三編

第5冊

臺南府城醫藥神信仰與相關文化研究（上）

胡欣榮 著

花木蘭文化事業有限公司

國家圖書館出版品預行編目資料

臺南府城醫藥神信仰與相關文化研究（上）／胡欣榮 著 — 初
版 — 新北市：花木蘭文化事業有限公司，2018〔民107〕

目 8+218 面：19×26 公分

（臺灣歷史與文化研究輯刊 十三編：第 5 冊）

ISBN 978-986-485-297-0（精裝）

1. 藥籤 2. 民間信仰 3. 文化研究

733.08   107001582

ISBN-978-986-485-297-0

9 789864 852970

臺灣歷史與文化研究輯刊
十三編 第 五 冊   ISBN：978-986-485-297-0

臺南府城醫藥神信仰與相關文化研究（上）

作 者 胡欣榮
總 編 輯 杜潔祥
副總編輯 楊嘉樂
編 輯 許郁翎、王筑 美術編輯 陳逸婷
出 版 花木蘭文化事業有限公司
發 行 人 高小娟
聯絡地址 235 新北市中和區中安街七二號十三樓
電話：02-2923-1455／傳真：02-2923-1452
網 址 http://www.huamulan.tw 信箱 hml810518@gmail.com
印 刷 普羅文化出版廣告事業
初 版 2018 年 3 月
全書字數 233328 字
定 價 十三編 24 冊（精裝）台幣 60,000 元

臺南府城醫藥神信仰與相關文化研究（上）

胡欣榮 著

作者簡介

胡欣榮，土生土長台灣臺南人。學習研究領域分別為工業管理、企業管理、資訊管理、國語文學。具國小、中等學校教師資格與資訊類技術證照；曾授課於國小、國中、高中、資策會與大學。自小生活、活動在臺南中西區與北區，但所學與生活周遭信仰、文化活動相關性低，故對原鄉的信仰文化未有感受。任職於金屬工業研究發展中心研究員的父親在退休後因肝膿瘍中風，母親照顧致積勞過世後，返鄉照顧父親。利用至研究所學習以紓解照料之壓力；論文即以「原鄉視角」初探、記載、搜集記憶中常出現於周遭的文化現象。

提　　要

　　醫藥神信仰在臺灣發展已有三百多年的歷史。臺南府城是最早開發的地區，自荷蘭時代、鄭氏三代至清朝，一直是當時臺灣政治、經濟、文化、宗教的樞紐。是故藉由蒐集臺南府城醫藥神寺廟的資料，歸納出醫藥神信仰在臺南府城的區域特色。

　　本文以探討臺南府城醫藥神寺廟為研究範圍，分析其自清朝至日治時代的變遷，醫藥神與信徒、社會之間的互動也是本文討論的重點之一。從醫藥神寺廟配祀神與同祀神的供奉，可看出不同時期的信徒需求，也了解到作為一個結合神明與信徒之間關係的醫藥神寺廟，具有溝通整合的多元功能；從創立的位置、時間，可得到醫藥神信仰與聚落開發的關係；隨著祭祀活動、寺廟中的區聯、碑碣，甚至祭祀圈發展成地方民防的「聯境」、「藥籤」種類與內容中，窺見臺南府城醫藥神信仰特質與經濟、社會、文化的變遷。

　　綜上言之，臺南府城醫藥神信仰的變遷與特色及本土化的足跡是本文呈現的研究結果。府城的醫藥神信仰在經歷過輝煌與挫敗，逐漸影響到臺灣醫藥神信仰的生態。

誌　謝

　　感謝眾人的叮嚀與關心，雖然總覺得論文尚不夠完美，幸好經指導教授張清發老師提醒「懂得適時的放手、掌握自我的情緒、調整做事的心態」、「不完美，才是完美」，總算體會要視自己的能力，盡所能完成目標。

　　從父親中風、母親積勞肝癌過逝，轉眼走到誌謝了。眞有太多的人該謝了！

　　寫論文過程中：指導教授張清發老師，考量我非本科系背景上的弱點，自題目選定上不斷提供建議、方向與資料，讓我能由本身能力與興趣爲出發點確定研究主題，在迷思於三千多張田調相片後製作中思跳脫出，回到論文本體的進行。

　　感謝張清榮院長、林惠勝老師每次偶遇時的提醒，邱敏捷老師、林登順主任、張惠貞老師在課業上與相關資訊上不吝的提供和鼓勵，另外也謝謝高雄應用大學謝貴文老師對我的主題與研究方向提供看法和建議。

　　口考中：戴文鋒老師與林麗紅老師自整體及微觀兩方面對我論文上的缺失與盲點，提供寶貴意見、建議與修正，使我的論文能由粗略、缺乏分析與焦點不明確，能更爲精緻、有內容、觀點，價值的展現，並肯定我的田調與學習推力。

　　田調過程中，感謝那些不因我隨身碟遺失、被學生格式化……而不斷重複拍照、重新訪談，仍不厭其煩、熱心提供協助各寺廟相關人士，如興濟宮多位委員、福隆宮陳勝南委員、陰陽公廟楊先生、楊太太、五瘟宮郭太太、關帝廳劉振熊主委、呂建德委員、藥王廟蔡松泉先生、林央士先生、元和宮宋先生……等。這篇論文的完成，全賴他們的協助與提供各類各種的資料、

訊息，另外同樣也感謝因較忙無法提供協助，但任由我在廟域內自由參觀、拍攝，也感激因廟況因素限定我拍攝主題的人士，雖然現場的田調，無法周詳的探訪，但由其他人士的訪談中，不僅給我學術知識，也提供另類的學習機會。

更感謝父親胡乃玄在右側癱瘓、語言受損狀況下，艱辛用左手一筆一畫寫出資料協助我田調方向；妹妹雪紅於校務、教學與自己論文的進度外，不斷給予打氣，學位取得後，更繼續提供文本的協助；家中峻澤與鈺儒的自發學習，讓我不用再分心協助，慧玲的協助也令我省卻許多負擔。

累積這麼多人的付出，完成論文與取得學位，更讓我學得許多知識與知能。「大蟹！小蟹！都是蟹！」，此時心境正如陳之藩〈謝天〉中「無論什麼事情，得之於人者太多，出之於己者太少，因為要感謝的人太多了，不如謝天吧！」

目
次

圖　次

第一章 緒 論

　　唐宋以來，中國南洋經商漸多，航運險阻多，對神明依賴亦多。臺灣自開發以來就是一個重商的社經環境，海上活動發達，商人雄厚財力及虔敬供奉，造就早期臺灣通商口岸寺廟林立的盛景。

　　寺廟是信仰與建築的文化象徵，寺廟在地方的拓殖關係極為密切，由篳路藍縷的拓荒時期，經歷農村聚落、城市都會，皆與寺廟互為依存。透過當地民間信仰的研究，可以充分了解該地區的文化現象，亦可從民間信仰流佈情形得到地區的開拓史的初步認識〔註1〕。

　　人類出現前，疾病就存在地球上，之後便與人類相伴依存，人類不斷試圖克服疾病、維護健康，一生都離不開醫療的過程。一個人自出生到生命結束，都免不了會向神明祈求庇佑，所求內容絕大部分是與健康、醫療為主。

　　本研究是以臺南府城發展精華所在的城區與五條港區為地域範圍，針對人窮極一生都無法脫離的疾病醫療活動，以延續數千年民間醫療信仰的醫藥神為主題。在臺南府城特殊政治、經濟背景下，藉由信仰淵源、寺廟沿革、文化活動與藝術展示等方面，蒐集記錄醫藥神明的信仰與文化，來發掘臺灣府城獨特的信仰發展、文化表現。

第一節　研究動機與目的

　　醫療體系是一個蘊涵著文化價值的象徵體系，在各文化的民俗醫療，尤其是宗教醫療體系中，更可以觀察到文化長遠的深層影響，小至醫療名詞、

〔註 1〕蕭世國：《臺南縣玉井鄉媽祖信仰之研究》臺南師範學院臺灣文化研究所碩士論文，2004 年，頁 4。

醫療器材、疾病症狀、藥物詞彙,大至病因觀、對健康或生病的定義、身體
與靈魂的觀念等,無不透露著民俗文化的信念。「臺南府城」是全台最早開發
的地區,被譽為文化古都,更是明清時臺灣的政治、文教與經濟中心,擁有
許多寺廟與發展出祈求神明庇祐的獨特民俗活動。

雖然醫藥科技不斷精進,但民間仍存在傳統醫療活動,其中醫藥神信仰
傳承自遠古時代,除了藉神媒治病外,藥籤、善書的療方更是累積千年知識
與歷代中醫經典所成。這個信仰體系是自古就是個與生活息息相關不可或缺
的一環,臺灣寺廟淵源承自傳統閩粵地域文化,融合獨有社經背景,發展特
有特色的本土庶民文化,構成臺灣社會文化重要部分,有廣泛傳播影響力,「臺
南府城」又是臺灣漢人文化的起源,所以對臺南府城醫藥神的研究,應該可
以體驗出未可預知的研究價值與趣味。

臺南府城醫藥神信仰的內涵本身豐富而多元,以此做為研究的出發點,
當中包含社會歷史變遷下的醫藥信仰在各方面的說明,可以進行整體的勾勒
與內涵的分析討論以達到以下的目的:

一、探討臺南府城醫藥神信仰的形成

討論醫藥神信仰在臺南府城的形成,以典籍文獻所記載與田調考證為主
要參考資料,說明醫藥神信仰寺廟的建置,具體呈現臺南歷史記載的內容。
就神農大帝與保生大帝……等醫藥神信仰的形成,由遠古神話與神醫濟世救
人傳說,概括說明醫藥信仰所涉及的根源與傳說。

臺灣醫藥神信仰的形成,由文獻典籍記載內容,可推估起於明末、清代
拓墾時期,而發展主要地帶即為臺南府城,尚可進一步說明信仰於清代奉祀
的成因與最初信仰面貌,也藉此做為探討信仰能於某些地域長時期廣受奉祀
的原因。藉由臺南府城醫藥神信仰初始面貌的描繪與說明,亦能做為比較臺
南醫藥神信仰歷經移民乃至現今其中的變化差異,並探討臺南醫藥神信仰的
發展特色。

二、臺南府城醫藥神信仰的文化意涵

臺南市在臺灣社會、時間、空間變遷下,醫藥神信仰與之相互影響產生
的文化意涵,是為本文討論的目的之一。論述臺南醫藥神信仰的文化意涵,
以文獻研讀與實地田野調察方式,進行醫藥神信仰內容的追溯與現今臺南醫

藥神信仰內容的考察。是以論及臺南醫藥神信仰文化意涵包含著明清時期乃至今日的醫藥神信仰。包含醫藥神信仰於各時期代表的社會歷史背景、與其他神祇間產生的融合及由地域環境特色所構成的文化特色等，皆爲探討文化意涵的內容範圍。

總體而言，本文所論述之目的在於分析臺南各時期的醫藥神信仰所形成的文化意涵。藉由所蒐集的資料說明、結合社會歷史、地域發展情形，說明明清、日治時期與民國至今的轉變所產生的文化內涵及於各種階段時空背景下，被賦予的文化元素及所蘊涵文化內涵與整體特色，並藉由田調的資料蒐集與記錄，爲臺南府城特有的地域性文化，做最基礎的保存與最初步的資料匯集，提供後續研究的簡要資訊。

在本研究田調過程與資料分析歸納進行中，產生了一些限制，使本研究的定位只能侷限在於較爲的基礎的資料彙整上。首先，外在限制因素是在田野調查時，所獲得的口頭傳說與文獻紀錄有相當程度的不同或差異；傳說的內容大多有誇大之處，但是若由「信仰」的角度來解說，則可被視爲是某些現實情形或心理的需求，在爲了信仰的形成或特定目的的構成前提下，所創造出合理化的說法。因此可亦說，傳說與信仰是互爲表裡，彼此相依的發展，因此文獻資料與口頭傳說之間可能存有相當程度的落差，在本研究的處理方式是先對傳說和文獻進行比對印證，並同時將資料紀錄下來。

其次，在臺南市所擁有的大量百年以上歷史的寺廟，產權卻大多登記爲民間私有或神明所有，甚至不願被列入古蹟，因若被指定爲古蹟後，廟體與文物不得隨意更動，管理也受法令羈絆。故常在經費缺乏與乏人指導監督下，自行鳩工整修，忽略寺廟的沿革、歷史與文物的記錄和保存，加上管理制度的約束與要求下，廟公（管理人）汰換更佚率頻繁，對於寺廟的熟悉度非常低。

所以在進行田野調查與訪談時，經常是受訪者對主題回應含糊不清或不瞭解。加上西方醫藥學發展的迅速與相關法令的限制，使得在定位、確認醫藥神寺廟時，雖然有家父提供過去藥籤、寺廟的資訊，但實際訪談時，受訪者常礙於「不得提供藥籤」的法令約束與顧忌下，皆以「沒藥籤」、「不清楚」等語回覆；又因耆老凋零、缺乏文字記載、廟體改建等因素，使得文物失佚、部份廟公對寺廟歷史、文物不了解，因而無法提供有效資訊，使得田調時的樣本數量與實際的記錄不同。所以本研究就對以上問題與缺失，在能力與時間有限的限制下，對所界定的地域範圍內之醫藥神信仰寺廟，藉由田野調查

的訪查與觀察記錄，輔以手中耆老提供的資訊，將這些寺廟的歷史沿革、神祇源由、祀典活動、文物……等搜集、整理與分析記錄。

　　由於研究者本身的學習領域背景是企業管理與資訊應用領域，本身的能力也有限制，對於本研究中所關聯的諸多專業領域與技能，諸如建築、造像、藝術、文學、田調技巧……等並不熟悉也不專業，故在田調時無法做確切與深入的取材，在取得資料進行分析、歸類或判斷時，無法達到最有效率、最有價值的資訊建構與統整，所以只能朝著爲後續研究者彙整現有文獻、研究資料與保留可提供現況資料的記錄做成初略保存的功能，爲未來對此文化領域欲更深入研究時貢獻最初步的資料蒐集與參考來源。

第二節　研究範圍與對象

　　本論文所調查研究的地域是改制直轄市〔註2〕前的臺南市；並以曾是臺灣政經中心的府治「臺南府城」城垣所圍的「府城城區」與經濟發展重地「五條港」港區爲範圍。研究對象主體是以位於「府城城區」與「五條港」港區內，供奉醫藥相關性質神明的寺廟爲田野調查對象。以下分別從「地域範圍」、「寺廟」及「醫藥神」來界定本論文的研究範圍，並依界定的標準確認與劃分研究對象。

一、地域範圍

　　本研究的地域範圍是「臺南府城」的「府城城區」與「五條港港區」。「臺南府城」原稱爲「臺灣府城」，是臺灣歷史上清代臺灣府的府治所在。原本爲平地原住民「西拉雅」族的生活領域；17 世紀時，荷蘭東印度公司〔註3〕以「大員〔註4〕」爲國際貿易據點，並以赤崁（Saccam）〔註5〕爲統治中心，

〔註 2〕西元 2010 年 12 月 25 日起與臺南縣合併升格改制。

〔註 3〕荷語：Vereenigde Oost-Indische Compagnie，簡稱 VOC，建立於 17 世紀歐洲大航海時代（1602 年 3 月 20 日成立，1799 年解散。）第一個可以自組傭兵、發行貨幣，第一個股份有限公司，獲准與其他國家定立正式條約，實行殖民與統治的權力。

〔註 4〕又稱台員、臺灣。荷治一鯤鯓地區，臺南市安平一帶，原臺江與外海間沙洲。荷蘭人沿用平埔族部落名稱「大員」轉音而成，有 Tayovan、Tayan、Tayoun、Tyovan、Tavan、Taiwan 拼法。

〔註 5〕原住民西拉雅平埔族「赤崁社」聚落所在

支配周邊原住民部落及漢族移民，在該地區分別建立熱蘭遮、普羅民遮二城，以經濟論述則有「荷人治城，漢人治野」的俗語；東寧王朝〔註6〕時屬承天府；西元 1684 年為清代臺灣府與臺灣縣，因府治與縣治於同城內，故仍稱「臺灣府城」。在光緒十三年（西元1887年）建省改屬臺南府後，才稱「臺南府城」，因挾擁航運貿易重鎮要衝的安平港，故有「一府、二鹿、三艋舺」〔註7〕之諺語。

　　在此歷史淵源下，使「臺南府城」成為文教經濟中心；素有「臺灣文化古都」、「臺灣漢文化歷史的發源地點」之稱。雖然「臺南府城」與「臺灣府城」指的是同一地域，但本研究則以「臺南府城」做為研究區域的統稱，以達到全文稱呼的一致性，並與本研究的區域性場域的區分，做字面上最明確的標明，凸顯本研究的地域範圍是指臺灣島內的臺南地區。

　　「府城城區」範圍界定是以康熙六十年（西元1721年）在有「三日打到府，一暝溜到厝」、「做三日皇帝的鴨母王」〔註8〕諺語的朱一貴亂〔註9〕後，為了保障居民安全，在雍正元年〔註10〕（西元1723年）由知縣周鍾瑄以木柵建築城垣〔註11〕；在林爽文事件後，由臺灣知府楊廷理以三合土為材於乾隆五十三年（西元1788年）改建成有十四座城門〔註12〕的土城。直到西元1917年日治時進行「市區改正」才拆毀城牆的城內範圍。

〔註6〕 連雅堂《臺灣通史》：「臺灣原名埋冤，為漳、泉人所號。明代漳、泉人入台者，每每為天候所害，居者輒病死，不得歸，故以埋冤名之，志慘也。其後以埋冤為不祥，乃改今名，是亦有說云。」「臺灣」閩南語發音與「刣 thâi（殺 tâi）完」或「埋冤」相近，故鄭經改稱「東都」、「東寧」，自稱「東寧國主」，改國號為「東寧王國」。

〔註7〕 講述現代史上臺灣港口城市發展概況的俗諺：其中「府」即指臺灣府城。

〔註8〕 前句諺語表示成功快，失敗更快；後句比喻時間短暫。

〔註9〕 康熙六十年（西元1721年）朱一貴揭竿起義反抗臺灣知府王珍暴政，從鳳山縣率數萬農民打到臺南府城，與清兵在春牛埔大戰，清兵潰逃，王珍戰前搭船逃往澎湖。朱一貴進入府城後，在大天后宮（前寧靖王府）登基，國號大明。同治時有臺南人在小南（臺南大學附小旁）為朱一貴蓋城隍廟。

〔註10〕 洪敏麟：《臺南市市區史蹟調查報告書》（南投：臺灣省文獻委員會，1979年），頁95。

〔註11〕 所築的城只有七門尚無小西門，大西門兩邊未與木柵相連。參見詹伯望：《半月沉江話府城》（臺北：臺灣建築與文化資產出版社，2006年6月），頁41。

〔註12〕 將大西門往東移動一百二十餘丈（400公尺）。參見詹伯望：《半月沉江話府城》（臺北：臺灣建築與文化資產出版社，2006年6月），頁25。

　　「府城城區」的範圍相當於今臺南市行政區之中西區的西門路以東、部份北、南、東區，西門路以西至安平區舊聚落（一鯤鯓）之間。《續修臺灣縣志》：

> 雍正元年，邑宰周鍾瑄始創木柵，建七門焉。正東倚龍山寺，爲大東門，柵自大東門而南，內抱山川壇，互東南爲小南門，度正南拱府學文廟前爲大南門，迤西內控土墼埕，外逼下林仔，北折跨溝爲水門，至渡船頭而止。又自大東門而北，更右營廳至東北爲小東門；正北內迤城守營爲大北門；西北內逼烏鬼井爲小北門；迤西外逼船廠，南折跨溝爲水門，過媽祖樓之西終焉〔註13〕。

即爲清代建城後，由城垣所保護的範圍，大致爲目前西門路以東，府前路以北、勝利路以西、公園南路以南的地區。

　　「五條港」一詞最早出現是臺灣道徐宗幹在道光二十九年（西元1849年）於《斯未信齋存稿》的〈報廠港竣工書〉中：

> 自廠（即道廠）坪起至五條港口，由道籌費開挖，……其五條港直達安平大港，沙礁疊積，用費甚鉅，據各郊行以貨船並由此搬運，願爲挑挖。〔註14〕

先民渡海由鹿耳門、安平進入臺江〔註15〕，在「飲大井水，沒肥也美」的大井頭〔註16〕（今民權路、永福路交叉口）附近上岸（民權路與西門路一帶）。到了康熙二十二年（西元1683年）時，大井頭渡口外因陸浮不便舟行，居民挖掘港道填海爲宅、建立街市。在臺江淤積嚴重後，海岸線由大井頭渡口（新美街、西門路一帶），向西延至鎮渡頭（康樂街、金華路一帶），臺江海埔新生地日多，市街向東發展至東門城春牛埔，向西至和平街尾接官亭附近的鎮渡頭

〔註13〕 謝金鑾：《續修臺灣縣志卷一・地志・城池目》臺灣文獻叢刊140（臺北：臺灣銀行經濟研究室，1962年），頁23。

〔註14〕 丁曰健：〈報廠港竣工書〉《治臺必告錄卷四・斯未信齋存稿》（南投：臺灣省文獻委員會），頁299。

〔註15〕 從自蕭壠（八掌溪以南）到二層行溪（二仁溪）河口間，外海堆積細長沙洲（北汕尾及臺南府城外鯤鯓七島）與臺南府城海岸分隔出的潟湖內海，北至將軍、漚汪、安定……等地，南至灣裡、喜樹一帶。

〔註16〕 位舊時大西門內「大井頭街」。本指大井旁碼頭，現指「大井」本身。開鑿時間不明，高拱乾《臺灣府志》：宣德年間鄭和與王景弘下西洋時曾到此地汲水。陳文達《臺灣縣志》載：荷蘭人蓋普羅民遮城時爲怕火災而鑿井以備不時之需。荷蘭史料稱爲「士米村（Smeerdroop）」。

〔註17〕，港道深入市區大井頭、赤嵌樓一帶，這些港汊被稱之爲「五條港〔註18〕」。

圖1-1　道光五年的五條港

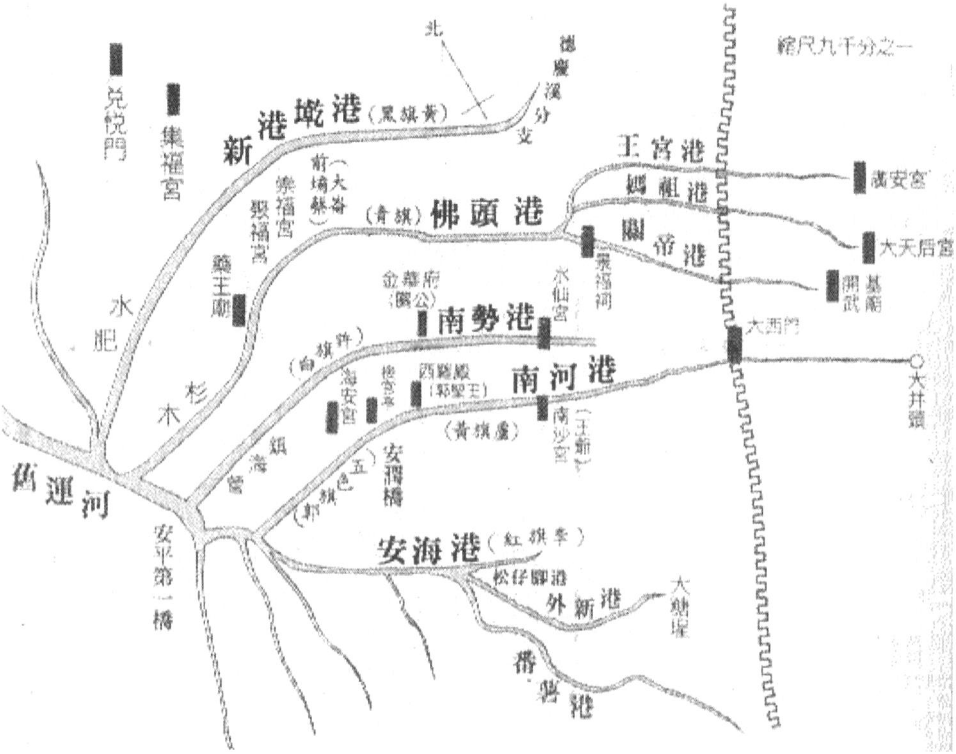

資料來源：翻拍自水仙宮與海安宮

　　由居民疏濬新生地、開通港汊與街道，形成的商業區，即爲「五條港」港區。五條港地區建廟特色是每條河道都有其依附的街道並在碼頭邊供奉家鄉神祇並發展成信仰中心（如西羅殿）。過去每年端午龍舟競渡〔註19〕、「搶

〔註17〕　在南河港上。乾隆時期，大井頭以西已爲陸地，發展出許多街道。大井頭與接官亭間，有大井頭街、南勢街、新南勢街、鎮渡頭街連成一線，是西定坊五條港區市街發展的軸心。五條港全盛時期相當熱鬧，有繁盛商業活動，形成府城八景中唯一純人文景緻的「井亭夜市」，井是指大井頭「大井」，亭是指「接官亭」。

〔註18〕　由北而南爲新港墘港（文賢路、信義街一帶，開鑿最晚，故名新港）、佛頭港（禿頭港，民族路三段一帶）、南勢港（神農街一帶，亦稱北勢港）、南河港（民生路、民權路一帶）、安海港（民生路和中正路一帶）。

〔註19〕　五條港河道寬最多只有8、9公尺，龍舟比較袖珍，並無龍頭和龍尾，僅在船身上繪一龍形。1923年臺南運河通航，台江內海淤積，航運優勢消失，運河取代淤淺五條港，龍舟競賽便改在運河舉行。

「五旗」活動〔註20〕是府城一大盛事。「五條港港區」爲臺南府城商港區結合經濟、宗族、信仰形成特殊文化地區。範圍約在今臺南市民生路二段以北，成功路以南，新美街以西，金華路三段以東。

　　本研究地域範圍即「臺南府城」的「府城城區」與「五條港商港區」範圍，正是臺灣四百年歷史中，使臺南在歷史上長期處於黃金時代歷久不衰的精華區。

二、寺廟

　　臺灣民間信仰的歷史與臺灣移民史和開發史是同步並行發展的。〔註21〕寺廟是早期社會信仰和組織凝結的中心，替社會承載了許多功能，也是民俗文化重要的載體，經由寺廟的探索，可以知悉當地的發展。所以寺廟是隨著移民帶來的信仰、移墾社會的環境背景及人群特質而成立的。在開發初期時，移民先建廟安奉神祇，功能多偏重於宗教性質；隨聚落發達，政治、經濟、社會與文化功能相繼產生並與之互爲依存，除了建廟傳說、沿革與地方發展的歷史相關外，還可以說明當地的民間信仰重要特質與思想態度，故「寺廟」可稱之爲臺灣社會的中心關鍵。

　　開發的先後、地方條件和寺廟的分布有相當關聯性。臺南縣市的寺廟分布是全臺最多〔註22〕，與臺灣開發的年代早晚成正比；強烈反映出開發較早，則經濟就較富裕〔註23〕。臺灣的社區依經濟型態可以畫分爲「市街區」、「農業區」、「漁業區」，依其不同的行業別，各有神明的崇拜〔註24〕。各區又常因爲信仰程度及經濟實力的不同，再表現於建廟意願及重建頻率上產生差異。

〔註20〕 自北而南老古石港爲黑旗，佛頭港爲綠旗，北勢街爲白旗，南河港爲黃旗，安海港爲紅旗。

〔註21〕 陳小沖：《臺灣民間信仰前言》（廈門：鷺江出版社，1993 年 12 月），頁 1～4。

〔註22〕 2011 年 06 月 18 日內政部統計處發布一〇〇年第二十五週內政統計通報 99 年底宗教寺廟、教會（堂）概況：截至 99 年底止，國內登記有案寺廟計 1 萬1,875 座，按縣市別：以臺南市 1,614 座最多。

〔註23〕 李乾朗：《臺灣的寺廟》（台中：臺灣省政府新聞處，1986 年），頁 17。

〔註24〕 基礎產業的農、漁村地區，鄉土神信仰色彩較濃厚，爲了競爭往往藉著同鄉或同村關係勢力，透過同一方言或供奉神明爲象徵中心，如漳人開漳聖王、同安的保生大帝、三邑人觀音菩薩、泉州人廣澤尊王、客家人三山國王等。

　　臺南府城的開發較早，被移民群聚成爲臺灣開發的政治中心，此社會背景下的經濟發展就異於相臨地區。在商紳階層的信仰中，因主要分布在市鎮、港口等商業或文治發達地區，所以崇奉的神明及參與的祭典活動，是地緣色彩淡薄的神明，如媽祖、觀音、地藏王、保生大帝……等等，因此在臺南府城也發展出特有祭祀神祇與祭祀活動及儀式。

　　明、清方志中民間信仰的寺廟以「祠廟」區隔制度化佛教寺院和道教宮觀。黃季平以民間信仰的「廟」沒有嚴謹組織，不同於佛教組織嚴謹的「寺」，「寺廟」一詞兼俱佛教「寺」與民間信仰「廟」，區分不嚴格、語意不清，故主張將「寺」、「廟」分開，對民間信仰的廟宇僅以「廟」來稱呼〔註 25〕。這觀點與主張雖然立意明確，實際上卻忽略了民間信仰的特徵〔註 26〕，「寺廟」是普及性的通俗稱呼，臺灣的民間信仰中，以「寺」爲名的廟宇，在長期地方發展演變下，經常由單純佛教「寺院」轉化爲民間信仰多神信仰的「寺廟」，所以使用「寺廟」來概稱，恰好足以涵蓋並反映出民間信仰中儒、釋、道……多教的混融現象。

　　本研究以「寺」、「廟」並列的「寺廟」來泛指民間信仰中的廟宇，其性質的範疇是以臺灣傳統民間信仰的寺廟爲主，研究主體須具備開放性公眾空間特質的建築，可供信徒與民眾自由進出參拜的場域，並且要登記於臺南市政府民政局的寺廟名冊中。其他專屬於佛教寺院、齋教〔註 27〕齋堂

〔註25〕黃季平：〈廟記錄的方法論──臺灣三次廟普查案例的比較〉《民俗曲藝》第142 期，2003 年，頁 8。

〔註26〕綜合傳統儒、釋、道祭典儀式：泛神論信仰，凡名人、大自然星宿、動物、植物、圖騰、精靈……等都可依照自己意識成爲神明；按各地生活習俗：食、衣、住、行而表現在迎神賽會上。

〔註27〕民間教派支派一脈，如白蓮教、青蓮教、聞香教、無爲教、三一教，明清政府明令禁止。信仰、教義內容相似，有承傳關係。清代臺灣有龍華教、金幢教、先天教三派傳入。金幢教傳入最早，乾隆年間設立齋堂，如臺南慎德堂、西華堂、新竹新埔香訊堂；龍華教隨之傳入，如臺南安平化善堂、臺中慎齋堂、苗栗善德堂；咸豐年間先天教齋堂出現，臺南報恩堂、新竹福林堂爲代表。日治時期將齋堂合併爲齋教類，泛指不吃葷齋友所崇信的教派，稱之持齋教或吃菜教，信徒稱齋友、菜友、菜公（男眾）或菜姑、菜婆（女眾），「齋教」成爲龍華教、金幢教、先天教的統稱。在家佛教一脈，經典與佛教無太大區別，嚴守戒律，茹素終生。不同是齋友不出家、削髮，平日不穿迎裟、法服，和一般百姓一樣，有獨立工作維持生活。龍華教、金幢教准許婚娶生子，稱「在家佛教」。三派建築物稱「齋堂」。

或寺廟子組織的神明會〔註28〕、神壇〔註29〕……等都不列入本研究的討論範圍之內。

三、醫藥神

民間信仰有深厚行業信仰傳統，是職能神的崇拜，一般是指行業的「祖師爺」與「保護神」。「祖師爺」神是指某一行業所祀奉的行業開創者；「保護神」則為具有某種與行業相關神職的神靈。

周朝時，自天子至庶民已有「祭祖」習俗，到了農工商百業俱興時，各行各業為了求「營居安泰，生意興隆」也會尋覓一位與本行相關事蹟的「古聖先賢」奉為「祖師爺」，以示德高望重表達「職業無高低，行行出狀元」，祖師爺的供奉，屬於「天地君親師」中的「師道」，也是尊師重道的傳統。

孔子以「祖述堯舜，憲章文武」將「祖師爺」的頭銜定給先哲，後世的人不敢妄稱自己是那一種行業的肇始者，便開啟供奉祖師爺的風氣。例如傳說三國名醫華陀曾為關公刮骨療傷，因醫術精湛被中醫師或外科視為祖師爺；中醫內科則以孫思邈為祖師；中藥店因神農氏親嘗百草，做藥方治民疾，也被視之為行業神；神農氏又始製耒耜，教民種五穀，始創農耕立國，所以米糧業、農業也視為行業神。

醫療水準不論如何進步，仍有疾病是當今醫療系統與技術所無法醫治的，民間經過經驗與觀念累積所形成的知識寶庫中，產生各種祕方、偏方及宗教療法，在現代醫學技術與藥物治療下，當藥石罔效後，「醫藥神」即成為寄託希望之處，生病時除醫藥的治療外，心靈撫慰更是需要。現代醫學也證明，有許多生理機能與作用，可以藉由心理催眠或自我建設作用，產生改變或加強。因此祈求神明庇佑，可將之歸類為強化對抗病魔的自信心。

〔註28〕 宗教信仰組織，從原鄉帶來供奉特定神明，藉組織建立與發展，鞏固庄頭或地盤，成為臺灣社會特有民間信仰與聚落社群聯繫、聯誼之宗教性崇神組織，購置田產以收益供祭神及其他公用。神明會因同鄉、姓、行業、村莊、結拜金蘭或純粹認同某特定神明所結合的人士，南部通稱「會」、「社」、「堂」，北部通稱「嘗」、「季」。亦稱「盟」、「閣」、「亭」、「祠」，成員通稱為「會員」、「信徒」、「會腳」、「會友」、「社友」、「爐下」、「會內人」或「社內人」等。
〔註29〕 供奉神祇，供公眾膜拜但未具寺廟登記要件之場所。

　　民俗醫療中所涉及的神明被統稱爲「醫藥神」〔註30〕，官方祀典與民間祭拜中都泛指精於醫藥救人的先醫與傳說中善於醫術、丹藥之士，如伏羲、神農、黃帝、岐伯、醫和、扁鵲、淳于意（倉公）、涪翁、華陀、張仲景、王叔和、皇甫謐、葛洪、范汪、陶弘景、孫思邈、韋慈藏、宋慈、吳本、呂洞賓……等都被視爲神明。

　　在臺灣民間醫藥神的定義範圍更爲廣泛，較爲倚重且定位爲醫藥神的神祇，大抵是指醫藥業的祖師爺或行業保護神，如保生大帝、神農大帝或孚佑帝君〔註31〕，雖臺灣大多把神農的神格視爲農神（參考第二章第二節），但臺南府城的神農大帝神格則是兼具醫藥神與農業神，故確定列爲研究範圍之內。

　　此外除了部分較地域性特有醫藥神，如宜蘭二結王公廟鎮安宮的老三王公〔註32〕專治精神病外，專門科別醫藥神還有婦科的臨水夫人、池頭夫人、註生娘娘〔註33〕，另尚有屬於從祀神的專科醫療神祇如虎爺（專治豬頭皮—腮腺炎 Mumps）、痘公痘婆（專治出水珠—帶狀疱疹 Chicken pox 水痘）皆屬於醫藥神崇祀範圍之內。

〔註30〕　宋錦秀：〈臺灣的「醫藥神」信仰〉《文化視窗》第 5 期，1998 年），頁 45。

〔註31〕　八仙中的呂洞賓。道教神仙、內丹代表人物，尊稱爲呂祖、呂祖師、純陽祖師。閩臺地區民眾俗稱爲「呂仙公」，簡稱「仙公」。屬於五文昌之一，是理髮、醫藥、製墨…等行業的守護神。相傳原名呂巖，西元 796 年（唐貞元 12年）農曆 4 月 14 日出生在山西永樂縣。曾中進士爲官。因厭煩官場弊端，隱居終南山，巧遇鍾離權，學習煉丹之道，成爲神仙。關於呂洞賓度脫、救濟凡人的傳說在宋代非常普遍，洪邁《夷堅志》收錄近三十條。元代呂洞賓被尊爲全眞道祖師。臺灣以呂洞賓爲單一主神的寺廟不多，但爲扶乩的重要神祇，是鸞堂信仰中的恩主公之一。鸞堂扶鸞降筆、取得神明諭示是一種古老的宗教活動，臺灣民間信仰的重要特色。

〔註32〕　南宋末蒙古人興起，三位義軍首領義結金蘭：大哥柳信、二哥葉誠、三弟英勇，撐於漳洲漳浦，精通醫藥、堪輿、道術屢爲湖西坑山民治病、消災解厄、受居民敬重。犧牲後，居民因感念將葬於坑仔尾獅球山，尊爲「古公三王」建廟於墓前以祀。吳沙開發宜蘭，「廖地」渡台攜第三王公本尊隨行庇佑，漳州鄉民聚結「二結庄」，建草廟祀奉，嘉慶 21 年（西元 1816 年）「廖地」返回漳浦湖西祖廟，恭迎大王公與二王公神尊來台。諺語「老三王公請得，就免吃藥。」形容二結王公之中的老三王公精通醫術，非常靈驗，只要請得到王公治病，病人將很快康復。據說二結王公最擅驅鬼除煞和治療精神疾病。每年農曆 11 月 15 日二結王公廟過火，木炭用達二萬五千公斤以上，是全國規模最大過火儀式。參考自宜蘭二結王公廟鎮安宮沿革。

〔註33〕　鄭志明：〈心靈妙方，妙手回春——談臺灣藥籤文化〉《傳統藝術》19，2002年，頁 13。

　　臺南府城位處於北回歸線以南，地屬高溫溼熱的熱帶氣候，人類、禽畜魚蝦、稻作蔬果都易流傳瘟疫疫情，王爺信仰〔註 34〕中的「瘟神」系統也普遍俱有醫療功能，其中如五毒大帝、五福大帝除專職負責瘟疫外，也與保生大帝共同兼任除瘟的職務〔註 35〕。

　　民間信仰的醫療方式中，除祈求醫藥神明的庇佑之外，亦會使用藥籤、善書的療方及乩童或鸞堂恩主公扶鸞……等神媒來進行醫療工作。在醫療資源缺乏與醫藥技術不發達的時代，因信徒住所與生活地緣關係，幾乎所有神明都得具有治病的醫療能力。一般民眾在患病時，地區性的神祇在被信徒賦予醫藥神的功能之際，須兼任治療疾病或提供藥籤給信徒求籤抓藥，所以原屬海神信仰的媽祖〔註 36〕、由佛教傳入的觀音佛祖與文衡帝君也擁有了自己的藥籤系統，提供信徒與神明以最基本的擲筊方式溝通，求取藥籤取得藥方，以進行醫療活動。

　　本研究對於「醫藥神」界定範圍是以傳統民間信仰中，醫藥行業守護神或祖師爺即是定位為醫藥神祇，另外提供藥籤藥方以供讓信徒求籤抓藥的神祇則為第二類醫藥神之屬，至於其他精於醫藥之術並曾俱醫師身份或行醫濟世的神祇亦列入研究範圍中。至於善書、乩童、鸞堂扶鸞……等部分，雖仍屬民間醫療的醫術範圍，但因主題涵蓋範圍廣泛，涉及的性質領域較為複雜，不似藥籤的具體呈現，可直接由信徒與神祇溝通不假他人之手，且也更受限於時間倉促與不足，故將善書、乩童、鸞堂扶鸞……等部分先予以保留，留待日後再行探討、研究。

〔註 34〕　黃文博：《臺灣民間信仰與儀式》（臺北：常民文化，1997 年）。分為五系統：一、戲神系統：梨園祖師爺的「西秦王爺」，即唐明皇，後人尊為「梨園開山祖」安祿山入長安，讓位太子李亨（唐肅宗），亡命西蜀（西秦舊地），以「西秦王爺」稱。二、家神系統：鄉土王爺，以鄉土名人或祖先成神。三、英靈系統：生前有功於世人，死後被尊祀為「王爺」，多以通俗小說或傳奇故事為範本。四、鄭王系統：鄭成功、鄭經、鄭克臧。五、瘟神系統。

〔註 35〕　「瘟王醮」有「瘟神」行瘟，保生大帝扮演「瘟醫」為地方除瘟疫（收瘟），維護百姓健康。

〔註 36〕　大甲四媽因精通醫術，信徒罹患疾病時，以刀片削下神像底座的木屑，放在煎熬的草藥中作為藥引，久而久之神像底座呈現大洞。故大甲媽祖俗語有：「大媽鎮殿、二媽吃便（無特殊職務）、三媽愛人扛（擔任進香媽）、四媽閣尻川（底座被削做藥引）」之說。

四、研究對象

　　依據以上所界定的「地域範圍」、「寺廟」及「醫藥神」標準，本研究在田野調查時的主題對象是位於臺南府城城區與五條港港區的寺廟中，其主祀或同祀為醫藥神，及曾提供藥籤給信徒求取者，不論目前是否仍提供此項醫療服務，皆一併歸類於研究的寺廟中，此外主祀或同祀神若俱醫療能力亦納入本研究之中。

　　研究主體的確定是以研究地域範圍內，經文獻、耆老與地方訪談的交叉比對驗證後，即使其中部分寺廟在耆老所提供的資料中符合樣本條件，但在實地訪談調查時，因廟方記錄不詳或受訪者無法確定是否提供過藥籤的事實，經再次資料、佐證的搜集後，若仍無法證實曾有藥籤的提供，則即使有提供藥籤之口敘記錄，仍將之屏除於研究樣本之外。

　　依據 2010 年 07 月 24 日內政部統計處公佈的民國九十九年第三十週內政統計通報〈98 年底宗教寺廟教會（堂）概況〉中記載，臺南縣、市在合併升格為直轄市前，於 98 年底已辦理登記於臺南市的寺廟共有 333 間。其中符合本研究討論主題的寺廟共有 34 間，分別為：開基藥王廟、神農殿、開山宮、興濟宮、良皇宮、元和宮、福隆宮、五帝廟、銀同祖廟、臺灣府城隍廟、玉皇宮、東嶽殿、三官廟、臺灣首廟天壇、北極殿、大觀音亭、清水寺、永華宮、五瘟廟、慈蔭亭、道署關帝廳、彌陀寺、祀典武廟、萬福庵、開基武廟、全台首邑縣城隍廟、大天后宮、廣慈院、重慶寺、媽祖樓天后宮、西羅殿、水仙宮、海安宮、陰陽公廟。

　　以上寺廟再依主祀神為醫藥神、同祀或陪祀神為醫藥神、不屬於醫藥神體系但提供藥籤、不屬醫藥神但主祀或同祀神為醫師身份為區分標準再分成四大類。其中若符合多種定義條件者，以最符合者作為歸類標準。

　　臺南市寺廟名冊中，所登記的主祀神為醫藥神寺廟中，主祀「神農大帝」的為開基藥王廟、神農殿〔註37〕2 間；主祀「保生大帝」為開山宮、興濟宮、良皇宮、元和宮、福隆宮 5 間，共有 7 間；經過耆老提供的資料與實際田野調查訪問結果比對後，歸類於第二類以同祀或陪祀神為醫藥神的寺廟分類中，同祀或陪祀「保生大帝」的是五帝廟、銀同祖廟 2 間；陪、

〔註37〕雖神農殿之歷史背景與沿革，在初建時實以農神為祭祀重心，但因考證育安藥鋪的藥籤時獲知除元和宮外，神農殿為亦曾有提供藥籤之實，故亦列入具醫藥神角色神職之寺廟討論之列。

同祀「天醫真人」的有府城隍廟、玉皇宮、東嶽殿、三官廟與天壇 5 間，合計有 7 間；第三類為不屬於醫藥神體系但因信徒需求的社會背景與神格擴充改變下提供藥籤的寺廟共有 19 間，其中目前仍有 4 間提供藥籤，分別為北極殿、大觀音亭、清水寺、五瘟宮 4 間；其他 15 間則是曾經提供藥籤，分別是永華宮、慈蔭亭、道署關帝廳、彌陀寺、祀典武廟、萬福庵、開基武廟、全台首邑縣城隍廟、大天后宮、廣慈院（庵）、重慶寺、媽祖樓天后宮、西羅殿、水仙宮、海安宮；陰陽公廟雖傳說有提供過藥籤，但因無法切卻證實，唯耆老強調「善於醫療」，故將列入其他類之中，以主祀神或同祀神俱有醫師身份但不屬醫藥神體系者為分類標準，以上合計本研究的醫藥神寺廟共 34 間。（見表 1-1）

表 1-1　本研究醫藥神寺廟區分統計表

區　分		寺　廟
醫藥神	主祀	藥王廟、神農殿、開山宮、興濟宮、良皇宮、元和宮、福隆宮
	同、陪祀	五帝廟、銀同祖廟、府城隍廟、玉皇宮、東嶽殿、三官廟、天壇
藥籤	提供	北極殿、大觀音亭、清水寺、五瘟廟
	曾提供	永華宮、慈蔭亭、道署關帝廳、彌陀寺、祀典武廟、萬福庵、開基武廟、全台首邑縣城隍廟、大天后宮、廣慈院、重慶寺、媽祖樓天后宮、西羅殿、水仙宮、海安宮
其他	醫師	陰陽公廟

資料來源：由胡欣榮搜集統計繪製

　　以下即依循上述區分的方式，將本研究寺廟群，分別就各寺廟的座落地區與建廟時間、主祀……等做基本資料的統匯，其中地區分類標準係以研究地域範圍的城區與五條港港區作為區分標準，再註明所隸屬的聯境與當今的行政區；至於藥籤系統是以訪談時所得資料記載。

（一）主祀醫藥神

　　主祀醫藥神的 7 間寺廟中，依所在地域區分則在城區有 6 間，五條港港區有 1 間；依主祀區分則為神農大帝 2 間、保生大帝 5 間。以深入訪查其主祀神的緣由和奉祀行為，並且調查紀錄配祀神與同祀神，據以分析府城醫藥神寺廟的信仰文化特質。以下為主祀醫藥神的寺廟，並再依主祀神劃分保生大帝、神農大帝與所在區域數量統計，如下表 1-2：

表1-2 主祀醫藥神寺廟數量統計表

數 量 祀 神 分 區		保生大帝	神農大帝	合 計
城區	中西	2	0	2
	北	3	1	4
五條港區	中西	0	1	1
合 計		5	2	7

資料來源：由胡欣榮分類統計繪製

依主祀醫藥神寺廟的地域、主祀別與創建年代做統計，如下表1-3：

表1-3 主祀醫藥神寺廟資料表

地 區			廟宇名稱	主祀神	創建年代（西元）
五條港區	中西	三協境	開基藥王廟	神農大帝	康熙十年（1671）
城區	北	十八境	神農殿	神農大帝	咸豐七年（1857）
	中西	六興境	開山宮	保生大帝	明清時期
	北	十八境	興濟宮	保生大帝	永曆年間（1647～1683）
	中西	四安境	良皇宮	保生大帝	永曆年間
	北	八協境	福隆宮	保生大帝	永曆年間
	北	十八境	元和宮	保生大帝	康熙三十五年（1696）

資料統計表由胡欣榮搜集統計繪製

（二）同、陪祀之寺廟

地域範圍內同、陪祀為保生大帝或天醫眞人的寺廟有 7 間，全集中於城區。依同、陪祀醫藥神別劃分與所在區域數量統計，如下表1-4：

表 1-4　同、陪祀神寺廟數量統計表

數　量 ＼祀神 分　區		保生大帝	天醫眞人	合　計
城區	中西	2	4	6
	北	0	1	1
五條港區	中西	0	0	0
合　計		2	5	7

資料來源：由胡欣榮分類統計繪製

　　同、陪祀醫藥神寺廟依地域、主祀、同陪祀醫藥神別與創建年代統計，可發現大多創建於永曆年間鄭氏統治時期，如下表 1-5：

表 1-5　同、陪祀為醫藥神寺廟資料表

地　區			廟宇名稱	主祀神	同陪祀神	創建年代
城區	中西	八吉境	五帝廟	五顯大帝	保生大帝	永曆年間
	中西	無	銀同祖廟	天上聖母	保生大帝	道光二年或二十二年（1822 或 1842）
	中西	二十一境	臺灣府城隍廟	府城隍	天醫眞人	永曆二十三年（1669）
	北	十八境	玉皇宮	玉皇上帝	天醫眞人	永曆二十四年（1670）
	中西	八協境	東嶽殿	仁聖大帝	天醫眞人	永曆二十七年（1673）
	中西	二十一境	三官廟	三官大帝	天醫眞人	乾隆四十三年（1778）
	中西	二十一境	天壇	玉皇上帝	天醫眞人	咸豐四年（1854）

資料統計表由胡欣榮搜集統計繪製

（三）非歸類醫藥神之屬，但目前仍提供藥籤筒供求籤之寺廟

　　主祀神非歸類於醫藥神，但提供藥籤的寺廟有 19 間，仍提供藥籤筒供信徒求籤之寺廟有 4 間，全分佈在城區，創建年代都在明鄭與康熙年間，藥籤種類區分為玄天上帝、觀音佛祖與五毒大帝三種。依地域、主祀與創建年代統計如下表 1-6：

表 1-6　非醫藥神體系但仍有提供藥籤寺廟資料表

地　區		廟宇名稱	主祀神　　同、陪祀神	藥籤種類	創建年代（西元）
城區	中西　中和境	北極殿	玄天上帝	玄天上帝	永曆十九年（1665）
	北　十八境	大觀音亭	觀音佛祖	觀音佛祖	永曆年間（1647～1683）
	中西　六合境	清水寺	觀音佛祖	觀音佛祖	康熙年間
			清水祖師		
	中西　無〔註38〕	五瘟廟	五毒大帝	五毒大帝	康熙年間

資料統計表由胡欣榮搜集統計繪製

（四）非歸類醫藥神之屬，曾提供藥籤筒供求籤之寺廟

　　研究範圍內雖非歸類醫藥神，曾提供藥籤的寺廟共有 15 間，依地域、主祀與創建年代……統計，可得知創建年代都集中在明鄭與清乾隆、康熙期間，而三郊所轄管的寺廟大多在列。藥籤種類名除了萬福庵、慈蔭亭以齊天大聖藥籤與縣城隍廟的童子爺藥籤、彌陀寺的保生大帝藥籤外，其他都是以主祀神為名，其統計，如下表 1-7：

表 1-7　非醫藥神體系曾提供藥籤寺廟資料表

地　區		廟宇名稱	主祀神	藥籤種類	創建年代（西元）
城區	東　八協境	彌陀寺	釋迦牟尼	保生大帝	永曆年間
	中西　六和境	祀典武廟	關聖帝君	關聖帝君	永曆年間
	中西　二十一境〔註39〕	萬福庵	觀音菩薩	齊天大聖	永曆年間
	中西　六合境	永華宮	廣澤尊王	廣澤尊王	永曆十六年（1662）
	中西　六和境	開基武廟	關聖帝君	關聖帝君	永曆廿三年（1669）
	北　十八境	縣城隍廟	顯祐伯	童子爺	康熙年間
	中西　三郊	大天后宮	天上聖母	媽祖	康熙廿二（1683）
	中西　十八境	廣慈院	觀音菩薩	觀音	康熙卅一年（1692）

〔註38〕　因為日治時代遷往現址由信徒供奉於自宅，當初與總趕宮相臨，不俱境廟規模
〔註39〕　原為「二十一境」，目前「首貳境」。

	中西	六興境	慈蔭亭	觀音佛祖	齊天大聖	康熙五十六年（1717）
	中西	八吉境	道署關帝廳	關聖帝君	關聖帝君	康熙六十年（1721）
	中西	八吉境	重慶寺	釋迦牟尼	觀音	康熙六十年（1721）
	中西	四聯境	媽祖樓	天上聖母	媽祖	乾隆十七年（1753）
五條港	中西	無	西羅殿	廣澤尊王	廣澤尊王	康熙年間
	中西	三郊	水仙宮	水仙王	水仙王	康熙廿二年（1683）
	中西	三郊鎮港	海安宮	天上聖母	媽祖	乾隆元年（1736）

資料統計表由胡欣榮搜集統計繪製

（五）非歸類醫藥神之屬，祀神為原為醫師之寺廟

研究範圍內非歸類於醫藥神之屬，但祀神為原為醫師或曾有行醫濟世之寺廟共有 1 間，依其所在地域、主祀與創建年代統計如下表 1-8：

表 1-8　祀神為原為醫師之寺廟資料表

地　區			廟宇名稱	主祀神	創建年代
城區	北	十八境	陰陽公廟	陰陽公　辜婦媽	道光七年（1827）

資料統計表由胡欣榮搜集統計繪製

第三節　文獻探討

本節就依「醫藥神」與「藥籤」兩範圍中的專書、期刊與學位論文三方面做文獻的現況探討。其中以「醫藥神」為主題的研究不多，故加入關於「神農大帝」、「保生大帝」的研究作為佐助，以因應地區性的研究與主題探索的連結，期望對臺南學〔註40〕提供保存與記錄的價值。

〔註40〕 源自於民國四十二年臺南縣《南瀛文獻》創刊，為修臺南縣志做準備，每年出刊臺南縣相關歷史文物自然景觀等文獻。2004 年臺南縣長蘇煥智集合臺南縣國中小教師與中研院、中央大學、成功大學與臺南大學教授編著了臺南地區發展史的「南瀛探索」一書，展開了臺南縣的「南瀛學」研究。2010 年臺南縣市合併升格直轄市後，稱為「臺南學」。詳細說明參考 http://www.tnc. gov.tw/form/index.php?m=2&m1=10&m2=103&gp=94（2012 年 3 月 12 日上網）

一、醫藥神

　　「醫藥神」是屬於「行業神」性質的分類標準，其中尚可細分作「守護神」與「祖師爺」。在文化、社會演變至今的細緻分工組織下，同業者共同信奉的神祇，用以保護自己與同行相關的利益，可視為該行業的「守護神」。而「祖師爺」是在該行業特徵上，有一定關聯性的神祇。

　　透過對行業神的共同祭祀，團結成員間的向心力，祈求祖師爺的庇祐，以增進行業的繁榮及發展。在「行業神」信仰中，經營中藥舖者除供奉神農大帝之外也常供奉保生大帝，並經常同時保存藥籤與提供藥籤上的藥材，由此可知在行業神中，醫神和藥神其實是相通的。

　　清代寺廟文獻紀錄與說明都散見於臺灣銀行經濟研究室出版的《臺灣文獻叢刊》、連橫《臺灣通史》〔註41〕、《福建通志臺灣府》〔註42〕、《新竹縣志初稿（第一冊）》〔註43〕、〈清代臺灣之寺廟〉〔註44〕等，這些文獻保留清代臺灣信仰與臺灣開發初期官建和民建寺廟的重要資料和依據。日本人對臺灣風俗調查、記載的文獻也十分豐富，如《臺灣の宗教》〔註45〕、《臺灣舊慣習俗信仰》〔註46〕大致統計了當時在臺灣的信仰種類與數量。臺灣光復後的《臺灣廟神傳》〔註47〕、《全國寺廟名冊》〔註48〕與內政部宗教資訊系統均有統計寺廟的數量，可以提供對臺灣各地寺廟分佈情形的瞭解。只是以上各時期的書籍只對醫藥神做分布的記錄，缺乏關於主題研究與記錄的書目。

（一）專書

　　以「醫藥神」為主題的專書，至目前本研究截稿前尚未見到有關論述出版。

〔註41〕連橫：《臺灣通史》（臺北：臺灣銀行經濟研究室，1962年）。

〔註42〕《福建通志臺灣府》（臺北：臺灣銀行經濟研究室，1960年）。

〔註43〕曾鵬雲、曾逢辰：《新竹縣志初稿（第一冊）》（臺北：臺灣銀行經濟研究室，1959年）。

〔註44〕劉枝萬：〈清代臺灣之寺廟〉《臺北文獻》第四期，2003年，頁101～102。

〔註45〕增田福太郎：《臺灣の宗教》（臺北：南天書局，1996年）。

〔註46〕鈴木清一郎著，馮作民、高賢治譯：《臺灣舊慣習俗信仰》（臺北：眾文圖書，1984年）。

〔註47〕仇德哉：《臺灣廟神傳》（臺北：信通總經銷，1979年）。

〔註48〕黃麗馨：《全國寺廟名冊》（臺北：內政部，2004年）。

（二）期刊論文

大多數的期刊論文對醫藥神這個主題也都只偏重於約略性的說明與記錄，〈臺灣省寺廟教堂（名稱主神地址）調查表〉〔註49〕統計了寺廟的數量，林衡道的〈保安宮與孔子廟〉〔註50〕則是介紹大龍峒保安宮的醫神文化及臺北孔廟的儒家文化及廟學制，陳秀蓉的〈日據時期臺灣民間信仰的發展〉〔註51〕則是簡敘並記錄了日治時臺灣相關信仰的發展，宋錦秀〈臺灣的醫藥神信仰〉〔註52〕與〈臺灣寺廟藥籤彙編：宜蘭「醫藥神」的系統〉〔註53〕是先約略介紹和描述醫藥神的範圍與神祇，再統計並說明宜蘭地區寺廟的藥籤。金真以的〈醫藥之神－三真人〉〔註54〕是解釋說明醫藥神信仰中保生大帝、天醫真人、感天大帝三真人的關係，張珣的〈民間寺廟的醫療儀式與象徵資源──以臺北市保安宮為例〉〔註55〕是利用大龍峒保安宮的儀式活動來記錄並說明民俗醫療法的科儀與象徵。

（三）學位論文

以「醫藥神」為研究主題的學位論文，至目前本研究截稿前尚未曾見到有相關的研究成果出現。

二、單一醫藥神

單一醫藥神祇為主題研究以「神農大帝」（五穀仙帝）與「保生大帝」兩主題為主要，目前現有的研究現況中，以區域性作為主題研究神農大帝的調查較少，對神農廟的建立資訊大多藉由田野調查與寺廟本身收藏的文獻為參考藍本。

〔註49〕劉枝萬：〈臺灣省寺廟教堂（名稱主神地址）調查表〉《臺灣文獻》第 11 卷第 2 期，1960 年 6 月，頁 36～37。

〔註50〕林衡道：〈保安宮與孔子廟〉《臺北文獻》直字 11/12，1970 年 6 月，頁 11～26。

〔註51〕陳秀蓉：〈日據時期臺灣民間信仰的發展〉《歷史教育》3 期，1998 年 6 月，頁 143～162。

〔註52〕宋錦秀：〈臺灣的醫藥神信仰〉《文化視窗》5 期，1998 年 11 月，頁 44～52。

〔註53〕宋錦秀：〈臺灣寺廟藥籤彙編：宜蘭「醫藥神」的系統〉《宜蘭文獻雜誌》37 期，1999 年 1 月，頁 3～46。

〔註54〕金真：〈醫藥之神──三真人〉《臺灣博物》20 卷 4 期總號 72，2001 年 12 月，頁 38～40。

〔註55〕張珣：〈民間寺廟的醫療儀式與象徵資源──以臺北市保安宮為例〉《新世紀宗教研究》6 卷 1 期，2007 年 9 月，頁 1～27。

　　保生大帝的研究則隨著兩岸交流劇增，自 1989 年 4 月 17 日起民間在漳州召開「紀念吳夲誕辰 1010 周年學術研討會」〔註 56〕、1989 年成立「臺灣（全國）保生大帝廟宇聯誼會」〔註 57〕、「吳眞人研究會」〔註 58〕、1993 年 3 月 25 日泉州召開學術研討會，2008 年 11 月福建省龍海市白礁慈濟宮舉行首屆「海峽兩岸保生大帝文化節」與「海峽兩岸保生大帝學術研討會」，期間更舉辦各類學術研討會。政府機構方面也自 2008 年 11 月～2010 年 7 月由高雄應用科技大學謝貴文教授推動《臺灣保生大帝信仰之研究》的國科會研究計畫……等，讓保生大帝研究成爲一門顯學。由於研究之文獻數量繁多，以下僅以與本研究較有關的主題文獻進行討論。

（一）專書

　　以廣泛簡略的敘述緣由，來對神農大帝信仰建立初步瞭解的有《臺灣舊慣習俗信仰》〔註 59〕、《臺灣地區神明的由來》〔註 60〕、《臺灣的鄉土神明》〔註 61〕、《臺灣廟神傳》〔註 62〕、《臺灣之寺廟與神明（二）》〔註 63〕、《臺灣農民的生活節俗》、〔註 64〕、《臺灣民俗》〔註 65〕等書，是根據神話傳說將神農敘述爲中國古代的先賢，出生後三日能言、五月爬行、七月長齒、三歲就知農業之事；牛首人身，頭角崢嶸，身高八尺七寸。製作耕犁，教民種五穀糧食；治療病痛，親嚐藥草，曾一日中毒七十次，自行開藥方解毒，知曉藥理，奠定藥用本草的基礎；教人民日中集市，交換貨物，以通有無，各得所需。因此後人以農神、醫神、藥神的性質建廟祭祀。

〔註 56〕　會後發表了「吳眞人學術研究全集」共 45 篇論文。
〔註 57〕　9 月 10 日「臺灣全國保生大帝廟宇聯誼會」成立於臺南。
〔註 58〕　分別成立「廈門吳眞人研究會」、「漳州吳眞人研究會」等，並編印各種學術研究專輯。
〔註 59〕　鈴木清一郎著，馮作民譯：《臺灣舊慣習俗信仰》（臺北：眾文出版社，1993 年 2 月）。
〔註 60〕　鍾華操著，林衡道編：《臺灣地區神明的由來》（臺中：臺灣省文獻委員會，1988 年）。
〔註 61〕　姜義鎮：《臺灣的鄉土神明》（臺北：臺原出版社，1995 年）。
〔註 62〕　仇德哉：《臺灣廟神傳》（臺北：信通總經銷，1979 年）。
〔註 63〕　仇德哉，《臺灣之寺廟與神明（二）》（臺中：臺灣省文獻委員會，1984 年 6 月）。
〔註 64〕　梶原通好、李文祺譯：《臺灣農民的生活節俗》（臺北：臺原出版社，1989 年）。
〔註 65〕　吳瀛濤：《臺灣民俗》（臺北：眾文圖書股份有限公司，1975 年）。

　　袁珂的《中國神話傳說辭典》〔註66〕、《古神話選釋》〔註67〕與《中國神話通論》〔註68〕；萬建中的《中國民俗通志‧生養志》〔註69〕；蕭兵的《儺蜡之風—長江流域宗教戲劇文化》〔註70〕這些紀錄有關神農或炎帝的史料敘述；說明神農的由來書有《周易》〔註71〕、《淮南子》〔註72〕、《帝王世紀》〔註73〕、《搜神記》〔註74〕等。

　　「神農信仰」研究，以鍾宗憲《炎帝神農信仰》〔註75〕與〈臺灣神農信仰的初步考察〉〔註76〕最深入也最完整的分析神農信仰的由來與神話傳說，也論述臺灣神農信仰建立的相關背景，並歸納出臺灣神農寺廟建立的類型，更記錄耕耤禮舉行與先農壇建立情形；經由對臺北縣市（臺北市、新北市）、苗栗縣、嘉義縣市及臺南縣市（臺南市）神農信仰的田調考察，提出上古神話流變對民間信仰的影響及「藥王」與「神農」相混的看法，同時也提出神農造型與藥籤使用的說明。

　　區域性的研究有林美容的《高雄縣民間信仰》〔註77〕是記錄作者於1991年九月起迄1992年十月止，對高雄縣392間地方公廟的歷史沿革所做的調查與祭祀活動紀錄的資料為基礎，分析並整理出該廟的地域層次；曾彩金為總編輯的《六堆客家社會文化發展與變遷之研究——宗教與禮俗篇》〔註78〕提供六堆（美濃鎮）寺廟教堂概況，並紀錄了輔天五穀宮與朝天五穀宮建廟緣由以及部份對聯。李幸祥的《六堆客家故事》〔註79〕是記錄美濃鎮中壇里輔

〔註66〕　袁珂：《中國神話傳說辭典》（臺北：華世出版社，1987年）。
〔註67〕　袁珂：《古神話選釋》（臺北：長安書社，1986年）。
〔註68〕　袁珂：《中國神話通論》（成都：巴蜀書社，1993年）。
〔註69〕　萬建中：《中國民俗通志‧生養志》（濟南：山東教育，2005年）。
〔註70〕　蕭兵：《儺蜡之風—長江流域宗教戲劇文化》（江蘇：江蘇人民出版社，1992年）。
〔註71〕　《周易》十三經注疏本（臺北：藝文印書館，1994年）。
〔註72〕　劉安撰，高誘注：《淮南子‧天文篇》（台北：中華書局，1984年）。
〔註73〕　晉‧皇甫謐撰，清‧宋翔鳳，錢寶塘輯：《帝王世紀》（瀋陽：遼寧教育，1997年）。
〔註74〕　晉‧干寶：《搜神記 卷一》（台北：洪氏出版社，1982年）。
〔註75〕　鍾宗憲：《炎帝神農信仰》（北京：學苑出版社，1994年）。
〔註76〕　鍾宗憲：《民間文學與民間文化采風》（台北：里仁書局，2006年）。
〔註77〕　林美容：《高雄縣民間信仰》（高雄：高雄縣政府，1997年）。
〔註78〕　曾彩金：《六堆客家社會文化發展與變遷之研究——宗教與禮俗篇》（屏東：六堆文教基金會，2001年）。
〔註79〕　李幸祥等著：《六堆客家故事》（高雄：高縣文化，1997年）。

天五穀宮建廟起源與七十週年建太平福醮情形，並詳盡描述整個建醮過程與佈置。以上論作對於神農醫藥屬性方面的著墨甚少。

　　關於保生大帝的專書則在大陸方面有《吳眞人學術研究文集》、《海峽兩岸吳眞人文化學術研討會論文集》，臺灣則有臺北市大龍峒保安宮《保生大帝學術研討會》及新修的《新修大龍峒保安宮志》〔註80〕，但部分內容受意識型態與研究方法所限，對傳說中的問題未能釐清。

　　對臺灣保生大帝傳說與沿革有大略的說明與介紹爲《臺灣廟宇文化大系（五）保生大帝卷》〔註81〕、《保生大帝信仰與閩台社會》〔註82〕、《全國佛剎道觀總覽：保生大帝》〔註83〕等書

（二）期刊論文

　　期刊論文中對於神農或炎帝討論的有彭衍綸〈神農故事研究〉〔註84〕說明神農故事、神話與傳說緣由。余衛國〈炎帝神農合稱的文化意涵——兼論炎帝、神農的時代問題〉〔註85〕是討論炎帝與神農兩名詞代表的關係與文化意義。莊伯和〈弘身牛頭，龍顏大唇——話神農大帝的形象〉〔註86〕以藝術層面探討史籍中神農大帝造形的象徵意義。

　　區域研究有邱瓊蒂、黃瑞芳〈萬巒先帝廟祭祀圈與周邊神農信仰〉〔註87〕是以萬巒先帝廟及附近村庄神農寺廟的祭祀情形，來說明在客家聚落中神農信仰的情形。在〈論後勁鳳屏宮的神農信仰〉〔註88〕中謝貴文是以高雄市楠梓區後勁鳳屏宮爲論述對象，以不同角度論點來證實鳳屏宮與大社青雲宮分靈

〔註80〕　李世偉、王見川、范純武編修，廖武治監修：《新修大龍峒保安宮志》（臺北：財團法人臺北保安宮出版發行，2005 年 11 月）。

〔註81〕　《臺灣廟宇文化大系（五）保生大帝卷》（臺北：自立晚報社文化出版部，1994 年）。

〔註82〕　范正義：《保生大帝信仰與閩台社會》（福州：福建人民出版社，2006 年 6 月）。

〔註83〕　張炳南：《全國佛剎道觀總覽：保生大帝》（臺北：樺林出版社，1987 年）

〔註84〕　彭衍綸〈神農故事研究〉《中國國學》第 25 期，1997 年，頁 115～171。

〔註85〕　余衛國〈炎帝神農合稱的文化意涵——兼論炎帝、神農的時代問題〉《中國傳統文化》，山西：高等教育出版社。

〔註86〕　莊伯和：〈弘身牛頭，龍顏大唇——話神農大帝的形象〉《傳統藝術》，第 19 期，2002 年 6 月，頁 10～11。

〔註87〕　邱瓊蒂、黃瑞芳：〈萬巒先帝廟祭祀圈與周邊神農信仰〉《2007 年客家社會與文化學術研討會論文集》（高雄師範大學客家文化研究所，2007 年），頁 193～223。

〔註88〕　謝貴文：〈論後勁鳳屏宮的神農信仰〉《高市文獻》第 19 卷第 3 期，2006 年 9 月，頁 117～130。

關係，給予神農神職與當前環保觀念新關連。彭衍綸〈神農故事研究〉〔註89〕則說明神農故事緣由。

保生大帝信仰方面以整體討論有范正義討論保生大帝祭祀正當性的〈祀典抑或淫祀：正統標簽的邊陲解讀以閩台保生大帝信仰爲例〉〔註90〕。高振宏以史書對吳眞人傳說作分析研究的〈保生大帝吳眞人傳說研究——以明清方志資料爲主的初步考察〉〔註91〕，〈當前臺灣保生大帝信仰的發展——以全國保生大帝廟宇聯誼會爲中心的分析〉〔註92〕是謝貴文對臺灣保生大帝信仰的發展作分析。〈從吳夲的神話看福建民間宗教信仰的特點〉〔註93〕是謝重光探討吳夲神話在福建民間信仰中所形成的特點。

區域或單一寺廟主題研究的有黃有興〈學甲慈濟宮與壬申年祭典紀要——兼記前董事長周大圍〉〔註94〕、謝貴文〈高雄市的保生大帝信仰〉〔註95〕、王見川、李世偉的〈日本據台以來大龍峒保安宮概況〉〔註96〕、戴寶村〈淡水、三芝地區的大道公信仰〉〔註97〕及王志文〈淡水河岸保生大帝神明會之角頭分布——以蘆洲、社子的兌山李爲例〉〔註98〕都是以地方區域的保生大帝信仰爲研究主題，研究與地方發展的狀況。

〔註89〕 彭衍綸：〈神農故事研究〉《中國國學》第 25 期，1997 年，頁 115～171。

〔註90〕 范正義：〈祀典抑或淫祀：正統標簽的邊陲解讀以閩台保生大帝信仰爲例〉《史學月刊》11 期，2005 年，頁 76～77。

〔註91〕 高振宏：〈保生大帝吳眞人傳說研究——以明清方志資料爲主的初步考察〉《保生大帝信仰學術研討會論文集》（臺北：財團法人臺北保安宮，2006 年），頁 4～34。

〔註92〕 謝貴文：〈當前臺灣保生大帝信仰的發展——以全國保生大帝廟宇聯誼會爲中心的分析〉《臺北文獻》直字第 161 期，2007 年 9 月，頁 153～175。

〔註93〕 謝重光：〈從吳夲的神話看福建民間宗教信仰的特點〉《世界宗教研究》第 4 期，1983 年。

〔註94〕 黃有興：〈學甲慈濟宮與壬申年祭典紀要——兼記前董事長周大圍〉《臺灣文獻》第 46 卷第 4 期，1995 年，頁 103～220。

〔註95〕 謝貴文，〈高雄市的保生大帝信仰〉《高市文獻》第 20 卷 1 期，2007 年 3 月，頁 154～173。

〔註96〕 王見川、李世偉：〈日本據台以來大龍峒保安宮概況〉《臺北文獻》直字第 74 卷，1985 年，頁 135。

〔註97〕 戴寶村：〈淡水、三芝地區的大道公信仰〉《臺北縣立文化中心季刊》59 卷，1999 年，頁 18～31。

〔註98〕 王志文：〈淡水河岸保生大帝神明會之角頭分布——以蘆洲、社子的兌山李爲例〉《保生大帝信仰學術研討會論文比賽論文集》（臺北：臺北大龍峒保安宮，2002 年 6 月）

（三）學位論文

　　以臺灣全島的整體觀點爲研究神農的有施保夙《臺灣神農信仰研究》〔註99〕調查分析全臺灣神農信仰，並以臺灣各地神農信仰傳說與拓墾歷史背景爲主，重新調查並修正全台神農廟宇數量，輔以海洋文化研究，提出神農大帝神職改變新論點，探討神農信仰在臺灣發展的新面貌。

　　地區性研究爲邱秀英《花蓮地區客群信仰的轉變：以吉安鄉五穀宮爲例》〔註100〕探討花蓮縣吉安鄉五穀宮祭祀圈範圍的變動、內部組織運作，來瞭解信仰與地方族群勢力間的關聯。余玟慧以高雄縣境內神農廟爲主，透過田野調查與文獻探討的方式整理出神農大帝信仰的脈絡與發展，探究分布區域與信仰族群關係，以瞭解「神農」是否爲特定族群專祀之神明的《高雄縣神農大帝信仰之研究》〔註101〕。李宛春《臺灣神農信仰研究——以三重先嗇宮爲例》〔註102〕中，以新北市三重區先嗇宮（又稱爲五穀王廟）爲研究主體，從往昔三重大拜拜的形式到今日多元化的慶典內容，歸納出神農祭典變遷的時代意義，整理神農信仰在臺灣的衍化與風貌，並探尋古老儀式在當代的精神內涵。

　　對保生大帝學位論文中，區域領域做研究的有《臺南市安南區保生大帝聯庄祭祀組織之研究》〔註103〕是對臺南市安南區保生大帝信仰形成背景及意義做闡述，歸納出各庄頭廟宇的祭祀圈，並建構出安南區保生大帝聯庄祭祀組織系統的脈絡，依祖廟分成「臺南縣學甲慈濟宮分靈廟」及「高雄縣湖內鄉慈濟宮分靈廟」來探討寺廟形成原因、組織形態、地方特色及祭祀活動。

　　國立高雄應用科技大學林子惟的《宗教活動對社區與文化觀光之意義——以高雄縣湖內鄉慈濟宮五朝祈安醮典爲例》〔註104〕是以湖內鄉慈濟宮來探尋聚落社區與信仰間互動的影響，再由保生大帝信仰傳說與慈濟宮神祇配置、建醮活動動員及儀式過程，評估文化與經濟價值間的轉換。

〔註99〕施保夙：《臺灣神農信仰研究》（國立臺南大學國語文學系碩士論文，2008年）。
〔註100〕邱秀英：《花蓮地區客群信仰的轉變：以吉安鄉五穀宮爲例》（國立花蓮教育大學鄉土文化學系碩士論文，2006年）。
〔註101〕余玟慧：《高雄縣神農大帝信仰之研究》（國立臺南大學臺灣文化研究所碩士論文，2008年）
〔註102〕李宛春：《臺灣神農信仰研究——以三重先嗇宮爲例》（國立中央大學中國文學系碩士在職專班，2011年）。
〔註103〕楊宗祐：《臺南市安南區保生大帝聯庄祭祀組織之研究》（國立臺北大學民俗藝術研究所碩士班，2008年）
〔註104〕林子惟：《宗教活動對社區與文化觀光之意義——以高雄縣湖內鄉慈濟宮五朝祈安醮典爲例》（國立高雄應用科技大學觀光與餐旅管理系碩士班，2008年）

臺南師範學院黃麗芬《保生大帝信仰文化意涵的研究－ 以臺南縣爲例》〔註105〕與王郁雅《臺南市保生大帝信仰研究》〔註106〕兩篇碩士論文，分別探討臺南縣、市保生大帝信仰的庄民和廟宇關係，黃麗芬由信仰活動來了解庄民和神明關係與其所代表意義；自單一區域信仰活動，了解廟宇間的關係及區域間各聚落歷史淵源、開墾背景，刈香〔註107〕活動背後意義及文化。王郁雅以臺南市明清時期所建立的保生大帝寺廟與日治時期新移民所建的保生大帝廟爲研究對象，探討其中差異及轉變。

二、藥籤

藥籤一直是西醫在尚未發達普及前，庶民求診治病的生活過程中，尚無法被取代的習俗與文化活動。多數的文獻都在 1999 年監察院彈劾糾舉行政院衛生署對藥籤使用管制疏漏的問題後，陸續完成的研究報告。以下分別再依專書、期刊論文與學位論文三部份來討論。

（一）專書

鄭志明在《臺灣傳統信仰的鬼神崇拜》〔註108〕中談論醫藥神與藥籤文化，對藥籤使用與醫療功能並提出藥籤文化在今日是否保存的省思；收錄於鄭志明主編的《文化臺灣·卷一田野采風系列》中的〈藥籤的由來〉〔註109〕以及與吉元昭治的《臺灣寺廟藥籤研究》〔註110〕對臺灣寺廟傳統藥籤中常見的中藥藥材、屬性作用做介紹，並解釋藥籤版本種類、形式與求籤過程。

張永勳、何玉鈴……等的《臺灣地區寺廟藥籤現況之調查研究》〔註111〕

〔註105〕 黃麗芬：《保生大帝信仰文化意涵的研究——以臺南縣爲例》（臺南師範學院鄉土文化研究所，2001 年）。

〔註106〕 王郁雅：《臺南市保生大帝信仰研究》（臺南師範學院鄉土文化研究，2001年）。

〔註107〕 指對神明繞境活動的稱呼。參考黃文博：《南瀛刈香誌：臺灣民俗閒話》（臺南：台南縣立文化中心，1994 年），頁 10。與高雄縣沿海地區所指的「刈海香」、「刈山香」與「刈廟香」不同。

〔註108〕 鄭志明：《臺灣傳統信仰的鬼神崇拜》（台北：大元書局，2005 年）。

〔註109〕 陳信翰、李直罡等：〈藥籤的由來〉，臺北醫學院醫學系論文，收錄於鄭志明：《文化臺灣卷一田野采風系列》（台北，大道文化，1986 年）。

〔註110〕 吉元昭治：《臺灣寺廟藥籤研究》（台北，武陵出版社，2000 年）。

〔註111〕 張永勳、何玉鈴等：《臺灣地區寺廟藥籤現況之調查研究》（行政院衛生署中醫藥委員會委託研究計畫成果報告；臺北：衛生署中醫藥委員會，1999年）。

是因緣自「宜蘭八角蓮事件」〔註112〕後，民國 88 年（1999 年）行政院衛生署中醫藥委員會委託對全省寺廟藥籤做調查與藥材分析。魯兆麟的《大龍峒保安宮保生大帝藥籤解》〔註 113〕與林美容說明、李俊雄採集的〈彰化南瑤宮的藥籤〉〔註 114〕，施振民收集《北港朝天宮聖籤・附聖籤解、藥籤 3 種》〔註 115〕，王義夫搜集抄錄的《大甲天上聖母藥籤・并田寮廖先生公藥籤》〔註 116〕……等書，是由田野調查搜集、抄錄寺廟的藥籤籤條或藥方內容。

（二）期刊論文

宋錦秀的〈臺灣寺廟藥籤彙編：宜蘭「醫藥神」的系統〉〔註 117〕，就各主題寺廟的藥籤收集並做分析。陳泰昇、林美容……等的〈臺灣藥籤的成籤時間及其影響因素〉〔註 118〕及宋錦秀〈臺灣的「醫藥神」信仰〉〔註 119〕對藥籤的形成與作用做研究。邱年永的《臺灣寺廟藥籤考釋》〔註 120〕是為保生大帝藥籤做搜集與分析。鄭志明的〈心靈妙方，妙手回春──談臺灣藥籤文化〉則是將藥籤文化做簡單分類與介紹。

（三）學位論文

陳泰昇在調查臺灣藥籤的現象及歷史演變，探討臺灣藥籤的醫療史料地位、研究藥籤的醫案與公籤、符錄籤及善書藥方所寫成的《臺灣藥籤調查與

〔註112〕民國 85 年宜蘭縣兩起因病求藥籤服用含有 2 兩的八角蓮導致中毒的個案。據記載一般內服煎湯的八角蓮劑量約 2～4 錢。

〔註113〕魯兆麟：《大龍峒保安宮保生大帝藥籤解》（臺北：財團法人臺北保安宮，1998 年）。

〔註114〕林美容說明、李俊雄採集：〈彰化南瑤宮的藥籤〉《民族學研究所資料彙編》第 5 期，1991 年。

〔註115〕施振民收集：《北港朝天宮聖籤・附聖籤解、藥籤 3 種》（雲林：北港朝天宮，1977 年）。

〔註116〕王義夫搜集抄錄：《大甲天上聖母藥籤・并田寮廖先生公藥籤》（臺中：臺中縣中藥同業公會大甲區聯誼會，1981 年）。

〔註117〕宋錦秀：〈臺灣寺廟藥籤彙編：宜蘭「醫藥神」的系統〉《宜蘭文獻》第 37 期，1999 年。

〔註118〕陳泰昇、林美容等：〈臺灣藥籤的成籤時間及其影響因素〉「醫療與文化」學術研討會宣讀論文（南港：中央研究院民族學研究所、臺灣史研究所籌備處合辦，2001 年 10 月）。

〔註119〕宋錦秀：〈臺灣的「醫藥神」信仰〉《文化視窗》第 5 期「民間信仰」專論，1998 年）。

〔註120〕《臺灣寺廟藥籤考釋》臺南：全國保生大帝廟宇聯誼會，1993 年。

研究》〔註121〕。溫文權在《花蓮縣寺廟藥籤之社會網絡》〔註122〕中是以歸納花蓮縣寺廟藥籤的形成方式與時間，記錄花蓮縣寺廟藥籤現況及寺廟藥籤與中藥房之間的關係。廖宜敬的《苗栗白沙屯拱天宮——藥籤考究與重整》〔註123〕則以苗栗白沙屯拱天宮為主題，交叉比對臺北大龍峒保安宮、雲林北港朝天宮、嘉義朴子配天宮、屏東慈鳳宮之藥籤；並與中醫藥從事人員考究內容、校正藥籤學名，尋找替代不合時宜、保育類、毒劇或政府規定禁止使用之藥材，並標註地方性草藥。

在藥籤藥效的研究上，有陳鈺淑《屏東縣琉球鄉碧雲寺的籤詩信仰文化研究》〔註124〕是以屏東縣琉球鄉碧雲寺為研究主體，記錄、保存運籤與藥籤並分析藥材療效，探究醫療成效與藥籤社會文化意義。蔡銘雄在《消失中的民俗醫療——「藥籤」在臺灣民間社會發展初探》〔註125〕中探討藥籤行為與效用因素，並提出權威因素使藥籤從歷史舞台逐漸消失。

陳文寧以大高雄地區祀奉保生大帝的寺廟信徒對求藥籤主觀經驗進行探討與分析的《寺廟民俗療法之探究——以求藥籤的主觀經驗為例》〔註126〕，最後歸納藥籤文化對現在社會的影響。《臺北市大龍峒保安宮宗教休閒治療之研究》〔註127〕是洪嘉臨對臺北市大龍峒保安宮的宗教休閒治療與藥籤對於信徒在心理與身體疾病上的治療效果做探討。孫淑華考據屏東市媽祖廟（慈鳳宮）是參考臺南大天后宮籤詩與長治鄉天后宮的藥籤，在《屏東市媽祖廟籤文之研究》〔註128〕探討籤文意涵及社會變革。

〔註121〕陳泰昇：《臺灣藥籤調查與研究》（中國醫藥學院中國藥學研究所植物化學組，2002年）

〔註122〕溫文權：《花蓮縣寺廟藥籤之社會網絡》（國立花教育大學鄉土文化學系碩士班，2007年）。

〔註123〕廖宜敬：《苗栗白沙屯拱天宮——藥籤考究與重整》（中興大學生命科學院碩士在職專班，2010年）

〔註124〕陳鈺淑：《屏東縣琉球鄉碧雲寺的籤詩信仰文化研究》（國立屏東教育大學中國語文學系碩士班，2010年）。

〔註125〕蔡銘雄：《消失中的民俗醫療——「藥籤」在臺灣民間社會發展初探》（東海大學宗教研究所，2008年）。

〔註126〕陳文寧：《寺廟民俗療法之探究——以求藥籤的主觀經驗為例》（臺北醫學院醫學研究所，1999年）。

〔註127〕洪嘉臨：《臺北市大龍峒保安宮宗教休閒治療之研究》（國立臺灣師範大學運動與休閒管理研究所在職碩士班，2010年）。

〔註128〕孫淑華：《屏東市媽祖廟籤文之研究》（國立高雄師範大學回流中文碩士班，2005年）。

　　綜觀以上研究，目前尚未有特定針對單一地區、主祀單一行業神的寺廟進行調查分析。地區性寺廟的出現與發展，是對地方發展歷史研究俱重要貢獻。大範圍整體研究雖然可以做出概略性文化與歷史演變的結論，但臺灣文化發展卻存在於充滿個別性的區域發展特色，在不同的社會背景、政治需求、軍事目的與經濟條件下，演變發展出的個別性文化。

　　隨著社會變遷，觀念信仰改變，經濟力變異，臺灣文化的記錄與歷史文物、風俗習慣也跟著逐步煙滅、遺忘在現代化的思想中，因此盡早調查保存是必要的，目前文獻所較缺乏的地方，需藉由田野調查與訪談來紀錄保存。

　　本研究以臺灣歷史發展起源地─臺南府城為中心，針對曾是府治、縣治、軍事、經濟、文化中心的府城城區與經濟貿易為主的五條港區作為研究範圍，將臺灣文化發源直接逕由二、三級加工、貿易、買賣服務產業背景發展的社會環境，由與生活息息相通的民間信仰中，對一生都離開不了的醫療類神祇做為研究主體，藉以了解文化傳統演變，因醫療進步與科學醫療取代潮流下，逐漸式微的民間傳統通俗醫療，就場域、型式與相關文化做記錄保存與傳承，為後續研究者提供資料保存。

第四節　研究方法與架構

　　研究民間信仰必須從生活中去觀察，換言之，研究態度必須是由實際所實證的〔註 129〕，以實地的參與並瞭解當時所產生的行為。用田野調查法研究民間信仰，是在求得實證性的結果後，呈現出於文獻資料上所無法反應的口述歷史。〔註 130〕

　　本論文的研究方法即是將所搜集到的文獻資料經過研讀、分析、歸類並與田野調查所搜羅到的資料經過交叉比對的程序，並佐以耆老與地方居民所提供的記憶與經驗記錄，做客觀性的整理和記錄，並把資料簡化、整理、歸納成資訊。在這傳統文化快速流失的當下，以客觀的形式呈現出醫藥神信仰在臺南府城的概括情況與面貌，由真實的觀察與記錄，保留下數百年來先民在臺南府城醫藥神信仰中所展現與形成的特色與文化。

〔註 129〕江燦騰主編、增田福太郎著、黃有興譯：《臺灣宗教信仰》（臺北：東大，2005年 5 月），頁 98。

〔註 130〕徐曉望：〈21 世紀閩臺民間信仰的研究〉收錄於戴晨京編輯：《中國宗教學（第一輯）》（北京：柯藍博泰印務有限公司，2003 年 4 月第 1 版）。

一、研究方法

主要是採用文獻研究法與田野調查作為研究的方法，以探討信仰的歷史脈絡與目前現況的演變。以祭祀「醫藥神」的寺廟為主，佐以藥籤醫療文化的寺廟，進行相關的文獻收集、探討、訪談、田野調查、實際參與觀察，為使研究資料更為完善，在調查過程中也紀錄相關實體影像與文物的相片，期待能用佐以實際圖像物件，輔助文字敘述所缺乏的對照訊息，其取能得到兼具深度的文化、活動調查與廣度的文物蒐集。

（一）文獻資料蒐集研究

將所收集到的文獻資料，包括歷史文獻（譬如：清代的方志、日治時代的調查紀錄……等）、相關的學位論文、期刊論文、專書以及網路資料，和來自於不同領域學科中曾提及與「醫藥神」信仰內容相關的資料，進行整理與研讀。以期能將「醫藥神」信仰在不同時期的變化情形及可能面臨的問題作較為全面性的研究，並了解「醫藥神」在民間信仰的習俗中所代表的角色地位，並嘗試分析、記錄其寺廟建築、神像造像、診療活動的提供與祭祀活動……等對文化的意義，並展示其中所蘊含的藝術意涵與文化象徵。

（二）田野調查採訪蒐集資料

研究的寺廟群中，有些寺廟至今香火寥落，祭拜者稀少或廟體老舊失修，但仍然提供信徒的使用與祭拜，依然不斷沈澱與記錄著臺南府城的歷史文化與社會習俗。對於寺廟的史料的調查、收集，不外乎由下列著手：

1. 已知刊印的文獻資料；
2. 田野調查的搜尋。

刊印的文獻資料除了歷史文獻與期刊、學位論文之外，一般寺廟都會印製寺廟簡介、摺頁、農民曆，甚至出版刊物或印製廟志〔註131〕，此為資料蒐及最完善的來源，但廟志大多不肯外借，實為可惜之處。事實上，也並非每間寺廟都有資金能夠印製此類型的文宣資料，此時唯有依靠報章雜誌的報導或熱心信徒自己所做的記錄〔註132〕，更甚的是除文獻記載外，已無任何形式文字記錄〔註133〕，此後兩類型的研究主體的資料取得僅能依靠「田野調查」

〔註131〕如祀典興濟宮出版有「觀興」季刊；玉皇宮、祀典武廟與開基武廟撰有廟志。
〔註132〕如五帝廟網站、開基五瘟宮、開基陰陽公廟等對報章雜誌的剪報蒐集。
〔註133〕如銀同祖廟除了多次田調訪談，僅一次巧遇老信徒提供訊息。

中的「口述訪談」方式來完成，但有時卻有可遇不可求的缺憾，可能需要多次前往田調與訪談，但未必就能巧遇有資料可提供的機緣、甚至常有熟知資料的耆老過世而有失之交臂的遺憾。

「田野調查」分為「觀察」與「訪談」〔註134〕。「觀察」是實地記錄、參與活動的方式進行。「訪談」是與廟中執事、廟公、耆宿或文史工作者進行口述訪談。

田調時所觀察到的地方生活瑣事或活動慶典，往往是勾勒或還原歷史的重要線索，或許是被歸類於文獻資料上的民俗歲時中，但隨著時代變遷與社會習俗忽視下，逐漸被遺忘或式微，藉由實際走訪廟宇、訪談地方耆老、寺廟組織、鄰近民眾、祭祀活動……等，佐以訪談，則可以與文獻資料做交叉比對，並獲得較細緻且完整之資訊與習俗面貌，而可以彌補文獻資料之抽象描繪或缺漏之處。

口述訪談時，所得的資料因屬於傳承敘述的記憶與經驗記錄，未經證實的居多，經常會由口述者增加逸聞、神跡、傳說，雖然對部份關鍵性問題多半幫助不大，但藉此可以瞭解一些過去當地「集體記憶」或個別性的資料軼聞，並據此再輾轉追尋其他資料。

本研究田野調查研究時的樣本是以內政部出版的《全國寺廟名冊》〔註135〕作為基礎，並參考地方耆老所提供的醫藥神寺廟資料，藉由范勝雄《府城的寺廟信仰》〔註136〕一書中所列的府城舊城區與五條港區地圖及王浩一《慢食府城》〔註137〕書中所附的「臺南舊城區導覽」地圖，來進行田野調查。以上書籍或因筆誤、行政區改變、地址重編、改建……等因素，若與實際不符的部份，則皆依實際現況加以記錄及修正。

調查的方式是將各寺廟中採錄獲得的沿革、碑誌、簡介手冊……等文件資料，佐以實際訪談的口述資料，以文字方式整理改寫，並輔以攝影、拍照做記錄。在寺廟田野調查的重點為：

1. 沿革：指寺廟建廟年代、倡建者及修建年代……等。
2. 神明：分主祀、同祀、陪祀、隸祀……等及祀神來歷、傳說。

〔註134〕王文科：《教育研究法》（臺北：五南書局，1996年），頁259～260。
〔註135〕內政部：《全國寺廟名冊》（臺北：內政部，2002年、2004年及2009年）。
〔註136〕范勝雄：《府城的寺廟信仰》（臺南：臺南市政府，1995年）。
〔註137〕王浩一：《慢食府城》（臺北：心靈工坊文化事業股份有限公司，2008年9月）。

3. 活動：主祀及陪祀慶醮、活動，如聖誕、進香、普渡及特殊祭儀、問事……等。

4. 祭祀圈、信仰圈：角頭、里鄰……等。

5. 組織、財產：含登記教派、神明會、寺廟管理委員會、土地、建築、廟產。

6. 文物：含匾、聯、碑、古物及相關出版品。

本研究田野調查中，主要調查的項目是以沿革、神明、活動與文物爲主，尤其研究對寺廟的匾、聯、碑三者與祭祀活動的紀錄，因爲藉此項目可見証到臺南府城在不同的歷史與人文背景下，所產生的各種生活文化的紀錄。其他項目如祭祀圈、信仰圈〔註138〕，因爲在臺南府城的歷史中，除了角頭廟的地位，更有廟「境」的組成，即是所謂的「祭祀圈」，加上尚有多個廟境組成的聯合組織「聯境」的形成，本研究是以「臺南府城」行業神中的「醫藥神」爲主題，即已涵蓋祭祀圈與信仰圈兩項。至於「組織」與「財產」的調查，並未列於研究範圍內，乃因資料可由市府官方取得，故不在調查與記錄之列。

二、研究架構

本研究以醫藥神信仰文化的緣起與內涵爲基礎，探尋府城寺廟中醫藥神信仰起源與發展概況。先從民間文學的故事和傳說等形式內涵，來探討府城寺廟的奉祀緣由和祭祀行爲，進而歸納分析醫藥神信仰在府城寺廟中所呈顯隱含的區域文化特質。

研究的流程首先是蒐集與研究、研讀文獻資料，首先就由府城地區在臺南市政府正式辦理寺廟登記的現有寺廟名冊中，參照文獻資料來界定研究的空間、配合初步田野調查來篩選、印證與確定研究醫藥神主題與研究主體範圍，由於本論文所定義研究的「醫藥神」所涵蓋的範圍較廣，包含多種神祇

〔註138〕林美容：〈由祭祀圈到信仰圈——臺灣民間社會的地域構成與發展〉《臺灣史論文精選（上）》（臺北：玉山社），頁289～319。文中定義：「祭祀圈」是一種地方性的民間宗教組織，居民以居住關係有義務參與地方性的共同祭祀，其祭祀對象含蓋天地神鬼等多種神靈，但有一個主祭神；祭祀圈有一定的範圍，依其範圍大小，有部落性、村落性、超村落性與全鎮性等不同層次，它與漢人的庄組織與村庄聯盟有密不可分的關係。「信仰圈」是以某一神明或〔和〕其分身之信仰爲中心，信徒所形成的志願性宗教組織，信徒的分布有一定的範圍，通常必須超越地方社區的範圍。

與定義，因此符合以「醫藥神」一詞爲界定的研究主題的文獻資料甚少，遂以傳統「神農大帝」、「保生大帝」爲論述的文獻做爲搜集的標的基礎。

其次，由所篩選確定出符合本研究地域範圍條件的寺廟名單，初步以主祀神爲醫藥神爲挑選標準，隨之利用電話訪問地域範圍內主祀醫藥神外的寺廟，以同祀、陪祀神爲醫藥神與有提供過藥籤爲篩選標準，進行第二波研究主體的確認。

接著比對胡乃玄〔註139〕與其他耆老提供約 50 餘間寺廟資料中具有藥籤的，以確認研究的樣本是否符合界定的條件及避免遺漏之失。其中有部份寺廟在資料中是符合定義，但電話受訪時的回覆爲否定或不清楚。這些不確定的寺廟則進行再次確認與佐證再蒐集的步驟，並以再次實際進行與附近居民、耆老、中藥店爲主的訪談田野調查，及搜尋網際網路資料來確定研究對象的歸屬，並蒐集其他相關可佐證的證據來釐定，以祈增加研究內容的正確性。

其中原爲「七寺八廟〔註140〕」之一的彌陀寺，由於在清代佛道不分與日治皇民化運動影響下，本來在胡乃玄所提供的資訊中，是具有同祀、寄祀保生大帝、註生娘娘……等非佛教神祇神像的寺廟，並且亦提供有藥籤給信徒求取；但寺方隨著時代變遷與政令主導和寺方的定位，遂以基於彌陀寺是佛寺，不適合奉祀道教神像爲由，將寄祀神移往他處。當本研究進行調查與訪談時，因已無寄祀的現象存在，遂有在初次確認的電話訪談之際以「沒有」爲回應，在再次確認的實際訪談田調時，則以「不詳」或「不知道」爲回應的狀況產生。幸好後來因輾轉取得其他實證〔註141〕相佐，確認曾有同祀（寄

〔註139〕胡乃玄，民國二十九年生，前財團法人金屬工業發展研究中心研究員。臺南縣善化鎮胡厝寮人。臺灣光復後，居臺南市東區東門新樓醫院（今育樂街）附近。1970 年後居住北區崇安街。1980 年起居住於永康。
〔註140〕范勝雄：《府城叢談》（臺南：日月出版社，1998 年），頁 16。臺南文獻委員會商定的八廟爲大媽祖廟（大天后宮）、大關帝廟（武廟）、嶽帝廟（東嶽殿）、府城隍廟、龍神廟、風神廟、藥王廟、水仙王廟（水仙宮）。七寺爲開元寺、法華寺、竹溪寺、彌陀寺、龍山寺、重慶寺、黃蘗寺。七寺的說法固定，但八廟說法不一，有說是大媽祖廟、祀典武廟、府學文廟、府城隍廟、風神廟、藥王廟、大上帝廟（北極殿）、水仙宮或列馬公廟。2012 年 06 月 12 日藥王廟林央士先生提供爲風神廟、四海龍王廟、聖君廟、陰陽公廟、五帝廟、三官廟、呂祖廟、岳王廟。在府城實無岳王廟而是嶽帝廟，因過去府城居民以閩南語稱呼東嶽殿爲嶽帝廟，而被誤爲是岳王廟奉祀岳飛，清領時期東嶽殿前的街道稱爲「岳帝廟街」。
〔註141〕例如 2009 年 5 月 21 日臺南市政府文化觀光處接獲通報，民權路聖佛軒佛具店收藏有來自彌陀寺神像數十尊。臺南市遺址暨古物審議委員會，鄭道聰、潘元

祀）醫藥神與藥籤之事實，故將彌陀寺歸入研究之列，避免因人爲因素而將事實歷史抹滅。

在研究主體確認後，再依各寺廟祀神的性質不同而區分成數個主題寺廟群分類，隨之再依實際情況再修正、擬定研究步驟與方法，並進行研究主體的現場實地田調與該寺廟的文獻蒐集。並將所蒐集的田調資料與蒐集的文獻進行研究現況與文獻的探討。

在資料歸類、比較和整理後，開始架設研究的架構，並發掘研究限制、問題與解決之道，並以交叉比對的方式整合、分析、考證資料來源與眞確性，進行論文後續作業，藉以建構出臺南府城醫藥神信仰發展的歷程。

本論文共分爲六章，每章各分成若干小節，以下就各章分別說明研究架構：

第一章：緒論。

先就研究動機、目的與可呈現的價值做概要的介紹與敘述，並對實際研究時的主、客觀限制做簡略說明。

研究範圍是依「地域範圍」、「寺廟」與「醫藥神」三主題進行界定與說明，依循研究範圍確定出田調的目標物與進行分類、分析；再對前人的研究成果分成醫藥神與藥籤兩大類，分別就專書、期刊、學位論文三類做研究概況的探討。最後對本論文的研究方法、研究流程與架構關係做描述。

第二章：醫藥神的神話傳說及信仰源流。

神話傳說部分是將醫藥神中的神農大帝、保生大帝、天醫眞人……等相關神話與傳說做介紹、討論與分析。信仰源流部分是將醫藥神信仰的「醫巫同源」觀念源流分成三部分，自古代中原的起源、發展與演變，以及傳至福建與閩俗的崇巫、配合兩宋閩地沿海造神運動的結合，最後對因隨著移民因素而傳遞到臺灣，並對形成臺南府城獨特的醫藥神信仰之建立做介紹與說明。

第三章：臺南府城歷史與醫藥神寺廟沿革。

臺南府城歷史部分是以經濟貿易的層面爲切入點，討論臺南府城自荷蘭、明鄭、清領與日治等四個歷史分期中的發展，以建構出各時期的社會背景。醫藥神寺廟沿革是依寺廟群爲分類，逐一對臺南府城醫藥神寺廟以醫藥神、藥籤與醫療身份區分的田野查調，將研究主體依其建立的歷史、沿革、

石、黃正彥三名委員前往現勘，決議材質包括泥塑、木雕、陶瓷等，年代涵蓋清末至近代的 22 尊神像中的九尊俱可証彌陀寺歷史變遷與道教化年代，亦具當代工藝技術價值的神像典藏。其中一尊軟身保生大帝，頭上戴有一銀冠，冠後刻有「彌陀寺眾鋪户一同叩謝」諸字。除神像外尚有藥籤與藥籤筒與藥籤櫃。

發展與社會相關背景形成的祭祀圈作說明與探索。以期能在臺南府城的歷史、經濟背景下，與各寺廟的沿革作結合，提供臺南府城醫藥神寺廟的建構與形成的聯結，尤其對於不具醫藥神性質的寺廟，卻提供醫療功能的藥籤建構可能的背景因素。

　　第四章：臺南府城醫藥神寺廟信仰特質。

　　本章與第五章爲本論文的重心部份。分別討論信仰特質與相關文化。在本章臺南府城醫藥神寺廟信仰特質共分三部分，分別爲「祀神」、「祭祀活動」與「聯境」。「祀神」將研究主體的寺廟以主祀神爲區分標準區分成爲 16 種，再各以主祀神爲主軸，對其所屬各寺廟中的陪、同祀神做介紹說明，以確認臺南府城在民間信仰的儒、釋、道融合與「多神論」〔註142〕的特質。「祭祀活動」則以各寺廟的祭祀活動、儀式分成「共同」與「個別」兩類，發掘臺南府城在信仰特質上的人神「互酬性」〔註143〕的特色與傳統風俗習慣。「聯境」則是簡單介紹府城特有的寺廟祭祀組織祭祀圈（廟境）與階層性發展成「聯境組織」，也兼討論在時代變遷下祭祀圈聯合組織的今況，由於時間不足與論題過於廣泛，深入之研究討論則留待日後再進行探究。

　　第五章：臺南府城醫藥神相關文化。

　　本章則是以臺南府城醫藥神相關文化作爲討論主題。分別擷取文化議題中的「匾聯、碑碣」、「造像藝術」、「藥籤」三個主題爲討論中心。寺廟最常見也最具有文化價值的匾額、楹聯、碑碣與最有文化特質表現的寺廟建築主體結構與神像做簡單的搜集與記錄，以期能提供後續研究者資料匯整與記錄的基礎，由於此範圍的資料可深入的部分亦非常廣泛，同樣在時間的不足限制下，深度的探討無法即時進行，唯以廣度取向作眞實的紀錄。此外本研究範圍界定標準的另一「藥籤」主題，亦在盡可能的範圍之下，搜集各寺廟整套的「藥籤」，以期能做現有文化物件的保存，並以所搜集的藥籤進行初步的分析與歸類，以瞭解目前臺南府城藥籤的發展走勢，與歷史變遷及藥籤的存在價值，確保文化的傳承，更深入對藥籤深入探索與分析歸類，亦待日後以主題做完整的分析與探討。

　　第六章：結論。

　　結論則是總結各章的要點，做簡要的整合與描述，將臺南府城醫藥神的信仰與文化的研究情況與結果做敘述。

〔註142〕涵蓋天、地、人、自然現象及靈魂（祖先崇拜）等
〔註143〕祈神動機多出自於神佑，源於人的功利取向、還願等現象。

表 1-9　研究流程與論文結構關係圖

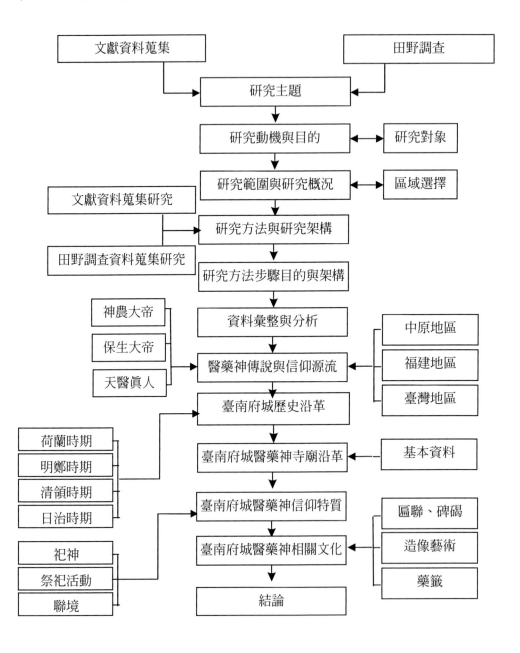

第二章　醫藥神的神話傳說及信仰源流

第一節　神話傳說

　　「神話」、「傳說」是「口傳文學」，人類口耳相傳的文化傳遞。自神話傳說的文字記述中，可窺見先人對待環境的哲學、歷史智慧的足跡。中國神話與傳說，大多記載在山海經，楚辭天問篇……等古書。莊子，列子，左傳，搜神記……等，也都有零星記載。流傳至今的神話與傳說，是先人智慧與努力的結晶。雖然受孔子「怪力亂神」不可道的影響，不像希臘羅馬的神話那樣負有盛名。但流傳下來的神話中，仍不難發現，先民的想像力並不亞於其他的民族。神話是人與自然搏鬥所遺留下來的事蹟，對於難以解釋的現象，使之合理化，因而創造出來的，有自己的民族特色，神話文學與文化是汲汲相關，有其璀璨的一面。

　　本節就以神農大帝、保生大帝、天醫眞人的神話與傳說做爲探討主題。

一、神農大帝

　　「神農」爲遠古時代流傳的人物，未必眞有其人，相傳說是夏以前中原地區「三皇五帝」之一，戰國至漢代不同史學家對「三皇五帝」的定義不同，或許初期的神農應是指一個人，到了後來就有泛指整個氏族的統稱。

　　《尙書‧序》與《帝王世紀》是伏羲、神農、黃帝；《尙書‧大傳》與《含文嘉》記載是伏羲、神農、燧人；司馬貞所補的《史記‧三皇本紀》與《運

斗樞》、《元命苞》、《運斗樞》等緯書是伏羲、神農外，加上創造人類的女媧；
《白虎通》認為是伏羲、神農、祝融；《通鑑外紀》則為伏羲、神農、共工。
〔註1〕《潛夫論》則認為：

> 世多以伏羲、神農為三皇。其一者，或曰燧人，或曰祝融，或曰女
> 媧，是與非未可知也。〔註2〕」

　　三皇的岐論較多，五帝的認定則比較統一，《禮記月令》以太皞（伏羲）、
炎帝（神農）、黃帝、少皞、顓頊為五帝；《呂氏春秋》、《淮南子》是把炎帝
神農氏、黃帝有熊氏、顓頊高陽氏、帝堯陶唐氏和帝舜有虞氏列為「五帝」，
《戰國策》則是認為五帝是黃帝、庖犧（伏羲）、神農、堯、舜（見表2-1）。
此外，又有東漢王逸對《楚辭·惜誦》所注中把五方天神合稱為五帝，即東
方太皞、南方炎帝、西方少昊、北方顓頊、中央黃帝不論神農是三皇或五帝
都與中國文化起源有著密切關係。

表2-1　文獻中的神農、炎帝

	名　稱	出　處
三皇	伏羲、神農、黃帝	《尚書序》、《帝王世紀》
	伏羲、神農、燧人	《尚書大傳》
	伏羲、神農、祝融	《白虎通》
	伏羲、神農、女媧	補《史記·三皇本紀》
	伏羲、神農、共工	《通鑑外紀》
五帝	黃帝、庖犧（伏羲）、神農、堯、舜	《戰國策》
	黃帝、顓頊、太昊（伏羲）、少昊、炎帝	《禮記月令》《呂氏春秋》《淮南子》

資料來源：由胡欣榮製表

〔註1〕司馬遷等著、二十五史編輯委員會編：《二十五史》（臺北：藝文，1958年），
　　　頁1365；孔安國傳、陸德明音義：《尚書》（《四部叢刊初編》第3～4冊。景
　　　烏程劉氏嘉業堂藏宋刊本），頁1；皇甫謐撰、宋翔鳳、錢寶塘輯：《帝王世紀
　　　卷一》（瀋陽：遼寧教育，1997年），頁2、伏生著、劉向注：《尚書大傳》（《崇
　　　文書局叢書》，光緒三年三月刻）、班固：《白虎通義》（《乾隆御覽四庫全書薈
　　　要》子部）、班固：《白虎通義》，臺北：臺灣商務印書館，1968年、劉恕：《通
　　　鑑外紀》（上海：商務印書館，1919年）。
〔註2〕王符：《潛夫論·五德志》（臺北：藝文印書館，1994年），頁167。

　　神話傳說中的神農氏「炎帝」有「五谷先帝」、「五穀先帝」、「五穀王」、
「開天炎帝」、「先帝爺」、「栗母王」、「藥王大帝」等稱呼，一般以穀神、農
神、醫藥神爲神格。

　　在穀神、農神神格的造型上以「人身牛首」圖騰出現在原始氏族社會的
信仰中，並另以「頭角崢嶸、肩披樹葉、祖胸赤足安坐在岩上」爲造型，手
中執握稻穗，象徵掌管五穀生產，其造型與「牛」圖騰相關即象徵與農耕相
關聯。

　　在文獻上記載發明耒耜、斧頭、鋤頭，教導五穀的種植方法、勸民耕種、
改善民生的傳說，所以被視爲農業之神。《周易・繫辭下第二》：「神農氏作，
斲木爲耜，揉木爲耒，耒耨之利，以教天下。〔註3〕」，《管子・形勢解》：「神
農教耕生穀，以致民利。〔註4〕」，《管子・輕重戊》：「神農作樹五穀淇山之陽，
九州之民，乃知穀食，而天下化之。〔註5〕」，《水經注》：「神農既誕，九井自
穿，汲一井則眾水動。〔註6〕」《淮南子・脩務訓》：

　　　　古者，民茹草飲水，采樹木之實，食蠃蠪之肉，時多疾病毒傷之害，

　　　　於是神農乃始教民播種五穀，相土地宜，燥濕肥墝高下。〔註7〕

《白虎通義・號》：

　　　　謂之神農何？古之人民，皆食禽獸肉，至於神農，人民眾多，禽獸

　　　　不足，於是神農因天之時，分地之利，制耒耜，教民農作，神而化

　　　　之，使民宜之，故謂之神農也。〔註8〕

也是發明農具、教導種植爲主，強調神農的農業神特性。

　　除了農具與農耕的發明之外，文獻中的神話傳說還記載其它生活文化的
發明，如《淮南子・修務訓》對發明琴瑟的傳說：「神農之初作琴也。〔註9〕」，
《周易・繫辭》開啓商業交易活動：「教人日中爲市，致天下之民，聚天下之

〔註 3〕《周易》，武英殿十三經注疏本（臺北：藝文印書館，1994年），頁167。
〔註 4〕管仲、尹知章注、戴望校：《管子・形勢解》（臺北：世界書局，1958年），頁
　　　　332。
〔註 5〕管仲、尹知章注、戴望校：《管子・輕重戊》，頁414。
〔註 6〕酈道元撰、戴震校：《水經注・瀙水》（臺北：世界書局，1962年），頁402～
　　　　403。
〔註 7〕劉安著，張雙棣撰：《淮南子校釋例（下）》（北京：北京大學，1997年），頁
　　　　1939。
〔註 8〕班固：《白虎通義》（臺北：臺灣商務印書館，1968年），頁39。
〔註 9〕劉安著，張雙棣撰：《淮南子校釋例（下）》，頁1939。

貨，交易而退，各得其所，蓋取諸噬嗑。〔註10〕」與《呂氏春秋‧愛類》教民紡織：

> 神農之教曰：『士有當年而不耕者，則天下或受其饑矣；女有當年而不績者，則天下或受其寒矣。』故身親耕，妻親績，所以見致民利矣。〔註11〕

除了改變飲食文化貢獻外〔註12〕，對於醫藥神神格記載有：《淮南子‧脩務訓》：「嘗百草之滋味，水泉之甘苦，令民知所辟就，當此之時，一日而遇七十毒。〔註13〕」，《中國各民族宗教與神話大辭典》：

> 後世傳言神農乃玲瓏玉體，能見其肺肝五臟，因能化解藥毒。傳說神農因嘗百蟲，不能解其毒而致死。〔註14〕

敘述身體透明可看出百草在體內作用情形，嘗百草開創醫藥救人，以身試毒草而中劇毒，全身發黑喪命來與醫療做相關的連結。

在神話中干寶的《搜神記》：「神農以赭鞭鞭百草，盡知其平毒寒溫之性。〔註15〕」描述鞭百草試藥性的傳說在《述異記》卷下：「太原神釜岡中，有神農嘗藥之鼎存焉與。成陽山中，有神農鞭藥處。〔註16〕」記載嘗藥、煉藥鼎和鞭藥的所在。

「神農」與「炎帝」本是兩個神話體系，《世本》記載：「炎帝即神農氏。〔註17〕」，炎帝是火神、太陽神〔註18〕，劉歆為了替漢取代秦及王莽取代漢之事實給予合理順天理論，提出「五德終始說」，並撰《世經》合併神農與炎帝傳說系統，說明黃帝是土德，神農早於黃帝，應是為火德。〔註19〕

〔註10〕 《周易‧繫辭下第二》，武英殿十三經注疏本，頁392。

〔註11〕 呂不韋：《呂氏春秋‧愛類》四部備要352，（臺北：中華書局，1979年），頁292。

〔註12〕 霍彥儒：〈炎帝與中國飲食文化〉《華夏文化》3期，2002年，頁39～40。

〔註13〕 劉安著，張雙棣撰：《淮南子校釋（下）》，頁1939。

〔註14〕 鍾敬文、袁珂等編：《中國各民族宗教與神話大辭典》（北京：學苑出版社，1990年），頁273。

〔註15〕 干寶：《搜神記‧卷一》（台北：里仁，1958年），頁1。

〔註16〕 南朝梁 任昉：《述異記》卷下《欽定四庫全書子部十二小說家類三瑣記之屬》，頁1。

〔註17〕 漢 宋衷注，清 陳其榮增訂：《世本帝系篇》（台北：西南書局，1974年），頁3。

〔註18〕 參見《左傳‧哀公十七年》：「炎帝以火紀，故為火師而火名」。

〔註19〕 楊善群：〈炎帝與神農氏「合二為一」考辨〉《探索與爭鳴》（上海市社會科學界聯合會8期，2007年），頁18～20。

　　班固在《漢書》轉載及宣傳這論調：「炎帝神農氏。〔註20〕」，遂有「炎帝神農氏」稱謂。到了後來袁珂在《中國神話通論》中註解神農與炎帝時即成：

> 神農，全稱是炎帝神農氏，在「五方帝」的神國組織中，他是南方的天帝。作爲神的稱謂，多稱他爲炎帝，或赤帝，作爲人則多稱他爲神農。在秦以前的古書中，正像「太昊」和「伏羲」一樣，「炎帝」和「神農」也是沒有聯起來稱呼過的。聯起來稱呼是從《世本》開始。「炎帝」和「神農」肯定先前也有某種聯繫，但是其詳今天已不可得知，我們只好承認二者是一個人物就是了。〔註21〕

　　在唐代時炎帝與神農傳說已完全合一，神農身世和形象已成爲：炎帝姓姜，人身牛首是火神。除維持農業與醫藥神格外，也具有始作蜡祭、製作琴樂、開市交易、創始六十四卦功績。〔註22〕《史記·三皇本紀》記載神農身世及事蹟：

> 炎帝神農氏，姜姓也。母曰女登，有媧氏之女，爲少典妃，感神龍而生炎帝。人身牛首，長於姜水，因以爲姓。火德王，故曰炎帝，以火名官。斫木爲耜，揉木爲耒，耒耜之用，以教萬人。始教耕，故號神農氏。于是作蜡祭。以赭鞭鞭草木，始嘗百草，始有醫藥。又作五弦之瑟。教人日中爲市，交易而退，各得其所。遂重八卦爲六十四爻。〔註23〕

　　《路史》增加創制與發明的功績，如：繪製輿圖「命白阜度地，紀脈水道，……于是辨方正位，經土分域」；以「始諸飲食，蒸民乃粒」創飲食功勞；「豫若天命正氣，節審寒暑，以平早晚之期」建立曆法與時令節氣；「乃課工定地，爲之城池以守之」創建古城，把神農神格大爲擴大，影響後世對神農信仰的普及。〔註24〕

　　神農由最初開創農業而說成「農業神」，再擴大爲「醫藥神」，並開啓商業，發明紡織、製陶、琴瑟；在結合炎帝傳說之後，又有蜡祭、作琴、開市，

〔註20〕班固：《漢書卷二十古今人表》（北京：中華書局，1990年），頁866。
〔註21〕袁珂：《中國神話通論》（成都：巴蜀書社，1993年），頁109。
〔註22〕鍾宗憲：《炎帝神農信仰》（北京：學苑出版社，1994年），頁56～118。
〔註23〕司馬遷等、二十五史編輯委員會編：《二十五史》，頁365。瀧川龜太郎：《史記會注考證·三皇本紀》（臺北：大安出版社，2000年），頁283。
〔註24〕羅泌：《路史》（欽定四庫全書史部四別史類），頁48。

以火熟食，改變生活飲食文化的功績；羅泌又擴大功勳爲製作輿圖、建立時曆、興建古城，到了清末更與黃帝成爲中華民族共同始祖，並成爲農、醫、藥、穀、商……等行業的祖師爺或保護神。

由神農傳說發展可知，神話傳說在流傳過程中，常隨著生活需求與情感投射，附托衍生出轉變，賦予更多屬性與功能，擴大豐富民間信仰的內涵。〔註 25〕

二、保生大帝

最早的吳眞人文獻記錄是南宋嘉定二年（西元 1209 年）的楊志與嘉定九年～十二年間的莊夏所寫的〈慈濟宮碑〉。

在〈保生大帝略傳〉中有記載著：保生大帝姓吳，名夲（音滔 tao），字華基〔註 26〕，別號雲衷、或雲沖，又稱「吳眞君」、「吳眞人」、「大道公」、「大道公祖」、「公祖」、「大道眞人」、「花橋公」（或「花轎公」）、「忠顯侯」、「英惠侯」、「醫靈眞君」、「醫靈眞人」等。〔註 27〕

北宋太平興國四年（西元 979 年）三月十五日，誕生於福建泉州府同安縣白礁村，亦有龍溪青礁及安西石門之說〔註 28〕；父親諱通，受封「協成元君」，母親黃氏，據傳爲上界玉華大仙降世；景祐三年（西元 1036 年）五月初二日卒於青礁〔註 29〕享年五十八歲，後人及門徒於修道、行醫處，建「龍湫庵」私諡「醫靈眞人」。

流傳的故事可見於顏蘭《吳眞君記》、林廷璝《保生大帝實錄》、黃化機《吳眞人譜系紀略》及楊浚《白礁志略》……等。傳說從宋代經元、明

〔註 25〕 宋光宇：〈四十年來臺灣的宗教發展〉《宗教與社會》（臺北：東大，1995 年），頁 178。

〔註 26〕 《說文解字》：「夲，進趨也。」，意思是前進迅速，「夲」字與「華基」在古代字號多與本名有關習慣來看，應是誤將「夲」視爲「本」，由「本」的字義所創造「華基」。

〔註 27〕 學甲慈濟宮：《學甲慈濟宮戊子年香科上白礁謁祖遶境祭典》手冊（臺南：財團法人學甲慈濟宮董事會，2008 年），頁 1～2。

〔註 28〕 范正義：《民間信仰與社會地域——以閩台保生大帝信仰爲中心的個案研究》（廈門大學博士論文，2004 年），頁 24。

〔註 29〕 范正義：《民間信仰與社會地域——以閩台保生大帝信仰爲中心的個案研究》，頁 29。記載慈濟宮提供，白礁流傳「龍鬚灣」說法，據慈濟宮常務理事王加興整理所記，白礁父老於眞人修道濟世處集資改建廟宇，供奉眞人偶像，並命名爲「龍湫庵」。

到清代逐漸生動，並刻意美化行醫濟世的故事，還加入許多道教形式來襯托〔註30〕。

　　家世背景以「白龜兆瑞‧大帝降生」，是紫微星降生，諸神護持滿室皆紫氣景雲的祥兆。《保生大帝實錄》載：

> 先祖世積厥德，修齋行仁，樂善好施，傳至聖父，諱通協成元君，清操自持，循循然以善誘人。聖母黃氏玉華大仙，幽閒貞靜，增修前徽，馨聞上穹，夢吞白龜之祥，有感而懷聖胎。宋太宗太平興國四年己卯，聖母將次分娩。恍見長素道人、南陵使者，偕北斗星君護送童子至寢門曰：『是紫微星也。』俄而大帝降生，五老慶誕，三台列精，景雲覆室，紫氣盈庭。〔註31〕

《同安縣志‧方外》：

> 吳本，字華基，號雲沖（一說雲衷，雲東），福建省泉州府同安縣白礁鄉人。父吳通，捕魚為業，母黃氏夢白龜而孕，宋太平興國四年，己卯三月十四夜，夢有神護童子降於庭，曰：是紫薇真人也，越辰誕神。〔註32〕

「紫薇真人」、「白龜」與「北辰信仰」有關，北方帝星反映吳真人是帝王級神格；五方信仰中，北方為玄武，以蛇龜合體為圖騰，「夢白龜」正符合敘述架構。

　　北辰信仰以天地為中心，在發展與傳播過程中結合其它信仰，從天地中心觀念轉化成生死觀念，出現「北斗主生，南斗主死」的說法，更演進成「拜斗」〔註33〕（見第四章第二節）的觀念，與吳真人的醫藥神在精神上有相通處。

〔註30〕範正義：《民間信仰與社會地域——以閩台保生大帝信仰為中心的個案研究》，頁37。

〔註31〕林廷瓛：《保生大帝實錄》收入王見川、林萬傳編：《明清民間宗教經卷文獻》12冊（臺北：新文豐出版股份有限公司，1999年3月），頁36。

〔註32〕林學增等修，吳錫璜纂：《同安縣志卷四十人物方外》，台北：成文出版社，1967年，頁1。

〔註33〕「拜斗」是道教獨有一種為人消災解厄、祈福延壽之科儀，應稱為〔朝真禮斗〕。起源甚早，始創於漢張道陵天師。相傳斗為（天樞），是神人之主宰；漢代的霍光曾經禮斗，三國的孔明也曾禳星。道教認為人之生、死、魂魄，其來源與歸宿，均在於〔斗府〕。人死後歸宿於北斗，故人死可喻為〔星沉北斗〕，斗即是人的本命元辰。參加拜斗即是朝拜自己的本命元辰，可以使元辰光彩，祛災趨福，祈求平安。

　　自古醫學知識傳遞是封閉的，醫者是特殊社會階層。宋代以後因醫學書籍的流傳，打破醫學知識壟斷的情況，產生「儒醫」與「尚醫士人」，醫者常兼有著儒、道、醫三種身份。所以有「柳枝化骨」、「醫虎喉・點龍睛」及「降服蛟龍」行醫與道法傳說。

　　在醫術高超上的描述有楊志〈慈濟宮碑〉：

> 弱不好弄，不茹葷，長不娶，而以醫活人。……所治之疾，不旋踵而去，遠近以爲神醫。〔註34〕

與莊夏〈慈濟宮碑〉：

> 嘗業醫，以全活人爲心，按病投藥，如矢破的，或吸氣噓水以飲病者，雖沉痼奇怪，亦就痊愈。是以癘者、瘍者、癃疽者，扶升攜持，無日不交踵其門。〔註35〕

在《同安縣志》：

> 不茹葷，不受室，業醫。醫濟人無貴賤，按病受藥，如矢破的。或吸氣噓水以飲，雖奇疾沉疴立愈。〔註36〕

並說吳眞人在大雁山得西王母眞傳，所以煮丹砂救人以符法濟世：「著神生而穎異，年十七遇異人授以青囊玉籙，遂得三五飛步之法。〔註37〕」，顏蘭〈吳眞君記〉則有「柳枝化骨」的神話醫術傳說：

> 曾於荒野見一白骨，失左腿，以柳枝代之，咒水化之，成形起立，泣尋其主，公（吳眞人）收爲童子，從公游，途逢同安縣令知縣江仙官（少峰），見而怪之曰：是吾僕也，向謂死於虎矣，猶幸存乎。公告之以故，仙官訝之，白於大吏，亦疑其荒唐，詰公曰：子能活之，果能實之乎？公起咒水，童子仆地，仍爲白骨。仙官感而信之與主簿張聖者皆棄官從神遊。……既得之二人，從者眾，而黃醫官、程眞人、鄞仙姑尤得神秘授。〔註38〕

〔註34〕楊志：〈慈濟宮碑〉《海澄縣志》卷22，頁257。李世偉、王見川，《典藏保安宮之美：歷史卷》。陳鍈等修、鄧廷祚等纂：《海澄縣志・藝文志》卷22（上海：上海書店出版社，2000年），頁662。

〔註35〕陳鍈等修、鄧廷祚等纂：《海澄縣志・藝文志》卷22，頁664。

〔註36〕林學增等修，吳錫璜纂：《同安縣志卷四十・人物錄方外》，頁1300。

〔註37〕林學增等修，吳錫璜纂：《同安縣志》，頁1300。

〔註38〕顏蘭：〈吳眞君記〉，頁655～656。《同安縣志》卷24引錄此文。參見李世偉、王見川，《典藏保安宮之美：歷史卷》與陳鍈等修、鄧廷祚等纂：《海澄縣志藝文志》卷22，頁36。

傳說在採藥時，於林間看見一具缺左腿骨的孩童枯骨，因心生惻隱而以柳枝代缺腿骨，施咒水使他復生，並帶他隨行。

《同安縣志》亦敘述「能咒白骨復生，背壺蘆為童子。」〔註39〕，有一天與同安縣令江少峰相遇，縣令驚見昔日趕考途中遇虎時，捨身救主的書僮竟跟隨在吳夲身邊。於是詢問並要求證明真偽，吳真人於是施咒將孩童化回枯骨，使縣令信服。雖然江縣令希望讓書僮再起死回生，但真人以生死並非兒戲而婉拒。自此江縣令與張姓主簿棄官拜入門下，成為江仙官（少峰）與張聖者。並記錄其他從而成為門人的稱號。

林廷璝的《保生大帝實錄》收錄此「柳枝化骨」傳說外，另補註吳真人三十六神將：

> 又有鄧天君、連聖者、劉海王、孔舍人、炳靈官、馬迦羅、虎迦羅、
> 劉天王、王靈官、李太子、何仙姑、殷太子、張真人，及殷古宋孟
> 岳辛高三李周江黨黑康彌田直龐楊王黃諸元帥並各神將先後歸教。
> 今凡廟中座側左右悉繪諸像以配享焉。〔註40〕

在閩南地區居住在河川下游與濱海地區的居民，對瘟疫集體死亡的恐懼與病疫的危機，隨著環境背景與「尚巫」信仰的偏好，逐漸演變產生「送瘟」的儀式，並發展成具有地方特色的「瘟神」信仰。

相傳吳夲生前曾以符水救活無數瘟疫病患，在花橋施藥的記錄與瘟神信仰交互影響後，顏蘭將吳真人在花橋施藥寫成對抗瘟神：

> 二年，漳泉又苦瘴虐，有斐尸魔王率一千四百鬼眾行瘟，公（吳真
> 人）與僊（仙）官、聖者召神兵逐鬼驅雷，擊死魔王，呪（咒）水
> 甦民，活者不可勝計。〔註41〕

傳說中的「醫虎喉」在《保安宮專誌》：

> 相傳在宋朝年間有一隻猛虎吞食一位婦女，被婦女頭上的金釵哽住
> 喉嚨，求神醫治，不願，以改過求之，方套上金屬護臂取之。大帝
> 歿後，虎至墓前為其守靈。〔註42〕

〔註39〕臺北市福建省同安鄉會：《福建省同安縣志》（臺北：臺北市福建省同安鄉會，1986年），頁37。
〔註40〕林廷璝：《保生大帝實錄》收入王見川、林萬傳編：《明清民間宗教經卷文獻》12冊（臺北：新文豐出版股份有限公司，1999年3月），頁36。
〔註41〕顏蘭：〈吳真君記〉，頁657～658。
〔註42〕張介人：《保安宮專誌》（臺北：大龍峒保安宮，1981年），頁86。

老虎因喉中卡著所吃婦人的髮釵，向保生大帝求助，在同意保生大帝所提改除吃人習慣後獲治癒，並成爲保生大帝的座騎「黑虎將軍」。唐代孫思邈也有相似故事：

> 相傳唐代藥王孫思邈某日夜間出診，遇一老虎張出大口，似求醫狀。孫思邈近前一看，發現老虎被骨頭鯁住喉嚨，即用圓銅鈴套住虎口，施行手術拔去骨頭，老虎感恩，從此成爲孫思邈的侍者。〔註43〕

《三教源流搜神大全》與〈許眞君——斬蛟蛇白日上升〉的「許眞君收斬蛟龍」與吳眞君「降服蛟龍」有相似的傳說：

> 眞君後在豫章遇一少年，容儀脩整，自稱是愼郎，眞君與之話，知非人類；既去，謂門人曰：『是少年乃蛟蜃精，吾念江西累遭洪水危害，若不剪除，恐致逃遁。』遂舉道眼一覷，見蜃精化一黃牛於洲北，眞君謂弟子施太玉曰：『彼黃牛，我今化黑牛，以白巾與鬥，汝訊之，當以劍截彼。』俄頃，二牛奔逐，太玉以劍中黃牛之左股，因投入城西井中，黑牛亦入井，蜃精徑走。蜃精先在潭州化一聰明少年人，多珍寶，娶刺史賈玉女，常旅遊江湖，必多獲寶貨而歸，至是空歸，且云：『被盜所傷。』須臾典報云：『有道流許敬之見使君。』賈出接坐，眞君曰：『聞君得佳婿，略請見之。』愼郎拖疾不出，眞君屬聲曰：『蛟精老魅，焉敢遁形。』蛟乃化本形，至堂下命空中神殺之，又令將二兒來，眞君以水噀之，即成小蜃，妻賈氏，幾愛父母力懇乃止，令穿屋下丈餘地皆有水際，又令急移。俄頃，官舍沉沒爲潭，蹤跡皆宛然。〔註44〕

「白日飛昇」是道教修行圓滿，理想離開人間的方式。故將採藥不愼墜落山谷美化成「白日騎鶴昇天」，顏蘭《吳眞君記》：

> 景祐三年五月初二日，公自白礁偕聖父聖母、聖妹吳明媽、妹夫王舍人白日昇天，雞犬皆從，鄉人見之，列香案以送。〔註45〕

〔註43〕陳全忠：〈三尊容顏各異的大道公神像述略〉《吳眞人與道教文化》（廈門：廈門大學出版社，1993年），頁162。

〔註44〕不著撰人：《繪圖三教源流搜神大全附搜神記》（臺北：聯經出版事業公司，1985年10月），頁74。與宋劉斧：〈許眞君——斬蛟蛇白日上升〉《青瑣高議》前集卷之一（上海：上海古籍出版社，1983年），頁16～18。

〔註45〕學甲慈濟宮：《學甲慈濟宮戊子年香科上白礁謁祖遶境祭典》手冊，頁1。

《同安縣志·方外》:「景祐三年,五月初二,卒於家,享年五十有八,或云拔宅飛昇,雞犬皆從。〔註46〕」。而在《三教源流搜神大全》中記載許遜:

> 東晉太康二年八月一日,於洪州西山,舉家白日上昇;真君自飛昇
> 之後,里人與真君族人,就其地立祠〔註47〕

與《道藏》許真君傳:

> 真君於晉元康二年八月十五日,闔家良賤四十餘口,宅宇雞犬,一
> 時昇仙,闔村鄉閭悉見,頂禮久之。〔註48〕

由此可推知:保生大帝「白日昇天,雞犬皆從」與許遜「一人得道,雞犬升天」,應該是在許遜家族遷入福建後,道教神話與吳夲傳說相結合〔註49〕。楊志和莊夏的碑文裡都不曾提到吳夲「白日飛昇」,莊夏記載「卒於家」。清代顏蘭〈吳真君記〉時已記載:

> 景祐六年五月初二日,公自白礁偕聖父、聖母及聖妹吳明媽、妹夫
> 王舍人,白日昇天,雞犬皆從。鄉人見之,列香案以送公。〔註50〕

因此可知在明、清時期吳夲「白日飛昇」的說法已普遍,這是以許遜為代表的「淨明忠孝道」深入閩南後所產生的影響。

《全國佛刹道觀總覽:保生大帝卷》:

> 白礁鄉內黃氏富戶,後院池塘毗鄰山麓,故能通大海,因有蛟龍出
> 沒。一日遇黃氏女游園,趁虛而入,乃有胎息,父母疑之,請吳真
> 人醫治,真人知禍起蛟龍,非斷其女命不能止禍,並預言胎孕十月
> 則天崩地裂危殆鄉里。遂採桃木以製劍,置壇台以念咒,越四十九
> 日練成治妖寶劍,旋於景祐三年孟夏,剖其女腹,斬其子龍,復追
> 成形子龍於文圍山八角古井中,天地變色,至午刻始漸風合日麗。
> 神力拼之後,返家靜坐,功德圓滿,於是白日飛昇。〔註51〕

〔註46〕 臺北市福建省同安鄉會:《福建省同安縣志》,頁40。
〔註47〕 不著撰人:《繪圖三教源流搜神大全附搜神記》,頁74。
〔註48〕 《道藏·孝道吳許二真君傳》第6冊(天津:天津古籍出版社,1988年),頁844。
〔註49〕 范正義:《保生大帝——吳真人信仰的由來與分靈》(北京:宗教文化出版社,2008年12月),頁173。
〔註50〕 顏蘭:〈吳真君記〉,收入林學增等修、吳錫璜纂:《同安縣志·祠祀》卷24,頁656。
〔註51〕 全國寺廟整編委員會編輯:《全國佛刹道觀總覽:保生大帝專輯》(臺北,樺林出版社,1987年)

「斬蛟龍」、「白日昇天」與吳猛〔註52〕、許遜傳說相近，吳夲又常被誤認爲是吳猛，所以許遜被列於「三眞人〔註53〕」信仰中（見第四章第一節），應是參酌吳猛傳說〔註54〕而成。

道教「祖師傳說」信仰與閩南其他神明傳說融合，使閩南「法主公」信仰發展，在明清方志中有閭山派陳靖姑「從許遜學道」的記載。

吳夲死後仍有許多傳說，如宋代的「泥馬渡康王」在《同安縣志》：

> 宋高宗爲太子，曾質於金，思歸中原，月夜步崔子廟，忽聞廊下馬
> 嘶，遂乘之逃。金遣鐵旗追至黃河，高宗仰天忽祝，忽見神幡蔽日，
> 戟鉞如雪，金將怯去。後高宗南渡，神亦顯靈助戰。〔註55〕

宋高宗在太子時爲金國人質稱「康王」，吳眞人以泥馬渡他過河躲避金兵追趕；登基後於紹興二十年（西元 1150 年）頒詔，於白礁（「西宮」：白礁慈濟宮）敕建「五門三殿〔註56〕」皇宮式廟宇，隔年吏部尚書吳師魯奏請在大雁東山吳眞人修煉處建立寺廟（「東宮」：青礁慈濟宮）。

明代有助朱元璋打敗陳友諒於鄱陽湖的傳說，《同安縣志》：

> 明太祖與陳友諒鏖兵洞庭湖，颶作，龍舟將覆，雲端忽露旗幡，大
> 書吳字天遂反風，太祖因以得勝。〔註57〕

因此洪武五年冊封吳眞人爲「昊天御史醫靈眞君」〔註58〕。

〔註52〕 吳（猛）眞人，南海太守，晉豫章人（今江蘇武陵），邑人丁義授以神方。曾以白羽扇蓋水而渡，看的人都覺得很奇異。後來江州刺史曾向吳猛詢問身體疾病，吳猛以「算盡」（自知死期將至）爲由推辭，並請刺史準備棺服，十日之後死亡，還未舉行大殮，屍體便消失了。民間私諡吳猛爲「大洞眞君」，是感天大帝許遜的師父。

〔註53〕 吳猛是許遜之師，又因爲吳猛與保生大帝同姓而生混淆，於是民間常流傳保生大帝是許眞人之師，其實四位眞人的年代順序爲：吳猛、許遜、孫思邈、吳本。保生大帝與吳猛相差數百年。

〔註54〕 由於吳猛和許遜兩人是師徒關係，兩人的傳說在發展過程中也互相吸收、轉化，所以視爲同一傳說體系。

〔註55〕 臺北市福建省同安鄉會：《福建省同安縣志》，頁 38。

〔註56〕 李乾朗：《臺灣古建築圖解事典》（臺北：遠流，2003 年），頁 48。祠廟第一進門廳開設五門者稱之「五門」，按古制天子宮殿闢五門，諸侯士大夫闢三門，庶民只闢一門，故主祀神祇爲帝后級者，才可享五門之尊。

〔註57〕 臺北市福建省同安鄉會：《福建省同安縣志》，頁 39。

〔註58〕 吳眞人信仰圈在閩南一帶，而在江西出現助戰的「吳」字，應該是江西的「吳猛」。

　　「醫治太后」的傳說在宋、明各有記錄，《全國佛剎道觀總覽：保生大帝卷》：「宋理宗寶慶三年，太后病重，神化爲凡人醫愈。〔註59〕」，《同安縣志》：

> 明永樂年間，文皇后患乳，百藥不效，召求名醫，神化道士指關，牽絲於外診之，隔幔灸艾炷，應手而愈。……仁宗時嘗至京師診帝后疾愈，授御史不受。

《同安縣志》：「世傳二徐眞人曾夢中授藥治文皇后疾，殆神（吳眞人）之流亞歟。」可知吳眞人傳說是取材於二徐眞人〔註60〕。

　　明仁宗洪熙元年（西元1425年）因「授御史不受。」，改封吳夲「恩主昊天金闕御史慈濟醫靈妙道眞君萬壽無極保生大帝」，特賜龍袍一襲，敕造宮殿。在慈濟祖廟有隻被稱爲「國母獅」的石獅，應是冊封時附賜的石獅與治癒文皇后傳說相結合而延伸出文皇后賜「國母獅」的事蹟。

三、天醫眞人

　　孫思邈是繼華佗、扁鵲、張仲景的一代名醫，他的醫學著作常被討論，而他的歲數也是個常被討論的主題。一說是一百零二歲，生於隋文帝開皇元年（西元581年），卒於唐高宗永淳元年（西元682年）；一說是生年是北周孝閔帝元年（西元557年），卒年爲永淳元年，享年一百二十餘歲。

　　《備急千金要方》和《千金翼方》是孫思邈的著作，是集唐以前中醫藥學大成的百科全書。現今醫界提倡「救死扶傷，發揚人道主義精神」是與孫思邈所履行和倡導的醫德一脈相承。

　　《千金要方》中提倡「凡大醫治病，必當安神定志，無欲無求，先發大慈惻隱之心，誓願普救含靈之苦」；對病人不論貴賤貧富都應該「普同一等，皆如至親之想」；對求醫的人要「不得瞻前顧後，自慮吉凶，護惜身命」，應「見彼苦惱，若己有之」並「一心赴救」；要求醫生要有醫德「不得恃己之長，專心經略財物」；切忌「道說是非，議論人物，炫耀聲名，訾毀諸醫，自矜己德……」。良醫診病時應該是「膽欲大而心欲小，智欲圓而行欲方。」，其中

〔註59〕　張炳楠：《全國佛剎道觀總覽：保生大帝卷》，頁89。
〔註60〕　參考臺北市福建省同安鄉會：《福建省同安縣志》，頁39。徐眞人爲南唐權臣徐知証、徐知諤，曾領軍平定閩國，深獲福建人民愛戴，死後被奉爲神祇，又稱徐仙、靈濟眞人、洪恩眞人、洪恩眞君等。

的「膽大」是要有自信；而「心小」是指小心謹慎；「智圓」則是遇事圓活機變；至於「行方」就是不貪名、不奪利，心中坦蕩。〔註61〕

據傳說唐太宗時長孫皇后難產，孫思邈以懸絲診脈並以針灸治好皇后的病。太宗賞金銀財寶與封官位都不受，故太宗改封「藥中之王」，賜沖天翅王冠和赭黃王袍。

此優沃的待遇令屢立戰功卻未封王的尉遲敬德心中不悅，於是追趕要想奪王袍、王冠，到灞橋時恰見孫思邈把沖天翅扳成順天翅，黃袍翻穿成紅袍在柳蔭下恭候。令尉遲敬德改口是為追趕討取靈丹妙藥而來；所以孫思邈即轉送靈丹以保東征勝利。日後尉遲敬德則自願為之站班聽憑差遣調用。

南唐沈汾《續仙傳》提到「龍宮奇方」傳說：

> 見人欲殺小青蛇，已傷血出，思邈求其人，脫衣贖而救之。以藥封晨，放於草間。後月餘復出行，見一白衣少年，僕馬甚盛，下馬迎拜思邈，謝言：小弟蒙道者所救，父母欲相見。……見中年女子領一青衣小兒出，再三拜謝思邈言：此兒癡騃，為人傷損，賴救免害。思邈省記嘗救殺青蛇，……潛問左右曰：此涇陽水府也。……問思邈所欲。……乃以輕綃珠金贈於思邈，堅辭不受。曰：……遂命其子取龍宮所須藥方三十首與思邈，謂曰：此真道者，可以濟世救人。……深自為異。歷試諸方，皆若神效。後著《千金方》三十卷，散龍宮之方在其內。〔註62〕

是講述救青蛇，入涇陽龍宮，龍王酬謝三十首「龍宮仙方」，歸來經測試證明有神效後，把藥方散插在《千金要方》中。唐段成式《酉陽雜俎》記載：

> 孫思邈嘗隱終南山，與宣律和尚（即道宣）相接……時大旱，西域僧請于昆明池結壇祈雨……老人夜詣宣律和尚求救。曰：「弟子昆明池龍也。無雨久……孫謂曰：「我知昆明龍宮有仙方三千首，爾傳與予，予將救汝。」……自是池水忽漲，數日溢岸，胡僧羞恚而死。孫複著《千金方》三千卷，每卷入一方，人不得曉。及卒後，時有人見之。〔註63〕

〔註61〕 孫思邈：《備急千金要方》第一卷（臺北：國立中國醫藥研究所重印 1965 年），頁 1。

〔註62〕 沈汾：《續仙傳》（上海：上海古籍出版社，1987 年），頁 12～13。

〔註63〕 段成式：《酉陽雜俎卷二》（欽定四庫全書・子部十二・小說家類），頁 12。

王世貞《列仙全傳》改編成替化身青蛇的涇陽龍王之子醫傷；將索「仙方三千首」改爲涇陽龍王贈「龍宮奇方三十首」；將「胡僧羞恚而死」改成送成都僧「秕飯一盂、杞菊數甌，該僧食此後，自此身輕無疾，至宋眞宗時，僧已二百餘歲。」。〔註64〕

「針龍砭虎」中的「針龍」傳說是青龍因病變成老者求治，孫思邈令恢復龍形後以針刺而癒；「砭虎」則是說虎吃了馱藥驢，驢骨卡在咽喉，因而找孫思邈醫治，孫思邈以醫鈴置於老虎口中，將手伸入中空處取出驢骨，令老虎因感恩而替他馱藥。

因老虎隨身馱藥，使病家不敢上前，所以改囑咐病家將病人服過的藥渣倒在家門口的路上，當經過時，若見到藥渣即會留置老虎在附近，自己前往看診，這是藥渣傾倒在門前路口的習俗由來。

針灸療法中的「阿是穴」並無固定位置，是以病痛局部或壓痛點爲腧穴〔註65〕，功效可以疏通經絡、運行氣血。《備急千金要方》：

　　有阿是之法，言人有病痛，即令捏其上，若裏當其處，不問孔穴，

　　即得便成痛處，即云阿是。灸刺借驗，故云阿是穴也。〔註66〕

傳說終南山的老獵人，腿痛發作時難以忍受。到長安找孫思邈求治時，服藥、扎針都不見好轉，後來改用手指在病人腿上掐試針穴，若掐對時病人大喊：「啊，是！」便紮入銀針，因療效顯著在七天換了 5 個穴位後，終於把老獵人的痛疾治癒，於是命名爲「阿是穴」。

王安石的《元日》：「爆竹聲中一歲除，春分送暖入屠蘇。千門萬戶瞳瞳日，卻把新桃換舊符。」其中「屠蘇」爲「屠蘇酒」〔註67〕。

〔註64〕 王世貞、李攀龍撰：《列仙全傳卷五孫思邈》影印古籍版（上海古籍出版社）頁 184～185。
〔註65〕 腧穴爲臟腑經絡之氣，川流聚集於體表位置，亦施針灸治療部位。腧穴包括「經穴」、「經外奇穴」和「阿是穴」，是一般針灸治療點通稱。十四經是全身「腧穴」的主體，經外奇穴是補充的經穴，「阿是穴」是根據疾患部位和壓痛點定穴的運用。
〔註66〕 孫思邈：《備急千金要方》（台北：國立中國醫藥研究所重印，1965 年），頁 1～2。
〔註67〕 屠蘇酒由大黃、川椒、白术、桂心、桔梗、烏頭、菝葜等組成。原方是將藥細切，以絹囊包貯，十二月晦日正中時懸至井中至泥，正月朔旦取藥，置酒中，煮數沸，先從小量飲起（或說由年幼的飲起），多少不拘。

　　因唐初南方常發生瘟疫，孫思邈利用葛洪《肘後備急方》內的防瘟藥方「屠蘇酒」來預防和治療，並公佈傳抄藥物的組成及炮製方法，逐形成江南流行在於歲末飲「屠蘇酒」的風俗。《荊楚歲時記》：

> 昔有人居庵中，除夜遺閭里一貼藥，令井中浸之。至元日取水置於酒樽，一家飲之，不病瘟疫。飲必自幼，云少者得歲，故先飲：老者失歲。〔註68〕

此外，現今中藥店鋪將藥櫃分成多個外面書寫藥名的小抽屜，每個小抽屜內再分隔成三或四個方格來放置各種藥材，據說這個設計是依孫思邈「抓藥」方法製成。孫思邈在為人診病時，會隨身攜帶藥材，因草藥種類多，性味功效不同，不能混雜放置，於是縫製有許多小口袋的褡褳，在每個小口袋裡裝一種草藥以方便整理和使用。在配藥時，把藥從小口袋裏抓出一小撮，故稱「抓藥」。

第二節　信仰源流

　　在中國醫療的演變史中，「巫」與「醫」的關係非常密切。史前人類遺骸中曾發現蛀牙、關節炎、骨質疏鬆……等疾病，可知疾病伴隨人類存於地球上。

　　商代甲骨文記載有醫療知識與技術，其中有二十五個人體解剖的名稱，對某些部位或器官的生理活動也有作描述，文中並有區分為內、外、婦、兒、五官、皮膚各科的四十餘種疾病；並已能熟練運用按摩、灸治、砭刺、酒療、藥物、拔牙、治外傷等治療方法〔註69〕。醫療技術專業化也相當古老，巫與醫共存極為久遠，巫術與醫術更互為主輔，演變成為專業的醫。但甲骨文中卻找不到「醫」字，但卻有「毉」字，由此可明瞭巫醫相混的情況。

〔註68〕宗懍：《荊楚歲時記第二部佚文輯錄》，頁87。

〔註69〕高春媛、陶廣正：《文物考古與中醫學》（福建：福建科學技術出版社，1993年），頁39～63。徐復觀：〈原史—由宗教通項人文的史學的成立〉《兩漢思想史卷三》（臺北：學生書局，1979年），頁230。

圖 2-1　「醫巫同源」〔註 70〕

用藥治病始稱醫　　　　　　　　　符籙祝由本是巫

　　最初醫學知識來自天賦本能，人類尋求緩解疼痛和不適，降低疾病與死亡威脅，由原始本能的吸吮傷口、壓迫止血、冷水止痛解熱。最原始醫療對策分成有效藥物找尋與祈求神蹟出現。有效藥物的找尋是動物原始本能，貓犬生病會找尋、吞食野生植物求生，人類亦憑藉智慧做經驗傳承，由生活經驗，逐漸了解各種動、植物、礦物藥性和毒性，有「神農嘗百草」之說，這是藥物試驗最早根源。

　　「巫醫同源」指巫術與醫術都來自原始文化，與人類早期思維模式相關，意識到所生存的自然環境中，存在超自然力量支配了生死，是致病的原因〔註 71〕；史前人類信仰超自然力量，把疾病歸因為犯罪而上天鬼神所降的懲罰或邪魔附身導致身心痛苦，敵人所施的巫術。用神蹟治病就是人類屈服於本身脆弱和能力有限，藉由懺悔、謝恩、許願，發展出各種驅除病魔與疫鬼的方法與技術，來期待、祈求更高主宰幫助達到驅魔、健身與治病的目的。

　　巫術與醫術是古老的文化遺產，來自於人們適應外在自然環境，長期累積對生命的經驗與對應技術，而在自我心靈體驗與感知下，發展出來的生命觀與行為反映。原始部落有被公認為最有智慧可和鬼神溝通，集醫師與巫師

〔註70〕　參考自教育部 健康醫學學習網：http：//health.edu.tw/modules/people/history/
　　　　　world_01.htm，2010 年 10 月 19 日瀏覽。
〔註71〕　朱存民：《靈感思維與原始文化》（上海：學林出版社，1995 年），頁 329。

於一身的巫醫來專執醫療行爲；是部落中享有崇高政治地位，能利用宗教儀式、符咒和草藥來治病、用手術來處理外傷。

巫、醫在人類醫療與信仰史上是相伴發展的，以下就對醫藥與信仰的歷史依時間的發展，分成中原地區、福建地區與臺灣三部份來了解醫藥信仰的源流。

一、中原的醫藥信仰

史載醫藥人物除神農外，尚有伏羲、黃帝、僦季貸、歧伯、雷公、桐君、鬼臾區、俞跗、少俞、伯高……等人。

夏代卜骨顯示巫教已流行。商代崇尚神鬼祖先，祖先是天神化身，王是天帝祖先意志的代表，商王有許多神職巫卜，攻伐勝負、農業豐歉，疾病與壽夭都要卜問吉凶，形成特殊政治力量。在「巫」的統治下，對人體的認識、疾病診療水準提高以及專業醫藥都發生重要的啓蒙與變革，所以殷墟甲骨文中記載有疾病、壽夭的卜辭和醫藥衛生活動。春秋時代，以立德、立功、立言的人文思想爲不朽；《禮記》〈祭法〉制訂祀典之原則即是以此爲本，形成民間信仰的主要形態。

漢代統治擴大至百越，將方士祠神及越人習俗引進官方祠祀。宋代政治動盪劇烈，皇室深信鬼神靈驗的事蹟，大量誥封祈禱感應的鬼神，形成民間信仰造神活動。在宋代以後揉合佛道二教思想及科儀。

甲骨文中「福」是雙手捧酒樽往祭桌上進奉酒食之狀，表示以酒祭神求降福，引申爲指神靈所降賜的「福氣」。「五福〔註72〕」中的「壽」、「康寧」、「考終命〔註73〕」與居「六極」的「凶短折」、「疾」、「弱」均與健康、疾病和長壽有關。

在官制上，商代管理疾病的「小疾臣」是迄今最早記載的醫官〔註74〕。西周時「巫」人從政作用削弱，改重視健康長壽的概念〔註75〕，經社會發展和醫藥知識積累，巫、醫開始分道揚鑣；專業醫者屏除鬼神說，以外在環境

〔註72〕《尚書‧洪范》：「五福：一曰壽，二曰富，三曰康寧，四曰攸好德，五曰考終命。六極：一曰凶短折，二曰疾，三曰憂，四曰貧，五曰惡，六曰弱。」
〔註73〕「考」即老，「考終命」指盡其天年。
〔註74〕「這種職官既醫治疾病，也從事醫療管理工作。」參考自胡厚宣：〈殷人疾病考〉《甲骨文商史論叢》初集第三冊，1943年。
〔註75〕金文：「萬年眉壽」，「眉壽永年」、「眉壽無疆」，《詩經》：「飲我眉壽，黃耉無疆」。「東之君子，萬壽無期」。

與內在心理因素解釋疾病，設立醫事制度，出現專職醫生和醫療分科。漢與魏晉南北朝時期，巫者的政治、社會地位不斷下降，被剝奪當官之權力。

《周禮》中宮廷醫學把醫生分為「食醫、疾醫、瘍醫和獸醫〔註76〕」專一科，是最早醫學分科記載，後世醫學分科先河。食醫是管理飲食專職醫生，是宮廷內營養醫生，主管帝王膳食，為王室貴族健康長壽專設。疾醫相當於內科醫主，服務王室，也施治萬民。瘍醫相當於外科醫生，治療膿瘍、潰瘍、金創、骨折。獸醫主要治療家畜疾病或瘡瘍。

巫術與醫術長期並用下，發展出融會相通的宇宙觀與生命觀。自秦漢以來巫術與醫術逐漸分道。百姓的文化風尚與習俗，在面對健康、疾病與生死觀念與操作時，都混合巫術與醫術，顯示疾病與生死醫療領域中，巫風與巫術是一直存在的，巫術與醫術在生命領域上仍保留相當程度重疊。

「巫」在治病上有成套生理與病理認知，治病方法與技術多樣，早期巫師有防治疾病的責任，能診斷病因，找出致祟鬼神，採取歌舞、占卜、祭祀、祈禱、祝由、咒禁等方法來感動或降伏鬼神，以達去疾消災的目的〔註77〕。

《說文解字》的「醫」字或從「酉」，或從「巫」，顯示醫是巫的一種。「醫」是巫技改良與提昇，與巫術密切相關，早期醫技大多起源於巫術行為，馬王堆出土的醫書五十二病方就有符咒治病的處方，經過漫長錯綜演化過程，逐漸形成自身完整的醫術體系。通天事鬼神的巫術在治療基礎上，累積經驗發展出某些特定飲食、醫藥的知識與技術轉向生命醫治，且在生活實踐上與巫技有共軌並存現象，秦漢歲時、風俗習慣、人生禮儀與醫藥文化都有相當的關係：

《史記》、《神異經》和《荊楚歲時記》記載，春節爆竹、燃草有辟除病魔含意，喝「椒柏酒」、桃湯可預防百病，後來被「屠蘇酒」所代替〔註78〕。

〔註76〕 《周禮・天官塚宰》：「食醫，中士三人，掌合王之六食、六膳、百饈、百醬、八珍之齊；疾醫，中士八人，掌養萬人之疾病；瘍醫，下士八人，掌腫瘍、潰瘍、金瘍、折瘍之祝藥刮殺之齊；凡療瘍，以五毒攻之，以五氣養之，以五藥療之，以五味節之；獸醫，下士四人，掌療獸病，療獸瘍，凡療獸病灌而行之。」。

〔註77〕 薛公忱主編：《中醫文化溯源》（南京：南京出版社，1993年），頁127。

〔註78〕 東方朔《神異經》：「西方深山中有山臊，長尺餘，犯人則病，長爆竹聲」與南梁宗懍撰《荊楚歲時記》：「先於庭前爆竹。以辟山臊惡鬼按神異經云。西方山中有人焉。其長尺餘。一足。性不畏人。犯之則令人寒熱。名曰山臊。人以竹著火中烞音樸熚音必有聲。而山臊驚憚遠去。玄黃經所謂山鬼也。俗人以為。爆竹燃草起於庭燎。家國不應濫於王者」

　　秦漢時,將紀念介子推、屈原、伍子胥、曹娥、陳監與惡月惡日祝禳、辟瘟防疫融為一體成端陽習俗,表現醫藥衛生的密切關係。〔註79〕也記載端陽節前用菰蘆葉裹粘米,以淳濃汁煮熟,節日食用,具食療作用。

　　漢代在七夕有登樓曬衣與乞壽之俗,《天中記》引《風俗通》記載:「八月一日是六神日,以露水調朱砂蘸小指,宜點灸去百病。〔註80〕」,中秋節則具有浪漫色彩的醫藥民俗,《淮南子‧覽冥訓》說帝羿向西王母求得不死藥,帝羿之妻嫦娥竊食後成仙奔月宮〔註81〕,變成了蟾蜍。漢代人認為玉兔、蟾蜍、桂樹,皆與醫藥文化有聯繫,像《樂府詩集‧相和歌辭‧董逃行》中有「採取神藥若木端,白兔長跪搗藥蝦蟆丸」〔註82〕。

　　《西京雜記》載漢初重陽節為了長壽,有佩茱萸、食蓬餌、飲菊華酒習俗:

> 有九月九日,佩茱萸,食蓬餌,飲菊華酒,令人長壽。菊華舒時,
> 並採莖葉,雜黍米釀之,至來年九月九日始熟,就飲焉,故謂之菊
> 華酒。〔註83〕

登高習俗也盛於漢代,後來染上神話色彩,反映人們冀望避瘟疫、求健康的殷切心願。《續齊諧記》:

> 汝南桓景隨費長房游學累年,長房謂曰:「九月九日,汝家中當有災。
> 宜急去,令家人各作絳囊,盛茱萸,以系臂,登高飲菊花酒,此禍
> 可除。」景如言,齊家登山。夕還,見雞犬牛羊一時暴死。長房聞
> 之曰:「此可代也。」今世人九日登高飲酒,婦人帶茱萸囊,蓋始于
> 此。〔註84〕

漢武帝以後,儒家思想佔據統治地位,對醫藥文化發展產生深刻影響。儒學倫常原則與濟世利天下入世理想下,在醫藥實踐上強調「上以療君親之疾,下以救貧賤之厄,中以保健自身」。吳曾《能改齋漫錄》〈文正公願為良醫〉記載:

〔註79〕《大戴禮記》:「五月五日蓄蘭為沐浴。」《夏小正》記載端陽時「蓄藥,以蠲
　　　　除毒氣」《後漢書‧禮儀志》說端陽節時人們「以朱索五色為門戶飾,以除惡
　　　　氣。」《風俗通義》說「五月五日續命縷,俗說以益入命。」「五月五日以五
　　　　彩絲系臂者……令人不病瘟。」

〔註80〕陳耀文:《天中記卷五》影印古籍《欽定四庫全書子部十一‧類書類》,頁38。

〔註81〕劉安編:《淮南子卷六覽冥訓》:「……譬若羿請不死之藥于西王母,娥竊以奔
　　　　月,悵然有喪,無以續之。何則?不知不死之藥所由生也」。

〔註82〕郭茂倩輯:《樂府詩集》卷三十四 相和歌辭九(臺北:中華書局,1970年)。

〔註83〕〈戚夫人侍兒言宮中樂事〉《西京雜記卷三》,頁216。

〔註84〕吳均撰:《續齊諧記》,頁81。

范文正公微時，嘗詣靈祠求禱曰：他日得相位乎？不許。複禱曰：
不然願爲良醫。亦不許。既而嘆曰：夫不能利澤生民，非大丈夫平
昔之志也。他日有人謂公曰：丈夫之志於相理爲當然；醫之技，君
何願焉？無乃失於卑耶？公曰：嗟乎！豈爲是哉！古人有云：常善
救人，故無棄人；常欲救物，故無棄物。且丈夫之於學也，固欲遇
神聖之君，得行其道；思天下匹夫匹婦，有不被其澤者。若已推而
內之溝中，能及小大生民者，固惟相爲然。既相不可得矣，夫能行
救人利物之心者，莫如良醫；果能爲良醫也，上以療君親之疾，下
以救貧民之厄，中以保身長生，在下而能及小大生民者，舍夫良醫，
則未之有也！〔註85〕

即是「不爲良相，願爲良醫」的由來。此時引起儒士棄儒從醫，提高醫生文
化素質，胸懷大志的儒者，把從醫作爲僅次於致仕的人生選擇，元戴良：「醫
以活人爲務，與吾儒道最切近」。因爲醫藥社會功能與儒家經世致用思想接
近，促進醫術和醫德的發展，但因孝道提倡：「身體髮膚，受之父母，不敢毀
傷」，導致阻礙解剖學的發展。

　　秦漢時，方仙道影響比較深，秦茅蒙，漢張良習服食辟谷、王仲都修煉
禦寒暑功夫俱神秘色彩。東漢道教興起，多採用醫藥作爲手段發展教徒。《太
平經》記述煉氣、眼藥、針灸，大量吸收醫藥知識做爲宗教活動的服務。兩
漢，有醫者對自己持高度期許，醫學理論更爲系統化，但仍未改變治療疾病
時巫、醫兼用的情形。巫者受醫者與道醫強力競爭下，仍掌握大多數宗教、
祭祀、醫療活動。在瘟疫發生時，受「疫鬼」、「厲鬼」解釋疾病成因的傳統
觀念影響，百姓偏好巫術與儀式驅逐、躲避、安撫鬼神而解除疾病威脅。

　　自古有醫藥就有醫藥神崇拜，元代朝廷祭祀的醫藥神是三皇。《續文獻通
考群廟》記載元成宗貞元初，命郡國通祀三皇，如宣聖釋奠禮。太皥伏羲氏
以勾芒氏之神配祀，炎帝神農氏以祝融氏之神配祀，以醫師主之。明代時世
宗於嘉靖十五年作聖濟殿奉安先醫之神依歲時致祭。到了清代在順治元年定
祭先醫之神之禮儀。〔註86〕

〔註85〕 吳曾：《能改齋漫錄卷十三》（上海：上海古籍出版社，1979年11月），頁381。
〔註86〕 參考自《續文獻通考群廟卷八十五》，欽定四庫全書史部政書類，影印古籍，
　　　　頁87。

　　三皇之後，歷代精于醫術名醫和醫療傳說人物，被醫家和百姓神化奉爲主司醫藥的「醫藥神」。民間信奉的藥王主要有三：

　　一是春秋時期的扁鵲，相傳扁鵲生日爲四月二十八日。由於扁鵲所醫治病人的年代，相距甚遠，可能非出自同一人之手。傳說黃帝的太醫亦名扁鵲，「扁鵲」應該是古代良醫稱號，司馬遷將其他良醫的病案全歸秦越人。《漢書藝文志》記有《扁鵲內經》、《外經》，目前已佚失。現存《黃帝八十一難經》〔註87〕，是後人托名秦越人著作。

　　宋代「扁鵲」被奉爲「醫者之師」。《宋史》：

> 景祐元年仁宗不豫，被許希針愈。命爲醫官，賜緋銀魚及器幣。希
> 拜謝，又向西拜。帝問原故，希回答：『扁鵲，醫師也，敢忘師乎？
> 請以所得全與扁鵲廟。』

仁宗爲扁鵲築廟於城西隅，封爲「靈應侯」。〔註88〕

　　其二是唐代孫思邈。唐代以後奉祀醫神或藥王，大多是孫思邈。孫思邈的傳說很多（見前章）。唐以後醫家供奉藥王孫思邈像時，塑造形式大多爲「坐虎針龍」，並以：「龍因目疾離蒼海，虎爲牙疼出杏林」〔註89〕爲對聯。

　　第三位爲唐代韋慈藏，名訊。《舊唐書》：「韋慈藏爲京兆（陝西西安）人，後來稱爲韋眞人〔註90〕」。《月令廣義五月令》稱五月十五日爲藥王韋眞人生日。初是道士，精于醫術，武則天時任侍御醫〔註91〕，中宗景龍年間任光祿卿，主管宮廷飲食。與當時名醫李虔縱〔註92〕、張文仲〔註93〕齊名，並稱「三大名醫」。

〔註87〕　簡稱《難經》或稱《八十一難》。對診斷學、針灸學的論述提出了「傷寒有五」的理論，影響後世傷寒學說與溫病學說的發展。

〔註88〕　《宋史》第39冊（中華書局，1977年），13520頁。

〔註89〕　陳蘭：〈藥王孫思邈〉《民俗研究》，1995年（2），頁86～87。

〔註90〕　劉昫：《舊唐書列傳第一百四十一方伎》

〔註91〕　隋唐兩宋時期尚藥局中醫官名。直接負責皇帝的醫療保健工作。

〔註92〕　唐代洛州洛陽（河南洛陽）人。精通醫術，武后時任侍御醫。與名醫張文仲、韋慈藏齊名。

〔註93〕　唐代洛州洛陽（河南洛陽）人。曾任侍御醫、尚藥奉御。武則天時治蘇良嗣心疾，斷其難療。善療風疾，奉詔與其他名醫共修風疾著作，強調因人及氣候之差異而不同。撰有《療風氣諸方》、《四時常服及輕重大小諸方》、《隨身備急方》……等，均佚。

　　除三皇（伏羲、神農、黃帝）、扁鵲、孫思邈與韋慈藏外，常被稱爲藥王的尚有華佗〔註94〕、邳彤〔註95〕、三韋氏（韋慈藏、韋善俊〔註96〕、韋古道〔註97〕）、李時珍〔註98〕……等。

　　隋唐到元明時期，官方執掌的醫政、醫療機構設有巫術與醫療相關的醫學專科，對於巫術醫療所採取是包容的態度。隋代太醫署設立「祝禁科」，唐代稱爲「咒禁科」，宋代稱「金鏃兼書禁科」，元明兩代分別稱爲「祝由書禁科」與「祝由科」。

　　宋、元時儒醫興起，專業醫者在醫學理論、專業技術與醫學道德方面的講究與修爲才受到重視。

　　明、清時，不同類型醫者間分化與對立益加明顯，紳士階層偏好儒醫、世醫，巫者還面臨道醫、僧醫、走方醫、女醫的競爭。明武清侯李誠銘在北京天壇建藥王廟，廟裡祭祀伏羲、神農、黃帝及秦漢以來名醫。伏羲、神農、黃帝被塑造成傳說中神的化身，伏羲蛇身、麟首、龍唇、龜齒；神農弘身牛頤，龍顏大唇，手執藥草；黃帝附函挺朵，修髯花瘤，袞冕服。孫思邈在黃帝左側，右側爲韋慈藏。在「藥王」身側安排不同時期十大名醫：三皇時之歧伯、雷公；秦之扁鵲；漢之淳於意、張仲景；魏之華佗；晉之王叔和、皇甫謐、葛洪；唐之李景和。

〔註94〕後漢名醫，字元化，名旉，沛國譙（安徽亳州）人。原爲士人，學問淵博，游學各地，善用麻醉、針灸、外科手術。

〔註95〕邳彤，信都（河北冀州）人，東漢開國功臣。王莽時，任和成郡（治河北晉縣西）卒正。更始元年（23年）十月，邳彤率眾出降路過下曲陽（河北晉州市）的劉秀，封和成郡太守。劉秀被王郎擊敗，逃至信都時，邳彤率二千精兵赴信都接迎，劉秀拜爲後大將軍。破白奢於中山。攻下邯鄲後，封爲武義侯。建武元年（25年）封靈壽侯。歷任太常、少府、左曹侍中。建武六年（30年）戰死，葬於祁州（安國縣）。因精通藥理，常爲人治病，稱「藥王」。北宋建中靖國元年（1101年）追封爲侯，後改封公。光緒三十二年《祁州志》：「考安國藥王廟，即邳彤廟。」

〔註96〕韋善俊是武則天時的人，《列仙全傳》卷五稱其十三歲奉長齋，後遇一道士授以金丹秘要。常攜一條黑犬，呼之爲「烏龍」。一日黑犬化爲烏龍，韋善俊乘之仙去。

〔註97〕韋古道，西域天竺人。開元年間入京師，腰間繫數十枚葫蘆。廣施藥餌，治病多見奇效。唐玄宗召入宮，賜號「藥王」，朝野稱爲「藥王菩薩」。

〔註98〕明代醫藥學家（1518～1593年）。字東璧，晚號瀕湖，蘄州（今湖北蘄春）人。

晚明醫者張介賓指出，晚明官方醫學分科將「祝由」廢除，但在民間仍然流行。清代沿襲明制，已無巫的相關醫學科目，但文獻中民眾特別對於蟲蛇咬傷與皮膚病之類的巫術治療的接納度仍高。

二、福建沿海的醫藥信仰

《八閩通志》的祠廟、宮室、寺觀部分，未有神農廟或藥王殿。在寺觀部分，奉祀的是南無藥師玻璃光王佛而非藥王神農或孫思邈等。〔註99〕

福建地處亞熱帶，森林密佈，沼澤遍地，氣候潮濕悶熱，利於細菌、病毒及蚊子、蒼蠅、蠓（「小黑蚊」）與老鼠繁衍，瘟疫發生很頻繁。中醫藥起源於北方，福建開發較晚，對中醫藥的認識比不上北方。《德化縣志》：

> （德化）邑介叢山，地高而寒，巖谷間陽曦罕照，嵐氣鬱深，晨起山村盡失。每值陰雨，霾霧霏霏，迷離竟日。春夏之交，梅雨連旬。盛暑時，西北諸裡有被不撤絮者。八九月間，人嬰瘴虐，十室九臥，鮮知醫藥。〔註100〕

因為「鮮知醫藥」認為生病是得罪鬼神，鬼神才降罪，要請巫覡作法驅鬼禳災。得罪鬼神才生病，所以「閩俗左醫右巫，疾家依巫索祟，而過醫門十才二三，故醫之傳益少。〔註101〕」百姓信巫覡、道士、丹藥、符水，養成「信巫鬼，重淫祀」的習慣。「俗當瘟疫，其疾一起，即請邪神奉事於庭，惴惴然朝夕禮拜，許賽不已。幸而病癒，又令巫做法事，以紙糊船，送之水際，船出入皆閉戶避之。」〔註102〕對神的信仰，福建各地也各不相同：「閩西北上四府大多信巫，而沿海下四府各縣較為信神。」

在下四府各縣，有舁〔註103〕神尋藥的風俗，所舁的神不必一定是醫神。「病家或舁神廟神，或舁家所祀神，顛簸而行，至藥肆前，像重，止不能行，隨取肆中藥，次呈像前，如是則像復輕，乃舁而歸。不論何藥，購而服之，雖死不悔。」〔註104〕

〔註99〕 參考黃宗昭：《八閩通志》（福州：福建人民出版社，1991 年）。

〔註100〕 魯鼎梅主修、王必昌纂：《德化縣志卷三附風俗》，頁 80。

〔註101〕 梁克家：《三山志》（福州：福建人民出版社，2000 年），頁 633。

〔註102〕 陳衍：《福建通志》（福州：福建人民出版社，1985 年），頁 43～142。

〔註103〕 ㄩˊ，抬。

〔註104〕 參考自梁克家：《三山志》（福州：福建人民出版社，2000 年），頁 633。

在下四府，又有「做平安」的風俗，是爲免除翌年疫癘的全村行動。「地方遇時疫，輒先期祈神，後擇吉醵資於社廟建醮日『做平安』。屆時僉定首副及總理，於廟前豎木爲旗竿，高丈許，先期素食，至期祭品甚豐，延道發表誦經，各家點燈演劇宴客，名曰『謝天地』。大約十月、十一月、十二月舉行。」〔註105〕對於個別家庭或個別人的獨特病例，事急時就要求具體的醫神。

「舁神尋藥」和「做平安」是宋以後的書籍才記載，是明、清時期閩南一帶的風俗，不論形成、發展原因及過程，可肯定是產生於下四府的「較爲信神」。

兩宋時期，中原地區 3 次大移民與福建先住民融合，政局平穩，瘴癘瘟疫成爲危害生命的頭號隱患；隋唐以來的開發，福建地區經濟高度發展，文化水準提高，開始對中醫藥有初步認識，發生對醫藥之神與航海之神的造神浪潮。

福建地區隨著人口多，沿海主要出海捕魚謀生，造船技術隨以海運對外交通爲主而提高。在兩宋期間福建出現許多醫術高明的人，因醫術太玄虛並不能令人信服，未能成爲醫神或香火不盛。《八閩通志》載：

　　唐末，閩中亂，寵爲制置鎮節級，范爲廂虞候，皆有戰功而亡，後

　　人爲立廟。……旱澇疾疫，禱之輒應。」〔註106〕

因他們原本的職責是保境安民，不是醫生，未能成爲區域性醫神。

在兩宋時期福建出現了幾位區域性的醫神：吳夲家貧，17 歲起雲遊各地，遍訪名醫，收集秘方，經過實踐揣摩，遂精通醫理。後在家鄉結茅爲舍，業醫濟人不分貴賤，按病授藥藥到病除。上山採藥時，不幸落崖身亡。鄉人於白礁建祠塑像紀念。著有《吳夲本草》。

經宋明兩代朝廷推波助瀾，確立閩南人對保生大帝吳夲的信仰，並擴展到漳、泉一帶。楊浚在《四神志略》中，列出廣澤尊王、保生大帝、清水祖師、媽祖四位福建的主要神明爲閩南民間信仰神明的主要代表。〔註107〕

除吳夲外，兩宋還出了兩個醫神分別爲三坪祖師與清水祖師。閩南人對三坪祖師、清水祖師是全方位的信仰，都能驅鬼、祈雨、出籤預測未來、保平安。

〔註105〕陳支平：《福建宗教史》（福州：福建教育出版社，1996 年），頁 524～525。

〔註106〕黃宗昭：《八閩通志》（福州：福建人民出版社，1991 年），頁 826。

〔註107〕楊浚輯：《四神志略卷一總序》，東莞圖書館文獻檢索，頁 1。

三、臺灣的醫藥神信仰的建立

臺灣民間是閩南與粵東移民所構成，所以臺灣民間信仰係指閩、粵籍人之信仰，不包含目前原住民之信仰及其他流傳民間諸宗教在內。〔註 108〕明鄭時期原鄉色彩十分鮮明，以道教較受崇信，寺廟具道教色彩，深入民間。清代仍處在不確定性與缺乏安全感的移墾時代，漢人移民不斷地帶故鄉香火與神明進入臺灣，信仰隨著人口的增加，神明愈多，逐漸形成龐大的神靈世界。

天啟四年至崇禎七年（西元 1624～1634 年）期間，荷蘭建築熱蘭遮城，作為對中國及日本貿易的中途站，閩、粵人口增加，田地不敷使用，漢人逃避天災兵亂，或追隨鄭成功反清復明，或墾荒行商，以安平地區及臺南市中心區為門戶。

臺灣開拓初期有幾次大規模移民〔註109〕，渡臺有海禁與穿越黑水溝兩大困難，在航海技術不發達，橫渡風信潮汐變幻的臺灣海峽時，暴風雨危機，需要航海保護神保佑，所受的身心煎熬，以信仰來作精神支柱，因此抵達臺灣時，便歸功神明濟助。除了助渡驚濤駭浪，還可庇祐墾荒的恐懼，信仰也開始發展。〔註110〕

西元 1662 年～西元 1721 年間黃叔璥在巡視臺灣時對習俗調查指出：

> 臺地民非土著，逋逃之淵藪，五方所雜處，泉之人行乎泉，漳之人
> 行乎漳，江浙兩粵之人，行乎江浙兩粵，未盡同風而異俗。〔註111〕

可見移民所帶到臺灣的民俗文化、醫藥神……等等，也有所不同。在其各自擴展、影響下形成了種種形似或有區別的民俗、風俗與醫藥神祇。

（一）神農大帝

「神農信仰」兼具歷史傳說、民間文學與神話。臺灣神農信仰起源甚早，

〔註108〕董芳苑：《臺灣民間宗教信仰》（臺北：長青文化，1984 年），頁 139。

〔註109〕閩人入台有 3 次移民高峰：1、明天啟年間，顏思齊、鄭芝龍等 28 人招募數萬福建災民入台墾殖。2、鄭成功收復臺灣之後，福建移民一二十萬人移民臺灣。3、康熙實行的長達半個世紀的「海禁」，乾隆中期，乾隆皇帝批准了福建巡撫吳士功的《題准台民搬眷赴台疏》，閩人通過各種親戚關係移居臺灣。

〔註110〕石萬壽：〈臺南市寺廟的建置——臺南市寺廟研究之一〉《臺南文化》新十一期，1981 年，頁 39。

〔註111〕黃叔璥：《臺海使槎錄卷二赤崁筆談習俗》臺灣文獻叢刊 4（臺北：臺灣銀行經濟研究室），頁 38。

在鄭成功來臺前十五年（西元 1646 年）臺南地方士紳姚孝興建「開基藥王廟」
於神農街尾，塑像祭祀藥王神農大帝。

　　曹永和《臺灣早期歷史研究》：

> 在荷據時代，農民仍頗多春間來臺耕種，秋收後返回大陸，雖暫有
> 農業定居，移動性尚高。至是由於鄭氏驅逐荷蘭，在臺灣確立了漢
> 人的控制權，又在大陸清廷實施了海禁和遷界令，遂促使流動的漢
> 人定居了。〔註112〕

增田福太郎《臺灣的宗教》記錄，昭和九年底統計全臺主神為神農的廟宇共
有 66 座〔註113〕，仇德哉《臺灣廟神傳》統計主祀神農寺廟約 112 座〔註114〕，
黃麗馨總編輯《全國寺廟名冊》有 105 間〔註115〕，鍾宗憲自苗栗縣竹南鎮五
穀宮取得的《臺灣區奉祀神農大帝為主神之宮廟通訊錄》中所統計主祀神農
寺廟有 135 座。〔註116〕經神農大帝協進會考察、增補之後出版的《全國奉祀
神農大帝宮、廟、殿、堂、壇通訊錄》中神農寺廟有 198 間。由此可知，神
農早成民間奉祀的主要神祇之一。

　　明鄭至清的宗教政策皆承接歷代遺制，上至帝王下及地方官員有一定
祀典制度。京師祀典分大祀、中祀、群祀三種。皇帝親祭大祀，中祀以下
則派官代祭或親祭不一，先農（即神農）屬於中祀，且有先農廟之壇廟，
雍正年間，詔准各地府州縣擇地設立先農壇，壇后立廟，規定以紅底金字
神牌作成神位，地方官每年率老農致祭，每年天下第一大祭便是「祈農」
之祭。據《臺灣府縣廳志》及《臺灣私法附錄參考書》得知臺灣先農壇在
當時已相當普遍，臺灣府、鳳山縣、彰化縣、淡水廳皆有先農壇，臺北廳
有五穀官廟。〔註117〕

〔註112〕曹永和：《臺灣早期歷史研究》（臺北：聯經，1991 年 11 月第四次印行），頁
　　　　23。
〔註113〕江燦騰主編，增田福太郎原著：《臺灣宗教信仰》（臺北：東大圖書，2005 年），
　　　　頁 109。
〔註114〕仇德哉：《臺灣廟神傳》（臺北：信通書局，1979 年），頁 40～48。
〔註115〕黃麗馨總編輯：《全國寺廟名冊》（臺北：內政部，2004 年 11 月第二版）。
〔註116〕鍾宗憲：《民間文學與民間文化采風》（臺北：里仁書局，2006 年 2 月 10 日
　　　　初版），頁 177。
〔註117〕《臺灣省通志卷二・人民志宗教篇》（南投：臺灣文獻館，1973 年），頁 280
　　　　～284。

　　清領時期官方與民間皆甚重視神農信仰，依據乾隆十一年（西元 1746 年）范咸編纂的《重修臺灣府志》〔註118〕記載：雍正五年（西元 1727 年）頒行「耕耤禮」，臺灣府、諸羅縣、鳳山縣、彰化縣皆設立「先農壇」，每年十月初一由官員代表祭祀先農。

　　臺灣神農信仰受普遍奉祀，是隨著漢人移民日益增多，來臺先民在啓山林、闢荒蠻時十分艱苦，須面對瘴癘瘟疫的威脅，渡海開墾則有希望農業開墾順利的重農思想，因而具有穀神、藥神、農神的神農大帝自然獲得先民奉祀崇拜。〔註119〕並發展出比大陸內地更爲普遍的神農信仰。林衡道：「這神（神農大帝）在從前大陸各省並未獲普遍祭祀，在臺灣卻廟宇林立，農民奉祂爲農業的守護神。」〔註120〕

　　劉枝萬在〈中國稻米信仰緒論〉提到中國古代大祭，首推「大蜡」。《禮記郊特牲》：「天子，大蜡八。……歲十二，合聚萬物，而索饗之也。」鄭玄注：「蜡祭有八神，先嗇一，司嗇二，農三，郵表畷四，貓虎五，坊六，水庸七，昆蟲八。」鄭玄注以爲「先嗇，若神農者」，即首創農業之神，如神農氏之類。〔註121〕

　　清代官方於臺灣延續古代禮制「大蜡」的祭拜設立「先農壇」，《苑裏志》：

> 按耕耤爲勸農大典，古先王設農官勸農事，所以重粒食之報也。歷代承行日久，未敢廢弛。〔註122〕

最早先農壇祭拜神農可推至雍正五年（西元 1727 年）《重修臺灣縣志》：

> 耕耤禮：雍正四年，覆准於雍正五年爲始，各省督撫及府州縣率屬員、耆老、農夫、恭祭先農之神，照九卿耕耤例行九推之禮。〔註123〕

〔註118〕范咸：《重修臺灣府志》臺灣文獻叢刊 66（臺北：臺灣銀行經濟研究室，1961年），頁 249～266。

〔註119〕鍾宗憲：《神農大帝——五穀王》（臺北：稻田，2001 年 1 月第一版第一刷），頁 5。

〔註120〕林衡道：《臺灣歷史民俗》（臺北：黎明文化公司，1988 年），頁 95。

〔註121〕劉枝萬：〈中國稻米信仰緒論〉《中國民間信仰論集》（臺北：中央研究院民族學研究所，2001 年三刷），頁 131～206。

〔註122〕蔡振豐：《苑裏志典禮志耕耤》臺灣文獻叢刊 48（臺北：臺灣銀行經濟研究室，1958 年），頁 59。

〔註123〕王必昌：《重修臺灣縣志卷七禮儀志公式耕耤禮》臺灣文獻叢刊 113（臺北：臺灣銀行經濟研究室，1961 年 11 月），頁 301。

清代神農廟為民間建置與官方制度先農壇產生。五穀廟奉祀神農亦有田祖廟祀神農，感念神農給予人民五穀豐收，《重修臺灣縣志》敘述田祖廟：

> 田祖廟在鎮北坊。康熙五十五年，巡道梁文科建（並記）：『洪荒之世，茹毛飲血。至神農氏始為耒耜以民，而稼穡之事興。粒教播種，示民五穀，皆本神農之法以推之。 三代以來，社稷並立，秩諸祀典。田祖有神，詠於詩歌，由來尚矣。聖天子軫念民依，重農務本，特祀先農，典禮攸隆。臺地孤懸海島，沐生息休養之恩，三十餘年，風雨時若，品類蕃昌。予蒞是土，念豐登之慶，實藉甘霖；乃命經歷王士勳董建龍神廟，為民請福。復念民之粒食，出自田祖，不可使祀典久稽；遂於鎮北坊建田祖廟，與民報功。』〔註124〕

清代建祀的五穀廟多設置於先農壇左、右，奉祀神農，當時神農身分主要為農業神，先農壇為官制建築，代表著勸農的作用，連橫《臺灣通史》：

> 直省各府、州、縣均於東郊建先農壇，……祀先農。旁置耤田，備農具黑牛，擇土角之穀貯之。……耤田之穀，以供祭祀，重農也。

〔註125〕

以醫藥神身分崇祀相較於農業神身分來得較不被重視。清代官府與民間皆因重農業而祭祀神農，官方祭祀的先農壇與民間的五穀廟同設置一地，官方於先農壇舉行耕耤禮奉祀神農，並建設五穀廟奉祀神農，可視為官民祭祀合一。

在臺南府城的神農大帝信仰，恰有兩間分別為開基藥王廟與神農殿〔註126〕，也分別以醫藥神與農神為神格供信徒奉祀。

（二）保生大帝

早在荷人治台期間，保生大帝信仰已傳入臺灣。荷蘭人在大目降（今臺南市新化區）教化土民，漢人以洋仔港（新化豐榮里一帶）為開拓中心，創始於荷蘭時代的臺南市新化區豐榮口里洋仔港保生大帝廟「洋港大帝宮」是

〔註124〕 王必昌：《重修臺灣縣志卷六祠宇志廟》，頁175。

〔註125〕 連橫：《臺灣通史卷十典禮志耤田》臺灣文獻叢刊128（臺北：臺灣銀行經濟研究室），頁243～244。

〔註126〕 在施保凰的《臺灣神農信仰研究》與余玟慧的《高雄縣神農大帝信仰之研究》對臺南府城舊城區主祀神農大帝的寺廟數誤植，因其中開基藥王廟與神農殿因道路拆拓後各有兩個住址，開基藥王廟為臺南市永樂路151巷54號與臺南市金華路四段84號，神農殿為臺南市自強街260號與臺南市長北街192號實僅為2間。

臺灣最早的保生大帝廟，俗稱「大道公廟」。康熙五十九年《臺灣縣志》：「廣
儲東里 大道公廟，紅毛時建。」〔註127〕，乾隆十七年《重修臺灣縣志》：

> 吳眞人廟：廣儲東里。荷蘭踞臺，與漳泉人貿易時，已建廟廣儲東
> 里矣。按眞人廟宇，漳泉間所在多有。嗣是鄭氏及諸將士皆漳泉人，
> 故廟祀眞人甚盛。或稱保生大帝廟，或稱大道公廟，或稱眞君廟，
> 或稱開山宮，通志作慈濟宮，皆是也。〔註128〕

最早保生大帝分身是永曆十五年（西元1661年）三月十一日，自臺南頭前寮
將軍溪畔登陸時，隨鄭成功從軍的龍海白礁士兵，渡海東征時所攜帶隨軍的
白礁慈濟宮保生大帝神像，後來建廟供奉成學甲的「慈濟宮」〔註129〕。

臺灣人口構成中漳、泉人約占80%，保生大帝信仰隨著漳、泉移民在臺
灣落地生根後，逐漸成爲鄉民的信仰中心。又臺灣處於熱帶氣候，瘴癘叢生、
瘟疫肆虐，在醫藥不發達的惡劣環境下，許多人因水土不服而亡，故有「三
在六亡一回頭」〔註130〕之說，保生大帝更是鄉民保生安康祈祀對象，也確立
臺灣對保生大帝的醫神信仰。臺北保安宮的重修碑文記載：

> 臺北初屬淡水廳治，設置較後於南，其時草昧雖開而氣候之不齊，
> 水土之尚劣，……往往中人輒成，眾患苦之。念非乞靈帝座，無以
> 奠我邦族。渡海赴我同安之白礁，奉迎香火，立祠而虔祀焉。」「眞
> 人廟宇，漳泉間所在多有，荷蘭據台，與漳泉人貿易時，已建廟廣
> 儲東里（今臺南縣新化鎮）矣〔註131〕

保生大帝信仰傳播方向及範圍與移民開拓、路線發展是一樣的，由臺南
地區向北、向南發展，和族群分佈有極大關連；隨著閩南移民劇增，保生大
帝寺廟先在臺南、高雄地方出現，隨後發展到嘉義、雲林等中南部地區，北
部的臺北、宜蘭較晚，東部的建立是最晚產生。

〔註127〕陳文達：《臺灣縣志卷九雜記寺廟》臺灣文獻叢刊103（臺北：臺灣銀行經濟
　　　　研究室，頁213。

〔註128〕王必昌：《重修臺灣縣志卷六祠宇志廟》臺灣文獻叢刊113，頁179。

〔註129〕周立方、陳國強：〈閩台吳眞人崇拜與兩岸學術交流〉《閩台文化研究》福建
　　　　省炎黃文化研究會（福州：福建人民出版社，1997年），頁318。

〔註130〕記載來臺拓墾者十人當中，僅有三人眞正留下，六人因病或其他原因亡故，
　　　　另外一人無法適應惡劣環境而返回故鄉。

〔註131〕黃福才、李永樂，〈略論臺灣宗教信仰的移民特徵〉《福建論壇》，2000（3），
　　　　頁93～97。

根據臺灣保生大帝信仰總會〔註 132〕記載目前臺灣（含澎湖、金門）供奉保生大帝寺廟，有近三百間地方公廟分佈在全台，臺南市因開發早有近百間，佔全台保生大帝寺廟近三分之一，若以舊臺南市範圍論述，除舊城區 5 間、安平 3 間外，有 15 間在台江內海淤積成的海埔新生地，稱爲「菅仔埔」的安南區，即由學甲、將軍七股、西港、布袋與湖內、四湖、鹿港等移民開墾形成的「臺江十六寮」，每庄頭各一間。因開墾艱難、疾病叢起，生命財產多損與土地糾紛，故有俗諺「汝若不乖，將汝嫁到菅仔埔喫蕃薯簽干」、「將汝嫁到十六寮喫苦」〔註 133〕之說，保生大帝信仰也如同來臺開墾時的需求，在「臺江十六寮」形成特殊保生大帝信仰，其中關於區分爲學甲慈濟宮、頂大道、下大道、大湖等分靈的研究與跨聚落的「迎學甲二大帝」遶境等，因不在研究設定範圍內，故不深入討論。

大致而言，臺灣的保生大帝信仰之祖源主要還是以白礁慈濟宮（西宮）與青礁慈濟東宮（龍湫庵）兩廟爲主，臺南府城的保生大帝因祖籍泉州的移民多，其奉祀之保生大帝大多來自於白礁慈濟西宮；而祖籍漳州者，所奉祀的則以青礁慈濟宮（東宮）或其分香子廟爲主。而形成這樣的分野，是地理位置所致，白礁祖廟靠近泉州，青礁祖廟則接近漳州。

（三）其他醫藥神

除了「神農大帝」、「保生大帝」、「天醫眞人」之外，清水祖師、廣澤尊王與白龍庵、西來庵體系的瘟神也是另外的醫藥神。而海神媽祖、商業神關帝爺、佛教傳入的觀世音……等也因社會的需求，轉變神格成爲醫藥神。

閩南人到臺灣時，還帶來泉州安溪人主祀神清水祖師信仰。萬曆年間至鄭成功收復臺灣，安溪人也曾 3 次大批移民臺灣。康熙時安溪人李光地任舉薦晉江施琅收復臺灣，所以施琅至臺後多方關照安溪人。清水祖師分身隨安溪人來臺建祖師廟奉祀。

鄉土神明除了清水祖師在生前即是以行醫救世、祈雨助民之外，保安廣澤尊王的十三太保各司有專職，其中五太保即以醫藥專職著稱，也使主祀廣澤尊王的寺廟俱有醫藥神特性。〔註 134〕

〔註 132〕「保生大帝的信仰文化與傳播期中報告書」，附錄臺灣保生大帝廟宇總表。

〔註 133〕盧嘉興：〈曾文溪與國賽港〉《輿地纂要》南瀛文獻叢刊 2（臺南：臺南縣政府，1981 年），頁 79。

〔註 134〕五太保尊稱「代天行醫」精於醫術，經常行醫。參考陳梅卿：《說聖王・道信仰：透視臺灣廣澤尊王》（臺灣建築與文化資產，2000 年 05 月 15 日）。

在光緒十一年七、八月間，鹽水街流行瘟疫，因醫藥不發達，死者日眾，居民祈求關聖帝君解災救難。乃於元宵夜周倉將軍為前導，帝君神轎隨後，神轎一路燃放鞭炮，遶境大街小巷至天明，將邪魔一掃而除。自此令關聖帝君也名列醫藥神之類。

福州人帶來瘟神體系的鄉土保護神，道光年間臺灣府總鎮署內軍建的白龍庵、亭仔腳街民建的西來庵與西南沿海瘟王爺信仰，在臺南府城也形成另一體系的醫藥神信仰。

基本上，王爺的來歷非常撲朔迷離，據劉枝萬的研究，最早的王爺有三百六十多位，大都與管理、傳播瘟疫的瘟神有關。瘟神系統是王爺信仰的主流系統，王爺乃是上天所派代天巡狩，管理與傳播瘟疫的神明。

在閩南地區因民間懼怕瘟疫，不敢將瘟神留置其於鄉里過久，所以會以「王船」形式，在詢問王爺離開的形式，把王爺送到外地或者焚燒送回天庭，隨海流來到臺灣的王爺，在臺灣信仰認為同樣離鄉而來的神祇，是遠自原鄉前來協助庇佑鄉民掃蕩瘟疫，敬而建廟奉祀，成為臺灣特有的王爺信仰。

在臺灣的瘟神信仰可分為以「五瘟使者」為主的五府千歲（以臺南市北門區南鯤鯓代天府的李、池、吳、朱、范五府）、五福王爺（臺南白龍庵的張、劉、趙、鍾、史五部）與「十二瘟王」為主的五年千歲（臺南西港慶安宮）。由於瘟疫算是疾病，所以千歲都被塑造成除疫治瘟的神職，而且都至少有一位神祇俱有一般醫療專長的能力，也有醫藥神的性質。

神話傳說雖然不是歷史，在口頭上創作出來後，有的通過書面記錄流傳到後代，有的仍在口耳相傳，但有一個共同的趨勢，即在流傳中內容日漸豐富，主題日漸深刻，藝術也日漸完美，樸素的反映古代人們對世界起源、自然現象及社會生活的矛盾、變化，借助超自然的形象和幻想的形式，來表現的事和傳說以反映社會生活的歷史的影子〔註135〕。

臺南府城醫藥神信仰隨著居民的社會生活與自然環境交互影響下，藉神話與傳說，使各類神祇在「比馬龍效應」（Pygmalion Effect）下，各種疾病在兼具心理治療的信心下痊癒，遂以靈驗神蹟方式流傳，進而造就了臺南府城醫藥神信仰與文化的多樣性。

〔註135〕 參考翦伯贊《中國史綱》：「中國神話傳說是歷史上突出的片斷的記錄」。柯楊《論伏羲神話傳說的文化意義》：「任何一個民族的神話與傳說，往往折射出這個民族古史的影子，透露出歷史的真相。」

第三章　臺南府城歷史與醫藥神寺廟沿革發展

　　「沿革」是指沿襲和變革。泛指稱事物變遷的過程。「歷史沿革」是指事物變遷的歷史過程。由對臺南府城與醫藥神寺廟的歷史沿革的瞭解，對於所研究的地域與主題寺廟的社會背景與實際發展能有全盤性的了解。本章即以「臺南府城」與「醫藥神寺廟」來瞭解發展的背景。

第一節　臺南府城的歷史沿革

　　臺灣史學家黃富三說:「臺灣一進入歷史時期即躍入以貿易為導向的海洋文明體系。荷蘭在臺灣的經營使臺灣在三百年前，就初步顯現出以進出口貿易為導向的商業經濟雛形。臺灣歷史與社會持續性發展成以貿易為主的特色。」〔註1〕，臺南府城開發自荷蘭時期、經明鄭、清領時期，日治時期幾乎等同臺灣的發展。之前研究的主體不論是臺灣或臺南，大多數是探討政治、地理、自然……等領域，本研究「臺南府城」是以「經濟貿易」發展為主，所研究的「醫藥神」與地區經濟因素息息相關，故本節以經濟層面切入進行討論說明。

　　自17世紀初到西元1945年間，臺灣經歷四個時期的統治，自西元1624年至1662年荷蘭治理時期、1661年到1683年明鄭統治期，1683年至1895年的大清帝國統治及自1895年到1945年日本殖民時期。臺灣開發是以臺南府城為起始，故就「荷蘭時期」、「明鄭時期」、「清領時期」、「日治時期」的經貿沿革討論。

〔註1〕曹永和:〈環中國海域交流史上的臺灣與日本〉《臺灣早期歷史研究續集》（臺北:聯經出版社，2000年），頁613～639。（原以日文發表於1988年。）

一、荷蘭時期（西元 1624 年～西元 1662 年）

十六世紀明朝禁止國際貿易，但海上走私興盛，沿海海盜與日、中商人交易日、中、馬尼拉貨品，臺灣位於東亞國際貿易航線上，是中、日貿易商交易會合地，大航海時代浪潮下，與世界各國揭開緊密互動序幕。

荷蘭初期希望與中國貿易但屢遭拒絕。西元 1624 年 8 月登陸臺江（Tai-oan；臺南安平）時成立世界第一家跨國企業「荷蘭聯合東印度公司」（VOC），並在大員築堡壘奧倫治（Orange）城，展開第一個系統化經濟統治臺灣的政權，在歐洲海權殖民統治下，引入重商貿易及蔗糖、稻米生產技術，發展出、轉口為導向的貿易體系。

1627 年奧倫治城改名熱蘭遮城（Zeelandia），並在北汕尾南部設商館，因缺水遂向新港社購地興街肆於赤嵌（Sakam），形成普羅民遮（Provintia）市區，1650 年在熱蘭遮城對岸築普羅民遮城（Provintia）作為經貿活動指揮所，附近市街稱「赤崁聚落」。

荷蘭初抵臺灣時的住民是原住民及少數中國人與日本人，經濟活動屬於第一、三級產業〔註2〕，主要經濟活動區域在臺南一帶，以狩獵、捕魚和貿易為主，只有零星農業活動。荷蘭東印度公司視臺灣為中、日、菲貿易轉運站，輸臺灣的砂糖、鹿皮往日本，米、砂糖、鹿肉、籐、鹿角及來自荷蘭的金屬、藥材輸往中國，巴達維亞的香料、胡椒、琥珀、錫、鉛、麻布、棉花、鴉片由臺灣輸往中國，中國的生絲、陶器、絲織品、犀牛角、黃金經臺灣轉口輸入巴達維亞或荷蘭。

荷屬東印度公司以航海貿易、資本主義、殖民統治的手段經營，將臺灣自自給自足部落經濟的原始社會，走向商業經濟與政權統治的社會，開啟臺灣與世界緊密互動序幕。經濟措施主要是發展農業配合米、糖外銷；但原住民農業技術落後，故移入漢人種植糖業，輸入牛隻教導原住民使用犁與車〔註3〕開墾荒地。原住民的土地給予漢人種植，名為「王田」。

〔註2〕 一級產業是指從大自然裡取得滿足的物資以及動力，如農、林、漁、牧、礦業；二級是將大自然裡取得的物資加以再製，如製造、營建業……；三級則為不屬於有形的實質性產，如金融、貿易、電信、娛樂……等。產業的分類，其實是代表了人類社會依照先後順序不同階段的產業發展歷程。

〔註3〕 中村孝志：〈荷蘭時代之臺灣農業及其獎〉《荷蘭時代臺灣史研究,上卷》（臺北：稻鄉，1997 年），頁 43～80。

二、明鄭時期（西元 1662 年～西元 1683 年）

　　西元 1661 年鄭成功的船艦通過鹿耳門水道，進入大員灣進攻荷蘭人，占領赤崁地區。1662 年 2 月 9 日正式開始第一個漢人的政權。

　　明鄭和清代將臺南市分成府城市街和臺灣縣郊野兩部份，城內市街自明鄭即分為「東安、西定、寧南、鎮北」四坊，鄭經以赤嵌地方為承天府治。經濟以貿易與農業為主，為了解決兵糧與民食，將重心由糖轉米。「寓兵於農」策略下，繼續佔有原住民私有土地，土地政策為：

　　官田：「王田」收歸政府所有，佃農繼續耕作，成為官田佃農。〔註 4〕

　　私田：獎勵部下文武官佔取土地，永久私有文武「官田」。

　　營盤田：屯田制下軍隊開墾土地。將士分散各耕地，按鎮分地、按地開墾。

　　臺南府城的興盛繁榮是由集行政、商業、軍事機能的府治赤崁為發展中心。鄭成功擅長組織與商管，為鞏固在臺灣政權的領導，積極提升海上貿易。鄭氏的商業組織稱「五商」〔註 5〕，「山五商」分為金、木、水、火、土五行及「海五商」的仁、義、禮、智、信五行，山五商於杭州及附近地區收購特產，如絲綢、瓷器〔註 6〕、珍玩運往福建廈門；海五商於福建廈門以船隊將東亞、大陸物品和蒐購的貨品，運銷至東北亞、東南亞各地。

　　鄭成功死後，鄭經退守臺南，海上貿易北起日本（長崎、東京、琉球），南至南洋（呂宋、柬埔寨、暹羅），以日本、越南、暹羅最密切，另有荷蘭、英國、西班牙。對日輸出生絲和絲織品、瓷器、漆器、硯台、書籍古玩、砂糖、醫藥；輸入金、銀、銅、刀及海產山貨，英、日視臺灣為獨立國家，英國以「臺灣王國」、「福爾摩莎王國」簽訂通商條約，開設商館，商船進入東寧，對台貿易 14 年讓臺南變成個別經濟體。

三、清領時期（西元 1683 年～西元 1895 年）

　　西元 1683 年 6 月施琅進攻澎湖 8 月 13 日鄭克塽投降，清領有臺灣。初

〔註 4〕曹永和：〈鄭氏時代之臺灣墾殖〉《臺灣早期歷史研究》（臺北：聯經出版，1979年），頁 270。

〔註 5〕鄭瑞明：〈臺灣明鄭與東南亞之貿易關係初探〉《認識臺灣歷史論文集》（臺北：國立臺灣師範大學中等教育輔導委員會印行，1986 年），頁 40。

〔註 6〕「海五商」運送瓷器時，在瓷器與包裝間的空隙裡灑下綠豆及水，到要開船時，綠豆已生根發芽將瓷器緊緊纏住，以防瓷器載運途中碰撞擠破，船員亦有綠豆芽可佐餐。

期臺灣福建廈門合署臺廈道，道署下設一府三縣（臺灣府、諸羅縣、臺灣縣、鳳山縣）隸屬福建省〔註7〕。朱一貴事件後，雍正元年（西元 1723 年）升格臺灣道，諸羅縣北部增設淡水廳與彰化縣〔註8〕。雍正五年道下增設澎湖廳。嘉慶十七年（西元 1812 年）在宜蘭增設噶瑪蘭廳。

　　清改「承天府」爲「臺灣府」仍設四坊，府治於東安坊，赤嵌樓是火藥庫，發展出大關帝廟街。明鄭清初府治未設城池，街道發展不受限制，以赤嵌街爲中心，向官衙、廟宇、市郊、港口發展出相接通街市。康熙五十九年（西元 1720 年）載「十字街」是城中的通衢大道，有方便行人的砌石道路，「街界四坊，百貨所聚」所在（圖 3-1）。

圖 3-1　康熙末年的十字街

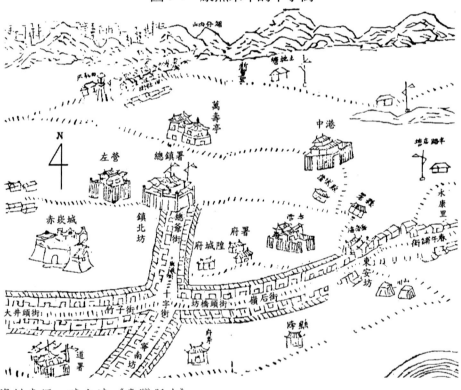

資料來源：陳文達《臺灣縣志》〔註12〕

〔註 7〕施雅軒：《臺灣的行政區變遷》（臺北，遠足文化，2003 年）。

〔註 8〕石弘毅：〈清代康熙年間治臺策研究〉（國立成功大學歷史學系碩博士班博士論文，2007 年）。

〔註 12〕陳文達：《臺灣縣志》（南投：臺灣省文獻委員會，1993 年）

　　康熙六十年朱一貴亂後，邑宰周鐘瑄於雍正元年設木柵城；西到海岸、東到山川台、南到下林仔、北到烏鬼井〔註9〕。雍正十一年於城基外植竹城，西面臨海不植竹（圖3-2）。乾隆二十四年（西元1759年）臺灣知府蔣元樞補植竹木。乾隆五十一年林爽文之役後，欲建成磚石城，福康安以磚石難運於乾隆五十六年改建爲土城完工。城東、南、北照舊基修築，西面近海，內縮150餘丈，於土墼埕側建小西門，宮後街新建大西門〔註10〕，六座舊城門不變。城郭北、東、南呈弧形，西緣呈直弦濱台江，有「半月沈江」之稱〔註11〕。

圖 3-2　乾隆十七年左右臺灣府城圖

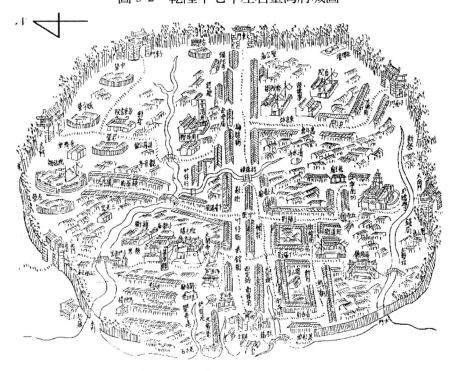

資料來源：王必昌《重修臺灣縣志》〔註13〕

〔註9〕 王必昌：《重修臺灣府志》臺灣文獻叢刊（南投：臺灣省文獻會，1993年）。
〔註10〕 城門計有大東門（迎春門）、小東門、大南門（寧南門）、小南門、大西門（鎮海門）、小西門（靖波門）、大北門、小北門（鎮北門）。
〔註11〕 連雅堂：《臺灣通史卷十六城池志》：「是年（乾隆五十三年）十月二十七日起工，東南北三方，悉用舊址，唯西方近海，內縮一百五十餘丈，畫自小北以至小西，狀如半月沈江，故謂之半月城」。
〔註13〕 王必昌：《重修臺灣縣志》臺灣文獻叢刊113（臺北：臺灣銀行經濟研究室，1993年）。

　　西門外沿海陸浮，在新生地發展成新街衢，大東門外城郊則出現街屋。
道光十二年（西元 1832 年）張丙之亂危及臺灣治安，道光十五年遂在大西門
至小西門間建外城，將市集、民居圍入城防，大東門外圍植莿竹，在各城門
添築月城，設拱乾、奠坤、兌悅門。府城市街開始往東、西兩大城門延伸。（圖
3-3）城內發展更多街道，成為商業繁忙地帶，《臺灣兵備手抄》：

> 自康熙二十一年制府姚啓聖謀取臺灣，二十二年施將軍攻克澎湖，
> 二十三年議設一府三縣。……。乾隆元年，易爲石堞釘鐵更城門。
> 道光十二年張丙亂後，各成門增建月城。惟大西門係商旅輻輳之區，
> 將月城置於海濱。〔註14〕

圖 3-3　嘉慶年間臺南府城街坊

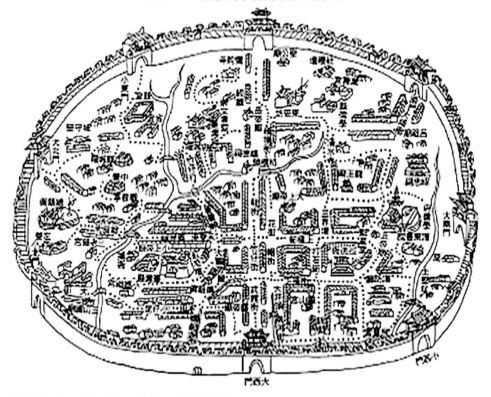

資料來源：謝金鑾，《續修臺灣縣志》〔註17〕

〔註14〕　不著撰人：〈郡城〉《臺灣兵備手抄》（臺北：臺灣銀行經濟研究室，1966 年），
　　　　頁 47。

〔註17〕　謝金鑾：《續修臺灣縣志》臺灣縣城池圖重繪；直接引自許淑娟：《臺灣地名
　　　　辭書卷 21 臺南市》（南投：臺灣省文獻會，1996 年）。

當時大西門附近熱鬧人潮鼎沸繁榮是商業區，故有「卡擠耶大西門」諺語，東、南、北三門漸趨寧靜，北城門外道路附近是墳塚〔註15〕，有「大北門外祭無頭鬼」〔註16〕的俗諺。

　　康熙統一臺灣前開發只限臺南；清治後臺南府城經濟、商業繁榮是全臺首屈一指，主要經濟貿易區域中心即臺南舊府城城西與西門城外至濱海對外貿易轉運站的「五條港」港區，在乾嘉年間達到顛峰。1720 年代出現進出口商間類似同業工會的商業組織「郊」，「郊者聚售而分售各點」是貨物集散機構，次級中盤商批發分銷給零售商的稱「行」，故有「行郊」〔註18〕之稱。五條港商人由「郊商」成為「政商」再成為「豪商」壟斷商務成為地方代理的統治者，帶動社會經濟繁榮，促成港埠都會的發展。十九世紀前，南北運輸以海運較方便，河港港市隨商業發達，各小港以「一府二鹿三艋舺」作為轉運中心，南部港叫「下港」、北部港叫「頂港」，有「頂港有名聲、下港有時行」之說。

四、日治時期（西元 1895 年～西元 1945 年）

　　西元 1895 年甲午戰爭中臺灣割讓給日本。「臺灣民主國」〔註19〕抗日失敗後，10 月 20 日士紳推舉牧師巴克禮會見日軍，翌晨引領入城開始日治。統治分三個時期：前期「始政」武官總督時期〔註20〕、「同化」文官總督時

〔註15〕　臺灣府的墓地分佈於東安坊崙仔頂、西竹圍、右營埔、寧南坊山仔尾、鎮北坊山埔，重要義塚以大、小南門外魁斗山（鬼子山）、水蛙潭、北門口教場埔為主。乾隆五十五年（西元 1790 年）後禁止城內開鑿墓地，臨海大西門、小西門外，各城門外原野成墓地。石陽睢：〈臺南郊外墓地考〉《民俗臺灣第三輯》，1995 年），頁 24～29。謝金鑾：《續修臺灣府志》（南投：臺灣省文獻會，1993 年）。
〔註16〕　敘述到大北門外的祭祀無主的孤魂野鬼。
〔註18〕　「行郊」依貿易地域做區分外，尚有行業不同而區分為「糖郊」、「茶郊」、「布郊」……等。「行」是第一手批發商又稱「頂手」，再次級零售（包括店鋪和行商、走販）叫「下手」。頂手商屬「武市」，「下手」叫「文市」。介於武、文市間叫「割店」是「小」批發商，批發買貨，叫「割貨」。以中國大陸沿海港市為主，配運口在廈門以北稱「北郊」，廈門、漳州、泉州、汕頭、香港叫「南郊」，安平為中心負責分銷本島南北各地叫「港郊」
〔註19〕　1895 年 5 月 25 日成立於臺灣的共和國政體。原臺灣巡撫唐景崧擔任大總統，6 月下旬在臺南擁立原大將軍劉永福為第二任大總統，10 月 19 日兵敗內渡；兩日後臺南陷落，臺灣民主國滅亡。
〔註20〕　漸進主義時期，西元 1895 年～西元 1919 年。

期〔註21〕、後期的武官統治時期〔註22〕。

西元 1896 年《六三法》〔註23〕授權臺灣總督得頒布具法律效力之命令〔註 24〕。使早期的武官總督集行政、立法、司法、軍事權於一人；兒玉源太郎時，醫師出身的民政官後藤新平以生物學原理治理殖民地，利用臺灣人「貪財、怕死、好面子」弱點，並用高壓、懷柔手法，彌平抗日游擊活動〔註25〕。1900 年 11 月 29 日開通臺南至打狗間鐵道，相繼成立臺南州廳舍、地方法院等公家機關，市區改正、臺南新運河〔註 26〕開通、臺南驛改建，臺南展開現代化都市雛形。日治 51 年臺灣總督將臺灣從傳統經濟變成現代化本質農業經濟體。

第二節　臺南府城醫藥神寺廟宇沿革

臺南因地理環境及歷史演變等因素，成為臺灣早期開墾地區。遠在荷據時代即為荷蘭人對外貿易的重心，其後明鄭時代及清代初期統治者的銳意經營，閩粵移民紛紛來此拓展，成為當時全臺政治、經濟、教育和文化的中心。臺南府城的民間信仰最初是昔日閩、粵移民由家鄉承襲而來，經歷清領時期政治穩定，海運貿易方便、商業興盛，寺廟大量增建，日治時期西來庵事件發生後，宗教改革運動與行政管理破壞舊有寺廟勢力與結構，戰後制式化規

〔註21〕 內地延長主義時期，西元 1919 年～西元 1937 年。

〔註22〕 皇民化運動時期，西元 1937 年～西元 1945 年。

〔註23〕 根據明治 29 年三月公布的法律六三號「臺灣二施行スヘキ法令二關スル法律」，即「應於臺灣施行法令相關之法律」，簡稱「六三法」。臺灣總督擁有行政權，若軍人出身，兼掌軍事權。「六三法」規定，也有立法權，緊急時可臨時頒布命令，擁有律令制定權。即臺灣總督擁有民政、軍政權外，更制訂只通行臺灣的律令，可自由任免司法官人事。

〔註24〕 余重信：《日治時期六三法制對臺灣法治政治的影響》，國立臺灣師範大學三民主義研究所碩士論文（臺北：國立臺灣師範大學，2003 年）。

〔註25〕 謝宗倫：《日治時期後藤新平現代化政策之研究──以『生物學原理』為中心》，國立高雄第一科技大學應用日語研究所碩士論文，高雄市，國立高雄第一科技大學，2008 年。

〔註26〕 道光三年（1823 年），曾文溪改道入台江，台江遂漸淤積失去通航水運之便，三郊僱工開闢運河。日治時期，運河（舊址於安北路 86 巷至安平路 500 巷之間）日漸淤積，於南側開闢新運河（今日的臺南運河）。新運河由日本人松本虎太設計，長 3.782 公里，讓外海船隻能經由運河直航市中心，帶動市區繁榮。1922 年 4 月 16 日開工、1926 年 4 月 25 日竣工。

定，限制廟宇的管理、組織、族群與活動。三、四百年來發展至今，產生獨特的風土性格。

以下依「醫藥神」、「非醫藥神但提供藥籤」與「醫師」分類，將所研究的寺廟依建廟時間先後列文，再分別以「基本資料」與「沿革」作記錄與說明。田調所得「現況」的相關文化則依實際狀況分敘於第四、五章各節中。

一、主祀醫藥神

主祀醫藥神再分為「神農大帝」與「保生大帝」兩類。基本資料含主祀神、建立年代、廟址所在地域、行政區、藥籤別與住址，建立年代以文獻所載為準：

（一）主祀神農大帝

1. 全台開基藥王廟

（1）基本資料

主　祀	建立年代（西元）	研究分區	藥籤類別	地　　址
		行政區別		
藥王大帝〔註27〕（神農大帝）	康熙五十七年（1718）	五條港區	藥王爺	金華路四段86號〔註28〕
		中西區		

（2）沿革

「藥王大帝」原稱「神農聖皇」全臺灣藥皇鼻祖，廟名曾為「盤古藥王廟」、「三協境藥皇廟」、「盤古藥皇廟」，草創年代約在明末隆武（西元 1646年）至康熙二十四年（西元 1685 年）間，耆老說是勞動工人祭祀藥王神農時所搭的草寮，後來境內姚孝草建在西定坊北勢街尾（臺南市西區永樂路 151巷 54 號），供奉為三尊由李洲鈸請福州名師所雕刻藥王大帝〔註29〕。

《福建通志臺灣府》：「藥王廟在西定坊，康熙五十七年建。〔註30〕」是

〔註27〕 主祀有多種說法：韋慈藏、孫思邈、神農大帝、扁鵲……各有其論述依據與標準。

〔註28〕 乾隆 10 年（西元 1764 年）重建位置。

〔註29〕 參考《盤古藥王廟藥王大帝傳蹟》（臺南：財團法人臺灣省臺南市藥王廟董事會所印，1982 年）。

〔註30〕 孫爾準等修、陳壽祺纂：《福建通志臺灣府・臺南縣壇廟》臺灣文獻叢刊 84（臺北，臺灣銀行經濟研究室）錄自《重纂福建通志卷二十八臺灣縣》，頁107。

說由道標千總姚廣倡建在康熙五十七年，另說是乾隆十年〔註31〕（西元 1745
年）蔣允焄任臺灣知府時藥王街民龔文瑞及北勢街民陳瑞興募捐五百圓重建
於金華路四段八十六號的現址，故居民供奉蔣允焄長生祿位表示感恩。道光
十八年（西元1838年）「重修藥王廟碑記」載：

> 自北勢街初建以來，即奉祀藥王大帝（韋慈藏），初坐南朝北廟堂狹
> 隘，後因信奉者眾，乃於乾隆十年甲申年（1764）〔註32〕合境眾集
> 資，卜得廟西吉地重建新廟，廟深三進，規模宏大、壯麗工巧，坐
> 西朝東而與水仙宮相對，在風水上與五條港末端坐向朝西之五廟合
> 稱六部，有五馬朝江一回首〔註33〕之勢。

因被安平街民阻擾，在蔣元樞〔註34〕復任臺灣知府時才繼續完成。至於為何
安平街民要阻擾即是另一項日後可以探討的議題。民國五十八年林錫山市長
闢建協進街時，將原廟中、後殿拆除剩前殿，何振發、鄭海麗發起重建，向
上發展為三層樓建築。

圖3-4　藥王廟昔今

資料來源：日治、1970 年代〔註35〕、今胡欣榮攝於 2011 年 4 月 11 日

〔註31〕草創之原址於今民族路三段，乾隆十年應為乾隆二十九年現址重建新廟之年
　　　　代，蔣允焄初任臺灣知府是乾隆二十八年。
〔註32〕甲申年西元 1764 年應為清高宗乾隆 29 年。
〔註33〕「五馬朝江一回首」指五條港上的五座港口廟：小媽祖廟、廣安宮、小關帝廟、
　　　　水仙宮與開山宮都是朝西，唯藥王廟朝東。原先傳說為明太祖朱元璋取得了天下
　　　　之後，為鞏固其帝業，曾派江夏侯周德興破壞各地風水「真龍穴」。周德興在南
　　　　安石井與晉江東石之間看到石井江（又名五馬江）江底有五個礁嶼峻岩；狀似五
　　　　馬揚鬃欲馳的駿馬，四匹馬頭皆朝向大海，惟獨一匹馬頭往回看。平時淹沒海中，
　　　　只有農曆五月初二、十六兩天海潮大退時，始可看見。是為「五馬朝江一馬回」，
　　　　籌思破壞，忽有土地公托夢，聲言此穴「一馬回」，只能出藩王，在二百年後，
　　　　能在東南保漢祚，周德興才罷手。後來，果然出延平郡王鄭成功。
〔註34〕蔣元樞是乾隆四十年任臺灣府事，乾隆四十三年返。
〔註35〕翻拍自：《盤古藥王廟藥王大帝傳蹟》（臺南：財團法人臺灣省臺南市藥王廟
　　　　董事會所印，1982 年）

2. 神農殿

（1）基本資料

主　祀	建立年代（西元）	研究分區	藥籤類別	地　　址
		行政區別		
神農大帝	咸豐七年〈1857〉	城區	無資料可考〔註36〕	長北街 192 號〔註37〕
		中西區		

（2）沿革

康熙二十五年（西元 1686 年）總兵楊文魁於陸軍兵工配件廠〔註38〕建坐東北東向西南西的一級軍事衙門臺彭總兵官署（總鎮標營）號令臺灣島軍事，正對衙署總兵出入的市街稱爲「總爺街」（崇安街）〔註39〕。總兵何勉在乾隆五年（西元 1740 年）時加建 35 公尺土城圍牆，又稱「大營盤城」。

林爽文事件後莿竹城牆改爲磚土城垣，在小北門上加設大炮（大銃），西元 1791 年竣工後，小北城門內形成「大銃街」（原稱自強街，自強街北段，今名爲長北街），城外村莊由小北門入府城，經過打造農具的大銃街，再分散去城內各處；水仔尾街、德安橋、大銃街一帶成爲城外鄉村農民必經的交易之地。〔註40〕自強街與長北街交會處大銃街尾即神農殿廟埕，昔爲小北城門外農家穀物交易集中地，名「豆仔市」。

咸豐七年〈西元 1857 年〉「豆仔市」的五穀攤販集資雕塑五穀王（神農大帝）金身奉祀於坐北朝南的土地廟裡，創建後遂稱「五穀王廟」，後改名爲「神農殿」。

〔註36〕 神農殿未能確認是否曾提供。訪談時廟祝說未曾有過，附近耆老告知爲已久無藥籤，經訪談育安藥房負責人，只告知目前廟方沒有藥籤，藥房擁有該廟的藥籤簿，但不供借閱，故只能推定神農殿曾有藥籤，但不可考其類別。

〔註37〕 原址自強街 260 號，施保夙《臺灣神農信仰研究》誤將長北街 192 號與自強街 260 號視爲不同兩間寺廟，長北街 192 號誤植爲長北街 190 號。

〔註38〕 日治時代設置砲兵營、工兵營。光復後改爲陸軍兵工配件廠。位於北區位於公園路、臺南公園西側，現已無軍事用途，目前由臺南市政府代管作爲臨時停車場與長程客運的轉運站。

〔註39〕 後來成爲商店街，另有「九萬二十七千」之稱，財富萬元有九家，千元者有二十七家。也傳說此地爲「蜈蚣穴」，頂土地廟爲蜈蚣頭，兩側 V 字形街道是鬚鬚，下土地廟爲尾端，蜈蚣有 36 隻腳，故有 36 戶。每戶都較前戶內縮一些，俱街防之功能。

〔註40〕 施添福總編纂、王世慶編撰、許淑娟、李明賢、鄭全玄、孔慶麗撰：《臺灣地名辭書卷廿一臺南市》（南投：臺灣省文獻委員會，1999 年），頁 241、頁 254～255。

西元 1931 年管理人林扁、朱添財發起修葺；後因管理欠善、長期失修而荒廢，光復後倒坍。民國四十三年〈西元 1954 年〉由耆宿林英豪、吳清波、辛松頭、辛文蘭、梁煥圻、楊南、王池〔註 41〕、李生春、唐壬三、李定出資重建，石四川另獻五坪地，新建於自強街東側改爲坐東向西。現今廟貌是民國七十五年〈西元 1986 年〉開闢長北街時，因年久失修破舊不堪，由李壬癸、王木源、辛再朝、李松木、許夢花、石遠然募款拆除重建，於民國七十七年〈西元 1988 年〉一月竣工。〔註42〕

圖 3-5　神農殿昔今

資料來源：改建前〔註43〕，今胡欣榮攝於 2011 年 04 月 17 日

（二）主祀保生大帝

1. 開基開山宮

（1）基本資料

主　祀	建立年代（西元）	研究分區 行政區別	藥籤類別	地　址
保生大帝	永曆年間	城區 中西區	保生大帝	民生路一段 156 巷 6 號

（2）沿革

正式官方文書資料中，並無確切開山宮創建年代，多描述明鄭時期所建，臺灣島最早創建的廟宇之一。相傳創建於荷據永曆年間，原奉祀陳稜將軍故稱「將軍祠」。《福建通志臺灣府壇廟》：

　　　吳眞人廟在西定坊新街（神本同安白礁人，荷蘭踞臺，與漳、泉人
　　貿易，時已建廟廣儲東里）〔註44〕。

開山宮印製的沿革折頁《府邑古刹──開山宮》：

　　　開邑古刹─開山宮，草創於隋末唐初，史籍記載。西元六○七年，
　　隋煬帝大業三年，因當時琉球國（臺灣古稱）三十六島，拒絕納貢，
　　於是派遣『隋虎賁中郎將──陳稜』，率兵萬餘渡海攻台，經本宮前
　　方舊海岸登陸府城，擄走土西王子等九百餘人而返，因功策封爲「右
　　光祿大夫」，後見隋煬帝昏庸無道，遂棄官掛印潛崑崙山學道，後隋
　　亡唐興，隋室遺民不屈新朝，與將軍隨從軍民，避難渡海邊台，拓
　　墾荒蕪定居，感戴隋虎賁中郎將──陳稜將軍開台勳業，遂依登路
　　地茅建祠奉靈尊爲『開山聖王』祭祀，千秋永享，鴻遠流芳。此即
　　《開山宮》之前身──《將軍祠》。〔註45〕

永曆十六年（西元 1662 年）台江內海大水成災，國政翁天佑整治府郭街道，
整建西海岸廟宇〔註46〕，西定坊新街〔註47〕仕紳集資配合，自唐山運材改建
改名《開山宮》，土塑鎮殿七尺「保生大帝」，據說是全台主祀保生大帝最古
老寺廟，供桌上置「隋虎賁中郎將─陳稜」將軍聖牌位。明寧靖王駐台時，
認爲是開台的首宮及陳稜將軍開創台疆先功，故以「開山宮」進封。〔註48〕
《臺灣縣志》：「開山宮，祀吳眞人。一在新街，曰開山宮。一在北線尾，曰
大道公廟。〔註49〕」

　　乾隆五年（西元 1740 年）候選同知王紹堂重修，《重修臺灣縣志》：「吳眞
人廟在西定坊新街……偽時建。乾隆五年，候選洲同知王紹堂倡修〔註50〕」。乾
隆十一年（西元 1746 年）福建同安居民重建，乾隆六十年（西元 1795 年）
武舉人張文亞鳩眾重修。

〔註44〕　《福建通志臺灣府壇廟》臺灣文獻叢刊 84，頁 116。
〔註45〕　參考《府邑古刹─開山宮》開基開山宮管理委員會（未註出版年月）。
〔註46〕　盧嘉興：〈由明鄭時期的古廟宇來談總趕宮〉《古今談》第三十二期，1967 年，
　　　　　頁 21～26。
〔註47〕　鄭成功薨，鄭經來臺繼位後又返廈門，國事由翁天佑處理，西元 1661～1663
　　　　　年間，台江內海岸隆起，開闢新街與橫街。
〔註48〕　參見《府邑古刹─開山宮》，開基開山宮管理委員會。
〔註49〕　陳文達：《臺灣縣志》臺灣文獻叢刊 103（臺北，臺灣銀行經濟研究室，1961
　　　　　年），頁 205～215。
〔註50〕　王必昌：《重修臺灣縣志卷六》臺灣文獻叢刊 113（臺北，臺灣銀行經濟研究
　　　　　室，1961 年），頁 179。

道光二十六年（西元 1846 年）吳振宏再修；同治七年（西元 1868 年）董事林天理、林廷爵、歐陽庸與外新街王用賓重建；光緒九年（西元 1883 年）歐陽騰、許如璧、徐光樟、葉登科寄付 〔註 51〕 金千百四十元改建於現今橫跨民生路中心有左右偏殿的大廟。日治時改名「開仙宮」。

圖 3-6　開基開山宮

資料來源：胡欣榮攝 2011 年 04 月

2. 祀典興濟宮

（1）基本資料

主　　祀	建立年代（西元）	研究分區	藥籤類別	地　　址
		行政區別		
保生大帝	永曆年間	城區	保生大帝	成功路 86 號
		北區		

〔註51〕 寄付，日語（きふ）：捐助、捐贈之義。

（2）沿革

　　永曆年間軍民合建「觀音亭」。隔年泉州同安移民在「大觀音亭」旁建廟奉祀保生大帝〔註52〕，稱「大道公廟」，亦稱「頂大道公廟」〔註53〕。《臺灣縣志》：「鎮北坊大道廟觀音亭邊，偽時所建。」〔註54〕，早期興濟宮稱「慈濟宮」、「大道公宮」、「吳眞人廟」。

　　嘉慶二年（西元1797年）總兵哈當阿、巡道劉大懿、董事盧元嘉、住持志誠捐銀重修興濟宮。道光十一年（西元1836年）太子太保王得祿〔註55〕及鎮道劉廷斌、平慶再整修。道光十七年（西元1842年）總理阮日新及眾商家店號集資重修，始稱「興濟宮」〔註56〕。同治十年（西元1871年）董事吳得貴、黃怡育等發起重修。

　　昭和二年（西元1927年）管理人葉豆記與董事倡議集資重修大觀音亭及興濟宮。民國三十八年（西元1949年）重修興濟宮神龕與神像。民國六十二年（西元1973年）重修官廳。民國九十四年（西元2005年）與大觀音亭共同修護落成。

圖3-7　興濟宮昔今

資料來源：昔興濟宮提供，今胡欣榮攝於2011年04月

〔註52〕以鄭成功部將遺留的保生大帝香火塑金身。考〈臺南市古蹟調查與簡介〉《臺南文化新七期》，頁5。

〔註53〕與「良皇宮」區分：「良皇宮」稱「下大道公廟」。

〔註54〕陳文達：《臺灣縣志》臺灣文獻叢刊103，頁208。

〔註55〕王得祿（1770～1842），字百遒，號玉峰，嘉義人。死於道光22年（1842），追贈伯爵，故稱子爵。

〔註56〕見〈興濟宮辛卯年重修碑記〉。

3. 良皇宮

（1）基本資料

主　祀	建立年代（西元）	研究分區	藥籤類別	地　址
同　祀		行政區別		
保生大帝	永曆年間	城區	保生大帝	府前路一段340號
吳府千歲		中西區		

（2）沿革

　　創建於明永曆年間，俗稱「下大道公廟」，爲「小西門」信仰中心。乾隆三十二年（西元 1767 年）重建，嘉慶年間黃鐘岳集資重修，光緒四年（西元 1878 年）進士黃琦籌募購地擴建。

　　舊廟位於臺江外緣北線尾（北汕尾）沙洲上，與安平海頭社「廣濟宮」分別位於臺江安平「大港」左右兩側，有「龍虎宮」之稱。廟名承襲「龍虎宮」讀音；《重修台灣縣志》：「吳眞人廟……在西定坊者，尚有北線尾廟。〔註57〕」。遷至府城土墼埕時沿用舊廟名，並冠「北線尾」於廟名前。《臺灣府誌》：「慈濟宮：四所；一在府治西定坊、一在鎮北坊、一在鳳山縣安平鎮、一在土墼埕保。〔註58〕」。當時「土墼埕保」在臺灣縣城城基外，屬鳳山縣，建小西門於土墼埕側後才納入府城。「慈濟宮」就是良皇宮。

圖 3-8　良皇宮昔今

　　資料來源：昔昭和十七年〈臺南市の寺廟〉〔註59〕，今胡欣榮攝於
　　　　　　　2010 年 11 月 20 日（重修中），2014 年 3 月入廟安座。

〔註57〕 王必昌：《重修臺灣縣志卷六‧祠宇志廟》，頁 179。

〔註58〕 蔣毓英：《臺灣府志卷六廟宇（附養濟院）》（臺北：國史館臺灣文獻館，1993 年 05 月 01）

〔註59〕 西田豐明：〈臺南市之寺廟現況田野報告〉《民俗臺灣》2（9），昭和十七年九月（1942）

4. 市仔頭福隆宮

（1）基本資料

主　　祀	建立年代（西元）	研究分區	藥籤類別	地　　址
同　　祀		行政區別		
保生大帝	永曆年間	城區	保生大帝	北門路 2 段 15 巷 107 號〔註60〕
吳府千歲關帝爺		北區		

（2）沿革

　　大北門城內的「市仔頭」是永康、新市、新化、玉井農產品銷售匯集的「米市街」，爲早期北大路起點又稱「市仔頭街」。大北門城內東南方的「福隆宮」，屬鎮北坊俗稱「市仔頭廟」，傳說原廟是「福德祠」約建在明永曆年間，三位大陸商販移墾時，迎泉州同安縣白礁保生大帝、文衡帝君、吳府千歲供奉，更名爲「福隆宮」。

　　道光及光緒年間有修葺，西元 1931 年吳寶燦、陳登懷、黃杜、王德成、陳添丁爲管理人。當日治總督府拆大北門城以築鐵路、建公園時，市仔頭街漸趨沒落，隨之荒廢。民國四十一年（西元 1952 年）成立首屆管理委員會，民國四十四年（西元 1955 年）莊新全、張添壽、黃進成、郭水源、曾大池、陳大抱、李春標募捐修建。民國七十一年（西元 1982 年）重建，民國七十八年（西元 1989 年）峻工，虎爺被移至大殿旁。民國九十年（西元 2001 年）時移回神壇下。

圖 3-9　市仔頭福隆宮現貌

資料來源：全景及大門，胡欣榮攝於 2010 年 9 月

〔註60〕原門牌編址爲北忠街 16 巷 63 號。

5. 元和宮

（1）基本資料

主　祀	建立年代（西元）	研究分區 行政區別	藥籤類別	地　址
保生大帝 合祀五福大帝	康熙 35 年（1679）	城區 北區	保生大帝 〔註61〕	北華街 311 號

（2）沿革

　　創建於康熙三十五年（西元 1696 年），舊名「水仔尾大道公廟」。日治時代合祀原總鎮衙內的「全台白龍庵」五靈公（五福大帝）及部將。

　　康熙二十三年（西元 1684 年）臺灣府首任總兵在市仔頭闢建臺灣總鎮衙署。福建調來輪番更戍的府兵自福州白龍庵迎來五福大帝香火於康熙三十五年（西元 1696 年）在衙內闢建白龍庵，供福州官兵求符治病、祈求平安。

　　白龍庵堪稱全台唯一官方構建的福州廟。共有七進，前殿中軍府，五部各佔二至六大殿，後進為十二刑部，有一百零八庵，供奉三司六部，及三十六天罡七十二地煞，各部內的文吏神像據說有二千五百尊以上。因建於總鎮衙內，民眾祭拜不方便，又從福州白龍庵另迎香火至亭仔腳街（青年路）建西來庵，為府城早期五福大帝兩大系統。

　　道光三十年（西元 1850 年）、光緒二十二年（西元 1896 年）、民國二十年（西元 1931 年）、民國四十九年（西元 1960 年）、民國七十九年（西元 1990 年）曾整修以現代建築手法修建，立體塑造的門神是特色。

圖 3-10　元和宮現貌

資料來源：今胡欣榮攝於 2011 年 6 月

〔註61〕 於廟裡抽得藥籤編號後，需至附近自強街育安藥鋪經藥師諮詢確定後，始能依藥籤編號對應藥簿處方抓藥。

二、同陪祀醫藥神

同、陪祀的醫藥神，分別是「保生大帝」、「天醫真人」。

（一）同祀保生大帝

1. 五帝廟

（1）基本資料

主　祀	建立年代（西元）	研究分區	地　　址
同　祀		行政區別	
五顯大帝	永曆年間嘉慶元年（1796）	城區	忠義路二段 87 號
保生大帝		中西區	

（2）沿革

原名「觀音堂」相傳創建於明永曆年間，供奉觀世音菩薩及五顯大帝。因五顯大帝威靈顯赫，境內縉紳集資於嘉慶元年（西元 1796 年）建廟於鎮奎樓東側（今中正路與忠義路交叉中心）座北朝南，新雕塑軟身五顯大帝、木雕鎮殿五顯大帝與護駕木雕火將軍、風將軍合殿奉祀改名為「五帝廟」，成為全台奉祀「五顯大帝」開基廟，且名列臺南市「七寺八廟」。同治十二年（西元 1873 年）在舊址改建，並雕刻軟身保生大帝供奉〔註62〕。光緒二十六年（西元 1900 年）組成四個神明會。〔註63〕

日治時代因興建神社與道路改正，於西元 1922 年九月被徵購拆除。董旺及信徒募捐購得今忠義路二段 87 號及路面兩座民房，翌年五月破土、十月竣工，由董旺負責將舊址拆除之建材搬至現址改座西向東重新組裝。

光復後管理人葉萬福、林松、賴淵爵及信士董旺、王天恩〔註64〕、潘麗水、林煥彩於民國三十五年（西元 1946 年）改修完工。

〔註62〕 可能因多次改建，信徒直到 2011 年因白蟻蛀蝕神像，待重修之際於神像內發現命書，內載雕塑時間、原由……等資訊，始知該神像為保生大帝。

〔註63〕 「小公聚合堂」、「大公百壽堂」、「轎班重敬堂」、「轎班雙合堂」神明會。「小公聚合堂」負責農曆五月五日五顯大帝飛昇紀念日祭典。「大公百壽堂」負責農曆九月二十八日五顯大帝聖誕祭典，「轎班重敬堂」、「轎班雙合堂」負責農曆九月二十九日會員祭拜，至目前（2011 年）僅存「轎班雙合堂」，尚有十餘位 70 餘歲的成員。

〔註64〕 王天恩，臺南市人生於民前九年，日治時代畢業於公學校。曾任重慶寺、五帝廟管理人及三官廟、天壇董事。

民國六十七年（西元 1978 年）信徒董水治、周金建募捐，民國六十九年（西元 1980 年）完工；潘岳雄贊助彩繪門神及樑棟，陳高福捐贈牌樓、石碑。民國七十三年（西元 1984 年）都市計畫拓寬忠義路，廟體部分被徵收，呂松根依原貌將牌樓及前殿退後重建，古蹟資格被取消。泥塑火將軍於民國九十一年（西元 2002 年）倒塌，呂松根募捐重雕火、風將軍。〔註65〕民國一百年時（西元 2011 年），廟方因白蟻而發現廟體木構大多已遭蛀蝕有倒塌風險，於民國一百零二年（西元 2013 年）再度翻修擴建。

2. 銀同祖廟

（1）基本資料

主　祀	建立年代（西元）	研究分區	地　址
同　祀		行政區別	
天上聖母	道光二十二年（1842）〔註66〕	城區	城隍街 45 號
保生大帝 文昌帝君		中西區	

（2）沿革

俗稱「同安公廳」或「銀同廟」，主祀天上聖母、同祀保生大帝及文昌帝君。創建年代說法有二：一是道光二年（西元 1822 年）〔註67〕，應為福建同安縣十八姓人士所設立的會館，後漸荒廢。道光二十一年（西元 1841 年），由陳青山倡議勸捐重建，道光二十二年（西元 1842 年）福建省泉州府同安縣銀同人士來台共同捐款及材料，購買府城東安坊溝仔底原「同安會館」遺址土地（今南門路和建業街路口）興建銀同祖廟，於道光二十五年（西元 1845 年）完成。另一說是道光二十二年（西元 1842 年），《銀同祖廟碑記》：

> 道光二十二年，據職員陳邦英、……舖民李玉山、百總陳青山、高
> 興邦等簽稟：『竊聞神道為社教之方，旅人有桑梓之誼。英等籍屬同
> 安，或拋家而經營，或挈眷而東渡，雖旅次恆有樂土之思，而重洋

〔註65〕參考自五帝廟信徒黃炳誠整理編寫之資料放置於五帝廟網頁 wudi-miao. myweb.hinet.net。

〔註66〕〈銀同祖廟碑記（道光二十二年）〉、〈臺郡銀同祖廟碑（道光二十五年）〉收錄於黃典權：《臺灣南部碑文集成》（臺北：臺灣銀行經濟研究室，1966 年），頁 275～277、475～477。

〔註67〕參見《寺廟台帳（臺南市）》編號 15 與相良吉哉：《臺南州祠廟名鑑》（（臺灣日日新報臺南支社，昭和八年（1933）)），頁 4～5 及臺南市禮俗課資料。

不無神恩之奇。爰是英等公同酌議，就於南北羈旅同鄉紳士軍民人

等，互相捐緣，……創建「銀同祖廟」』〔註68〕

之後營兵紀律敗壞，同安營兵以重建「同安公廳」〔註69〕，作為同籍集會之

所為由，取得官府許可，強佔居住銀同祖廟。

　　昭和十年（西元 1935 年）在日人建造神社、擴充外苑時，管理人辛西

淮、王汝珍、林登庸、陳德禮和莊燦珍五人負責重修事宜，《台郡銀同廟記》：

　　　日治昭和十年（1935）以前座向朝北，溯久以前至少更易兩次，至

　　　日治時因市區改正計劃，恰好位於二條都市計畫道路的交會處。」

　　〔註70〕

土地被徵收的橛仔林朝興宮出資協助整修銀同祖廟，並於昭和十一年（西元

1936 年）將神像寄祀於銀同祖廟。〈重建朝興宮碑記文〉：

　　　夫橛仔林朝興宮，自康熙年間至日本領台，歷近二百餘年。至光緒

　　　壬寅年秋，被日人改為七王祠遷徙者，再至民國丙子〔註71〕（按：

　　　昭和十年）年日人擴張神社外苑，斯時乃與銀同祖廟管理人洽議成

　　　立，朝興宮出資修建銀同祖廟，永久合祀。

昭和十一年（1936 年）〈重修銀同祖廟記〉：

　　　適逢朝興宮天上聖母廟地開拓神社外苑，董事卓才等與咱管理人協

　　　議，朝興宮天上聖母永遠合祀於咱銀同祖廟。……朝興宮並向銀同

　　　祖廟賃借所有建物敷地以作為朝興宮有志者建築家屋，期限八年。

昭和二十年（西元 1945 年）銀同祖廟遭盟軍空襲夷平，隔年橛仔林媽（寧南

媽）被接回。

　　民國八十八年（西元 1999 年）三月臺南市政府新闢都市計劃道路時，將

正殿全部拆除。廟方在剩餘廟地內，以鋼筋水泥重建於新闢的城隍街前，並

於民國九十一年（西元 2002 年）六月竣工〔註72〕。

〔註68〕 黃典權：《臺灣南部碑文集成》（臺北：臺灣銀行經濟研究室，1966 年），頁
　　　　 475～476。
〔註69〕 石萬壽：〈營兵和臺南府城的防務（下）〉《國立成功大學歷史學報》11 期，1984
　　　　 年，頁 85。公廳的設立，代表戍台營兵的橫行，已由個別行為，變成集體的
　　　　 組織，成為臺灣治安上毒瘤。
〔註70〕 黃典權：《臺灣南部碑文集成》（臺北：臺灣銀行經濟研究室，1966 年），頁
　　　　 475～476。
〔註71〕 民國丙子年應為昭和十一年，西元 1936 年）。
〔註72〕 《銀同祖廟重新興建碑記》，民國 91 年。

圖 3-11　銀同祖廟昔今

資料來源：昔昭和十七年〈臺南市の寺廟〉〔註73〕，今胡欣榮拍攝於 2011 年
　　　　　3 月

（二）同、陪祀天醫真人

1. 臺灣府城隍廟

（1）基本資料

主　祀	建立年代（西元）	研究分區	地　址
		行政區別	
府城隍爺	永曆二十三年（1669）	城區	青年路 133 號
		中西區	

（2）沿革

　　相傳永曆二十三年（西元 1669 年）創建在府城東安坊郡署右側，原稱「承
天府城隍廟」是臺灣最早的官建城隍廟。

　　康熙三十二年（西元 1693 年）知府吳國柱倡修，改稱「臺灣府城隍廟」。
乾隆二十四年（西元 1759 年）臺灣知府覺羅四明重修，乾隆四十二年（西元
1777 年）臺灣知府蔣元樞重修並立《重修台郡各建築圖說》碑記事，確立建
築格局為四殿兩廂房式。嘉慶四年（西元 1799 年）士紳黃拔萃、道光二年（西
元 1827 年）候補同知吳春祿、同治元年（西元 1862 年）知府洪毓琛、光緒
十六年（西元 1890 年）知府方祖蔭皆重修。日治市區改正時，部分廟埕被闢
成青年路〔註74〕。民國七十一年（西元 1982 年）青年路再拓寬使廟埕消失，
成為三殿兩廂房。

〔註73〕西田豐明：〈臺南市之寺廟現況田野報告〉《民俗臺灣》2（9），昭和十七年九
　　　　月（1942）
〔註74〕西元 1897 年開闢經火車站至安平之公路。

圖 3-12　府城隍

圖片來源：胡欣榮拍攝於 2011 年 11 月 11 日

2. 開基玉皇宮

（1）基本資料

主　祀	建立年代（西元）	研究分區 行政區別	藥籤類別	地　　址
玉皇大帝	永曆二十四年（1670）〔註75〕	城區 北區	天醫眞人	佑民街 111 號

（2）沿革

　　明末，漳、泉人至鄉廟求筶恭請玉皇上帝、王皇三公主香火及玉皇四太子木雕神像攜至臺灣；定居府城後在尖山頂籌建天壇供奉香火及神像。因創建於永曆二十四年（西元 1670 年）是臺灣第一間玉皇大帝廟，故號稱「開基」

〔註75〕 吳文雄：《台南開基玉皇宮簡介》（臺南：臺南開基玉皇宮，年代不詳），頁 3。但是《臺南州祠廟名鑑》中認爲創立日期爲嘉慶 5 年（1800 年），其原因可能是明鄭時期建廟時稱爲玉皇太子廟，嘉慶 5 年重修後，改廟號爲開基玉皇宮，其將更改廟號時機視爲創立時間之故。相良吉哉，《臺南州祠廟名鑑》（臺灣日日新報臺南支社，昭和八年（1933）），頁 23。

〔註76〕，俗稱「舊天公廟」。因原以「玉皇四太子」為主神，故初名「玉皇太子宮」。

鄭成功部將李世輝病危時，其子李世金（又名四舍）設香案為父祝禱、發願祈求早癒，則斥資擴建以謝神恩。李世輝果真痊癒，李世金即奔走各營，募集軍官暨兵士月糧扣減壹錢合計九百元興建，故又稱為「四舍廟」。康熙二十七年（西元 1688 年）總鎮楊文魁以木構重修。《重修臺灣縣志》：

> 玉皇太子宮（一名四舍廟）：在鎮北坊（歲四月八日佛誕，僧童舁佛像，奏鼓作歌，沿門索施，名為洗佛。是日禁止屠宰）。偽時建．康熙二十七年，總鎮楊文魁重修。〔註77〕

嘉慶五年（西元 1800 年）尖山地震，信徒許茂盛、陳登生、蔡廷杰、徐玉勳、柯再得募捌百元重修，聘福州匠師雕塑玉皇上帝、玉皇四太子、玉皇三公主大型軟身神像（目前供奉於二樓正殿），增祀三官大帝、南北斗星君、張府天師、虎爺公，改玉皇上帝為主神，改廟號為「開基玉皇宮」，從祀玉皇四太子稱「玉皇四殿下」。光緒十三年（西元 1887 年）風雨侵襲，董事陳雨水、柯粒記、蘇協記鳩資修繕，柯、吳寄附建地建偏殿，塑註生娘娘、普化天尊、王靈天君，在廟前古松外建照牆。

大正三年（西元 1914 年）董事蘇丞如及境民捐一千餘元修茸。昭和九年（西元 1934 年）蘇丞如、洪松、楊再生、黃振忠、郭明章、周天生、林世鴻、李會川、鄭成、增賜、張鈍緣金九千餘元重造。第二次世界大戰時毀於兵火，神像寄祀興濟宮。

民國三十五年（西元 1946 年）管理人及信眾重建。民國四十六年（西元 1957 年）林金鬢與車宗哲、蔡炎炭組修建委員會增建拜亭、一樓增建一對龍柱。民國五十年（西元 1961 年）管理委員會營工，民國七十二年（西元 1983 年）安座。民國七十七年（西元 1988 年）增修二樓偏殿、重造金爐、闢活動中心。民國八十三年（西元 1994 年）增建太歲殿。

〔註76〕開基玉皇宮網站，http：//www.kaigi.com.tw/introdution.htm
〔註77〕王必昌：《重修臺灣縣志卷六祠宇志祠（附寺宇）》，頁 202。

圖 3-13　開基玉皇宮現貌

資料來源：胡欣榮攝於 2011 年 04 月

3. 東嶽殿

（1）基本資料

主　祀	建立年代（西元）	研究分區	地　址
		行政區別	
仁聖大帝	永曆十五年（1661 年初創） 永曆二十七年（1673 年）	城區	民權路一段 110 號
		中西區	

（2）沿革

　　俗稱「嶽帝廟」、「岳帝廟」〔註 78〕曾是「七寺八廟」之一。鄭成功渡台時，官兵懼怕瘴癘之氣，佩帶嶽帝廟香火袋護身〔註 79〕；為求去病消災於現

〔註 78〕　莊財福：《東嶽殿史誌》（臺南：東嶽殿管理委員會，2001 年），頁 350。清領
　　　　　時期原有岳帝廟街，即現今府前路一段 90 巷北段。

〔註 79〕　王浩一：《在廟口說書》（臺北：心靈工坊文化，2008 年），頁 120。

今東門圓環附近創建〔註80〕草庵供奉香火袋。永曆二十七年（西元 1673 年）
三藩之亂時，鄭經將舊廟遷建到今址以提升自己地位。

　　因具守護地方功能，地方官員常出面整修。康熙二十四年（西元 1685 年）
臺灣知府蔣毓英與八年後台廈道高拱乾皆依明鄭時樣貌復修。康熙四十一年
（西元 1702 年）增建左護龍，乾隆十六年（西元 1751 年）與乾隆三十二年
（西元 1767 年）再整修。《重修臺灣縣志》：

> 嶽帝廟：在東安坊・祀東嶽泰山之神……。按神居東震，以生為德，
> 郡邑故通祀之。偽時建，康熙間修。乾隆十六年，舉人許志剛、貢
> 生陳國瑤等倡捐重建。〔註81〕

圖 3-14　東嶽殿昔今

資料來源：昔昭和十七年〈臺南市の寺廟〉〔註82〕，今胡欣榮拍攝於 2010 年
　　　　　9 月

　　嘉慶十四年（西元 1809 年）整修增建鐘鼓樓，成三進雙護龍有鐘鼓樓。
咸豐元年（西元 1851 年）、同治二年（西元 1863 年）與大正三年（西元 1914
年）各有整修。昭和十七年（西元 1942 年）市區改正、興建東市場與拓寬嶽
（岳）帝廟街時，拆毀鐘鼓樓與前殿，三川門移到四垂亭。

　　民國六十八年（西元 1979 年）拓寬廟前建國路（民權路一段）時拆除拜
殿，廟門移到正殿，全廟剩兩進。民國八十三年（西元 1994 年）重修成三進，
廟門仍緊臨馬路但正殿狹窄。

〔註80〕 石萬壽：《樂君甲子集》（臺南：臺南市政府文化局，2004 年），頁 238。與莊
　　　　財福：《東嶽殿史誌》（臺南：東嶽殿管理委員會，2001 年），頁 14。
〔註81〕 王必昌：《重修臺灣縣志卷六祠宇志廟》臺灣文獻叢刊 113，頁 175～176。
〔註82〕 西田豐明：〈臺南市之寺廟現況田野報告〉《民俗臺灣》2（9），昭和十七年九
　　　　月（1942）

4. 三官廟

（1）基本資料

主　祀	建立年代（西元）	研究分區	地　　址
		行政區別	
三官大帝	永曆年間	城區	忠義路二段 40 號
		中西區	

（2）沿革

原爲知府蔣元樞別館，乾隆四十三年（西元 1778 年）任職期滿，被改爲「蔣公生祠」。《重修臺灣縣志》：

> 蔣公祠：在鎭北坊眞武廟後。祀江西觀察使前臺灣府知府蔣毓英。

〔註83〕

因不符體制改祀「三官大帝」，俗稱「三官堂」，陪祀天醫眞人、武財神……等日常生活的守護神，右神龕同祀蔣元樞祿位牌。

嘉慶初，官方在頂打石街（原民生派出所）另建「三界壇」供里民祈神，「蔣公生祠」香火轉稀漸至荒廢。咸豐四年（西元 1854 年）西蜀醫袁明高懸壺濟世成爲主持，香火漸漸興盛。咸豐十年（西元 1860 年）士紳葉履仲主導重建成三進，請高僧住持。

日治初前殿傾圮。被充爲幼稚園教室，神像移至文昌祠，改日語講習所，再租給漢藥製藥廠。昭和二年（西元 1926 年）強制拆除。民國三十七年（西元 1948 年）重建，迎回在文昌祠的三尊開基三官大帝神像與三界壇三尊大帝神像，與新雕太子爺神像合祀稱「三官廟」。民國五十一年（西元 1962 年）士紳興建牌樓；民國八十五年（西元 1996 年）重建完工。民國九十四年（西元 2005 年）增建後殿太歲殿〔註84〕。

〔註83〕 王必昌：《重修臺灣縣志卷六祠宇志祠（附寺宇）》臺灣文獻叢刊 113，頁 190。
〔註84〕 主祀斗姥元君從祀左輔、右弼護法、太歲星君、左配祀南斗星君、右配祀北斗星君。

圖 3-15 「蔣公生祠」門額〔註85〕

資料來源：胡欣榮攝於 2010 年 8 月 14 日

5. 臺灣首廟天壇

（1）基本資料

主　祀	建立年代（西元）	研究分區	地　址
		行政區別	
玉皇大帝	咸豐 4 年(1854)〔註86〕	城區	忠義路二段 84 巷 16 號
		中西區	

（2）沿革

　　臺南天壇（天公廟）舊名「天君廟」，廟址原為明鄭時期鷲嶺「天公埕」。府城舊俗在農曆正月初九「天公生」時會在天公埕臨時天公壇，受聖爐供奉代替天公神位的土地公神像，露禱祭天。祭典後拆除天公壇，土地公歸廟，聖爐寄存埕東吳姓人家。

　　咸豐四年（西元 1854 年）建立有前殿及正殿兩落建築的「天公壇」，前埕外設照牆，主祀玉皇大帝牌位，同祀福德正神與文武判。咸豐五年（西元 1855 年）總理梁懷章、薛呈儀、董事葉慶祿、協事盧宗獻、梁崑山募捐增建後殿，塑三清道祖、三官大帝、南北斗星君、普化天尊、王靈天君、天醫真人、張天師、天上聖母、觀音佛祖、司命灶君、善才、月老、太陽星君、太陰星君、虎爺……等神像。光緒二十五年（西元 1899 年）董事蔡國琳……等募資重修改名「天壇」〔註87〕。

〔註85〕　乾隆四十三年立，目前鑲於右壁上。

〔註86〕　臨時臺灣舊慣調查會：《臺灣私法人事編》（臺北：臺灣銀行經濟研究室，1961年），頁 320～322。

〔註87〕　清代書志官祀壇廟中並無天壇記述，連橫臺灣通史載為「天公壇」。

日治時黃檗寺被拆除，文衡聖帝神像被奉請至天壇同祀。光復後，左廂增建武聖殿，並增祀五文昌……等神明。民國三十八年（西元 1949 年）林叔桓、郭池中重修、民國五十一年（西元 1962 年）新設四垂亭、三對龍柱與三川步口左右壁堵，民國五十五年（西元 1966 年）完工。民國六十八年（西元 1979 年）改建左廂武聖殿成兩層樓鋼筋混泥土構造，民國七十二年（西元 1983 年）改名為「臺灣首廟天壇」。民國七十三年（西元 1984 年）重修簪飾，擴建成三進，廟埕改建新式水泥照牆。民國九十年（西元 2001 年）重修正殿及天井、民國九十一年（西元 2002 年）重修後殿、民國九十五年（西元 2006 年）搶修正殿太子亭。

圖 3-16　臺灣首廟天壇昔今

資料來源：昔昭和十七年《臺南の寺廟》，今胡欣榮攝於 2011 年 11 月

三、主祀非醫藥神，提供藥籤

「藥籤」是民間醫療的一種，部份寺廟主祀神雖非醫藥神，但提供藥籤，以下以「目前仍提供藥籤」與「曾提供藥籤」區分成兩類說明。

（一）目前仍提供藥籤

1. 北極殿

（1）基本資料

主　祀	建立年代（西元）	研究分區	藥籤類別	地　　址
		行政區別		
玄天上帝	明永曆 19 年（1665）	城區	玄天上帝	民權路二段 89 號
		中西區		

（2）沿革

「北極殿」俗稱「上帝廟」，原址是荷蘭時代中國醫館，位於府城地勢最高的鷲嶺與臺南最早市街路段上。永曆十五年（西元 1661 年）鄭成功在登陸地建

廟奉祀鹿耳門媽祖（座艦媽祖），登陸禾寮港（三老爺廟﹝註88﹞附近）時，以中國醫館充做救護站，依地理風水之說，認爲府城地形中，安平七鯤鯓爲天關，形屬龜；鹿耳門北線尾爲地軸，形屬蛇酷似龜蛇盤據，正好符合明朝護佑神玄天上帝的形象，永曆十九年（西元1665年）改建成北極玄天上帝的官廟「大上帝廟」以鎮城邦，成爲臺灣建蓋官廟的開端。永曆二十三年（西元1669年）奉國姓爺帳內軟身玄天上帝入廟鎮殿，名爲「大上帝廟」，據傳是臺灣最早玄天上帝廟。

由永曆二十三年（西元1669年）寧靖王朱術桂贈「威靈赫奕」匾與開基靈祐宮牆上石碑記述：

> 臺灣官民早期均到北極殿朝拜、占卜，後來朝拜占卜的人多了，往來於赤嵌與鷲嶺之間至感不便，乃於永曆二十五年，在赤嵌城北興建該廟。

可知該廟是創建於明鄭時期，應在永曆二十五年（西元1672年）以前。與西側古巷（麻糬巷）的天壇（天公廟）同屬民防任務「聯境」的「中和境」﹝註89﹞，並與西面大西門的水仙宮相望，有「上帝廟坔墘，水仙宮簷前」的俗諺。﹝註90﹞

康熙二十四年（西元1685年）知府蔣毓英重修，康熙四十八年（西元1709年）里民發起重建，乾隆60年（西元1785年）黃世景重修。道光十六年（西元1836年）重修並供奉「觀世音菩薩」，咸豐四年（西元1854年）陳有裕……等人重修，更名爲「北極殿」。同治二年（西元1863年）蔡文禮等人重修，宣統三年（西元1911年）因拓寬竹仔街而修建，日治西元1923年董事陳和興修建、都市計劃道路拓寬，拆除廟埕及前殿部分屋宇。

民國三十六年（西元1947年）、民國四十七年（西元1958年）有修建，民國五十三年（西元1964年）拓寬民權路時前殿被拆除，目前須爬上七級石階才到的前殿是由騎樓改建，緊臨街道﹝註91﹞。民國六十年（西元1971年）、

﹝註88﹞ 臺南市北區裕民街三德里86號，主祀朱王爺、曹王爺、魏王爺故稱三老爺。創建於清乾隆十五年（西元1750年），嘉慶十二年（西元1807年）王得祿、王叔等人捐修。鄭成功軍隊由禾寮港德慶溪廟前地登岸，駐軍於此（昔稱爲尖山），圍攻赤崁樓，致荷蘭人投降，「開台聖地」得名於此。鄭成功來台後一年即逝，遺臣塑造金身奉祀。康熙二十三年（西元1684年）施琅揮軍攻台，鄭克塽降清，里民將鄭王爺改朱王爺。

﹝註89﹞ 「中和境」原作「二十一境」，由二一十間廟宇組成，是府城廟宇聯境中最大。日治時期都市計劃拆除及二戰空襲炸毀後只八間續存，改稱「中和境」。

﹝註90﹞ 因位於府城最高的鷲嶺，地勢往西低下，到大西門外的水仙宮時，北極殿臺階高度正好和水仙宮屋簷一樣高，顯示府城地勢高低走向。

﹝註91﹞ 參考《中和境北極殿簡介》（臺南：中和境北極殿管理委員會，2011年。）

民國六十六年（西元 1977 年）有修建，民國七十四年（西元 1985 年）內政部審定爲國家二級古蹟，民國八十六年（西元 1997 年）修復、民國九十二年（西元 2003 年）施工兩年修復完成。

　　乾隆末年福建福寧桐山營班兵以北極殿爲戍台登陸或離台待渡據點。嘉慶九年（西元 1804 年），在目前後殿及兩廂位置由居民與桐山營共建「桐山營公寓」供營兵居住，故也稱「桐山營曹館」。

圖 3-17　北極殿

資料來源：胡欣榮攝於 2012 年 06 月

2. 大觀音亭

（1）基本資料

主　祀	建立年代（西元）	研究分區 行政區別	藥籤類別	地　址
觀世音菩薩	永曆年間	城區 北區	觀音佛祖	成功路 86 號

（2）沿革

永曆年間軍民合建「觀音亭」又稱「觀音廟」、「觀音宮」、「赤崁大士殿」；相對小東門內觀音亭，又稱「大觀音亭」，是現存三處專祀觀音寺廟中，歷史最悠久的。

康熙二十八年（西元1689年）蔣毓英《臺灣府志》：「觀音廟，在鎮北坊，前後泥座金色相，左右塑十八羅漢，俗呼爲觀音亭。〔註92〕」康熙三十五年（西元1696年）「臺灣府志」：

> 觀音宮，在府治鎮北坊，前後泥金色相，左右塑十八羅漢，俗呼爲
> 觀音亭，相傳最遠。康熙三十二年，後堂重建。〔註93〕

康熙五十九年（西元1720年）陳文達《臺灣縣志》：

> 觀音亭，僞時建，中奉大士，左右塑十八羅漢。康熙三十二年，居
> 民重修，並建後堂。〔註94〕

大觀音亭與濟宮附近的臺灣鎮總兵官署，署內戍台官兵常來此祈安求福。同治十三年（西元1874年）日軍侵台，沈葆楨奏請「開山撫番」，官兵須深入僻遠荒莽與瘴癘爲伍，崇信「慈悲爲懷、救苦救難」的觀音與興濟宮「醫神」保生大帝保佑，致香火日益鼎盛。

圖3-18　大觀音亭

資料來源：（左）昭和十七年〈臺南市の寺廟〉〔註95〕（右）文化資
　　　　　產委員會〔註96〕

〔註92〕蔣毓英：《臺灣府志》（臺北：國史館臺灣文獻館，1993年05月01）
〔註93〕高拱乾：《臺灣府志卷九・外志寺觀（附宮廟）》臺灣文獻叢刊65，頁219。
〔註94〕陳文達：《臺灣縣志雜記志九寺廟》臺灣文獻叢刊103（臺北：臺灣銀行經濟研究室），頁210。
〔註95〕西田豐明：〈臺南市之寺廟現況田野報告〉《民俗臺灣》2（9），昭和十七年九月（1942）
〔註96〕文建會文化資產委員會網站http://www.hach.gov.tw/hach/frontsite/cultureassets/2010年7月26日上網

3. 六合境清水寺

（1）基本資料

主　祀	建立年代（西元）	研究分區	藥籤類別	地　址
同　祀		行政區別		
觀音菩薩	康熙年間	城區	觀音佛祖	開山路 3 巷 10 號
清水祖師		中西		

（2）沿革

　　臺南五古剎之一，次於法華、開元二寺與彌陀、竹溪二寺齊名，亦是臺南府城「七寺八廟」〔註 97〕之一。以前雙面臨溪，傍溪而築，廟旁兩側巷道古名「清水寺街」，曾是來自山仔尾「枋溪〔註 98〕」支流舊河道，是府城寺廟中和溪流最親近者。

　　草創時主祀清水祖師，同治光緒年間山洪暴發，在水上載浮載沉一根粗具佛祖輪廓的香木，境民撈起請匠師雕刻成觀音佛祖奉祀，即爲鎮殿觀音佛祖，而有「水流觀音〔註 99〕」之名。「清水寺街」因而另有「水流觀音街」之名。由於屢顯靈驗，門楣的「寶筏渡川」即源自於此，令清水寺又稱爲「流水寺」。

　　康熙年間草創時規模很小，乾隆四十年（西元 1775 年）董事蕭龍等募資擴建並命名爲「清水寺」，乾隆四十四年（西元 1779 年）、五十六年（西元 1791 年）由陳遊輝等重修、大正四年（西元 1915 年）、民國卅五年（西元 1946 年）有重修或增建紀錄，民國六十三年（西元 1974 年）改建成北方古典建築，民國一百年（西元 2011 年）整修完工。

〔註 97〕大北門外的黃檗寺被清廷疑爲天地會基地而遭毀後，清水寺遂取而代之。

〔註 98〕德慶溪的支流，現已箱涵化成地下暗渠，寺外水溝蓋底下就是原枋溪流域。

〔註 99〕相良吉哉編著：《臺南州祠廟名鑑》（臺灣日日新報臺南支社，昭和八年（1933）），頁 5～6。

圖 3-19　清水寺昔今

圖片來源：昔昭和十七年〈臺南市の寺廟〉〔註100〕，今胡欣榮拍攝於 2011 年 2 月

4. 五瘟宮

（1）基本資料

主　祀	建立年代（西元）	研究分區	藥籤類別	地　址
		行政區別		
五毒大帝	道光二年（1822）	城區	五毒大帝	中正路 131 巷 8 號
		中西區		

（2）沿革

原名「全臺白龍庵安慶堂」，主祀「五瘟大帝」，原稱「五毒神」又稱「五瘟神」，是府城境內較少見的神明，常和「五顯大帝」、「五福大帝」混為一談。

「全臺白龍庵安慶堂」在道光二年（西元 1822 年）建於總鎮署北側。日治時期，因日軍在該地紮營屯駐，白龍庵安慶堂被拆除，信徒以水換出五尊於康熙年間迎自福州白龍庵安慶堂的土塑五毒神神像，移奉到現址民宅祭祀。之後由當地的洪、黃、林、史、張、許、朱、丁、蘇、周、石、謝、杜、胡、汪、余等十六姓信徒集資購地重建「全臺白龍庵安慶堂」於現址。民國

〔註100〕西田豐明：〈臺南市之寺廟現況田野報告〉《民俗臺灣》2（9），昭和十七年九月（1942）

六十八年（西元 1979 年）寺廟登記時登記為「安慶堂五瘟宮」，後來改為「白龍庵五瘟宮」，目前稱為「白龍庵安慶堂開基五瘟宮」。

圖 3-20　五瘟宮

圖片來源：胡欣榮拍攝於 2012 年 2 月 22 日

（二）曾提供藥籤

1. 彌陀寺

（1）基本資料

主　祀	建立年代（西元）	位置分區 行政區別	藥籤類別	地　址
釋迦牟尼佛	永曆年間	城區 東區	保生大帝	東門路一段 133 號

（2）沿革

創建於明末永曆年間，據說是鄭經〔註101〕草創，最初創建時因規模不大稱「彌陀室」，主祀阿彌陀佛，康熙三十一年（西元 1692 年）臺灣知縣王兆陞建「彌陀室書院」，康熙五十七年（西元 1758 年）重修擴建，監生董大彩鼎建中堂，改名爲「彌陀寺」，武夷僧一峰來台，建閣君殿於西偏，僧房六間。監生陳仕俊倡建東偏三官殿。

乾隆年間成爲府城七寺八廟之一，嘉慶四年（西元 1799 年）董事黃鍾岳、程肇榮等鳩眾重修，嘉慶十年（西元 1805 年）立「重建彌陀寺碑記」，素有臺灣古都四大古刹之稱。《重修福建台灣府志》：

> 在永康里東門內。年久傾圮，康熙五十八年，僧一埒至自武彝，募化重興。寺田在鳳山縣嘉祥里阿嗹甲尾園一所，年收粟七十二石；又寺後園一坵，黃士甫、曾亨觀捐置爲本寺香燈。〔註102〕

《續修臺灣縣志》：

> 在大東門內永康里。僞時建，尋毀。康熙五十七年，里人董大彩修建。五十八年，武夷僧一埒募建西堂及僧房，里人陳仕俊復增建之。寺田坐鳳山呵嗹甲尾，歲收租穀七十二石。又寺後園一所，俱里人黃士甫、曾亨觀捐置。嘉慶四年董事黃鍾岳、程肇榮等鳩眾修。〔註103〕

大正九年（西元 1920 年）因市區改正，新豐郡役所暫設於彌陀寺內。大正十四年（西元 1925 年）新豐郡役所新址落成後搬出。大正十五年（西元 1926 年）管理員黃欣昆仲與住持王兆麟〔註104〕倡重修彌陀寺，昭和三年（1928 年）竣工，昭和四年立「彌陀寺重修碑記」，王兆麟立「私立家政裁縫講習所」〔註105〕，昭和七年「私立家政裁縫講習所」改「私立臺南家政學院」。光復後東區區公所暫設於彌陀寺，1965 年圓斌法師於接任住持〔註107〕，1971 年彌陀寺將原本建

〔註101〕另一説，明末萬曆年間，洪氏檀信所捐獻興建，初稱彌陀室。

〔註102〕劉良璧：《重修福建臺灣府志/卷十八古蹟（井泉、宮室、寺觀、宅墓附）/寺觀（附）臺灣縣》，頁467。

〔註103〕謝金鑾：《續修臺灣縣志卷五外編寺觀》臺灣文獻叢刊140，頁343。

〔註104〕日本佛教眞宗本願寺派臺南地區的布教師兼彌陀寺住持。

〔註105〕王兆麟説服管理員黃欣設立專授女子家政縫紉技藝之家政學校，曹洞宗在臺北創辦泰北中學校。昭和十四年（1939 年）院長王兆麟氏辭職，由日籍杉浦亮嚴氏接辦，改校名爲「私立臺南和敬女學校」，即「光華女中」之前身。

〔註107〕民國五十四年（1965 年）由管理人暨信徒代表，至關子嶺大仙寺，禮請圓斌法師來住持。

築全數拆毀動工重建〔註106〕，1980 年落成。2011 年住持圓斌法師圓寂。

圖 3-21　彌陀寺昔今

資料來源：昔昭和十七年〈臺南市の寺廟〉〔註108〕，今胡欣榮攝於 2010 年
　　　　　7 月 26 日

2. 祀典武廟

（1）基本資料

主　祀	建立年代（西元）	研究分區	藥籤類別	地　　址
		行政區別		
關帝聖君	永曆 17 年（1663）	城區	關聖帝君	永福路二段 229 號
		中西區		

（2）沿革

　　俗稱「大關帝廳」又稱「武廟」、「大武廟」，是唯一官建武廟。在赤崁樓南側與文廟並稱爲臺灣地區保存最完整、最壯麗古廟。

　　永曆 17 年（1663 年）明鄭興建四座廟於臺南府城，文廟（孔子廟）建於鬼仔埔、眞武廟（北極殿）於鷲嶺、立明室宗廟於承天府署（赤崁樓）西南方（大天后宮）、又建關帝廟、佛祖廟於宗廟一元子園之東北角（赤崁樓之正南方，祀典武廟的前身）。清領臺後，稱爲「關帝廟」。

　　史料上記載武廟第一次重修爲康熙二十九年（西元 1690 年），由臺廈道王效宗主持，依舊址擴建將廟門改爲南向，廟後加建禪房，擴大成擁有正殿、

〔註106〕改爲黃色琉璃屋瓦之北方宮殿式建築。
〔註108〕西田豐明：〈臺南市之寺廟現況田野報告〉《民俗臺灣》2（9），昭和十七年九
　　　　　月（1942）

後殿、左右廊廊及拜殿、山川門、初拜殿、廟前石埕的格局。康熙三十五年
（西元1696年）巡道高拱乾建高公祠於廟埕左側，即今馬使爺廳，康熙五十
五年（西元1716年）臺廈道陳璸重修，次年改建。乾隆三年（西元1738年）
臺灣道伊士悢重修。《重修臺灣縣志》：

> 關帝廟在鎮北坊，崇祀關聖大帝。偽時建，寧靖王書匾曰：『古今一
> 人』。康熙二十九年（1690），巡道王效宗修。五十三年1714（一說
> 五十五年1716），巡道陳璸重修。五十六年，里人鳩眾改建。乾隆
> 三年（1738），巡道尹士悢倡修。〔註109〕

乾隆三十一年（西元1766年）知府蔣允焄加建公廨，改高拱乾報功祠為官廳。
乾隆四十二年（西元1777年）規模趨完整，知府蔣元樞重修成：

> 前為頭門三楹，中為大殿，供奉神像，其後正屋一進。廟門外側有
> 屋二進為官廳，周圍繞以高垣。後右側有屋數楹，內奉大士。旁有
> 屋宇，以祀保生聖母神像。〔註110〕

十二年後，知府楊廷理在廟外加建戲臺一座。嘉慶十二年（西元1807年）
知縣薛志亮倡議重修，紳士林朝英、吳春貴、陳啓良等司其事。《續修臺灣縣
志》：

> （乾隆）三十一年，署巡道蔣允焄修，增建更衣廳於廟左；四十
> 二年，知府蔣元樞修，五十四年，知府楊廷理修，於廟門外建戲
> 台焉。嘉慶十二年，知縣薛志亮捐俸倡修；紳士林朝英、吳春貴、
> 陳啓良等司其事。〔註111〕

道光六年（西元1826年），士人於佛祖廳南側設立西社〔註112〕，為昔日
府城文人酬唱聚會的地方。「祀典武廟」大門外虎邊有敬字亭，因與武廟未成
一體，並未被列入古蹟，所以已無法看出其原有模樣〔註113〕。道光廿年（西
元1840年）武廟六條街遭大火焚毀，翌年紳商阮自元眾舖戶修復重修恢復舊
貌，但規模略縮小，各殿之山牆連成一體，呈現如今所見之格局。

〔註109〕王必昌：《重修臺灣縣志卷六祠宇志》臺灣文獻叢刊103，頁169。
〔註110〕蔣元樞：《重修臺郡各建築圖說重修關帝廟圖說》臺灣文獻叢刊283（臺北：
　　　　臺灣銀行經濟研究室），頁39。
〔註111〕謝金鑾：《續修臺灣縣志卷二政志壇廟》臺灣文獻叢刊140（臺北：臺灣銀行
　　　　經濟研究室），頁63。
〔註112〕文昌帝君殿外門楣上〈西社〉匾，落款年代為「道光六年歲次丙戌」。
〔註113〕張志遠，《臺灣的敬字亭》（臺北：遠足文化，2006），頁200～201。

　　明治三十九年（西元 1906 年）重修，適逢日人市區改正拓寬永福路，位於路上引起拆遷爭議，最後道路轉折，只拆除部份廟左官廳（馬使爺廳）。最近的大規模修護是民國八十年（西元 1991 年）由政府補助經費，八十四年（西元 1995 年）竣工。

　　雍正三年（西元 1725 年）立神牌供奉於後殿三代殿。兩年後奉旨，春秋祀以太牢（牛、豬、羊）、三獻之禮、八佾舞。五月十三日再加祀一次，每年三次祭祀是一種殊榮，為關帝廟晉昇「祀典武廟」〔註114〕之始。同治元年（西元 1862 年）臺南府城由廟境聯防協助維持治安，全城分為十個聯境，祀典武廟為城內西段六和境首廟，由六合堂主持境務。

圖 3-22　祀典武廟

資料來源：胡欣榮攝於 2012 年 06 月

3. 首貳境萬福庵

（1）基本資料

主　祀	建立年代（西元）	研究分區	藥籤類別	地　　址
同　祀		行政區別		
觀音佛祖	永曆年間〔註115〕	城區	大聖爺	民族路二段 317 巷 5 號
齊天大聖		中西區		

〔註114〕石萬壽：〈祀典武廟建制沿革研究〉《臺灣文獻》38：4，1987 年 12 月，頁 60～61。

〔註115〕若自阮夫人宅邸蓋成算起，則約為明永曆年間。若是以嘉慶十一年（西元 1806 年）「阮夫人寺」改名「萬福庵」算則可推至嘉慶八年的「阮夫人寺」。參考石萬壽：〈臺南市寺廟的建置——臺南市寺廟研究之一〉《臺南文化》，新 11，1981 年 6 月，頁 45～47。傅朝卿：《臺南市古蹟與歷史建築總覽》（臺南：臺灣建築與文化資產出版社，2001 年 11 月），頁 147。相良吉哉：《臺南州祠廟名鑑》（臺南：臺灣日日新報社臺南支局，1933 年），頁 20。

（2）沿革

萬福庵建造於永曆年間(1647 年～1683 年)，爲供鄭成功部將阮駿〔註116〕遺孀信佛持齋終老宅邸。永曆十五年（西元 1661 年）鄭成功收復臺灣。三年後，英義伯阮駿夫人與明宗室後裔、遺老……等隨鄭經來臺，阮夫人本姓鄭，是鄭成功的宗人，定居承天府府治鎮北坊寧靖王府一元子園後，以頌經禮佛、吃齋修行終其一生。

阮氏亡死後，其故居改爲尼庵稱「阮夫人寺」。嘉慶十一年（西元 1806 年）重修，取原名「阮夫人」諧音稱「萬福庵」。

民國六十一年（西元 1972 年）改建爲二樓新式廟宇，阮駿與阮夫人神位移至右側廂房。庵前照牆仍爲建築舊物，被列爲古蹟。

圖 3-23　首貳境萬福庵

資料來源：胡欣榮攝於 2011 年 08 月

〔註116〕阮駿，浙江會稽人，善水戰，爲鄭成功所器重，擢拔掌管水師，常率船攻破敵艦，每逢海上交戰，敵人均聞名生懼。永曆十年（西元 1658 年）阮駿鎮守舟山，八月二十六日（10 月 13 日）清軍四百餘艘大小戰艦進攻舟山群島，阮駿與其他將領駐守島上與之對戰。第一天阮駿率五十艘戰艦得勝，隔日中計遭到包圍，因而引爆船上火藥殉死，享年 29 歲。

4. 柱仔行全台開基永華宮

（1）基本資料

主　祀	建立年代（西元）	研究分區	藥籤類別	地　　址
		行政區別		
廣澤尊王	乾隆十五年〔註117〕 （1750）	城區	廣澤尊王	府前路一段196巷20號
		中西區		

（2）沿革

　　據傳「鎮殿老太王」是永曆十六年（西元1662年）鄭成功的「諮議參軍陳永華」自福建南安縣鳳山寺恭迎來，目前臺灣最早也可能唯一「軟身廣澤尊王」。渡臺後供奉於南門城「山仔尾」（臺灣銀行、國立臺南女中一帶），並沿用祖廟「鳳山寺」為名。

　　乾隆年間，陳守娘含冤自盡，陰魂不散，里人恐慌。賴尊王神威鎮壓幽魂，地方始得安寧，地方信眾為感念聖王神恩，共議捐資重建，乾隆十五年（西元1750年）落成，為紀念「陳永華將軍」恭迎尊王來臺及建設地方，遂改廟名為「永華宮」〔註118〕。光緒十七年（西元1891年）進行重修，光緒二十年（西元1894年）完成。

　　大正十三年（西元1924年），因興建臺灣銀行，廟地被強制徵收，大正十四年（西元19254年）移至孔廟對面的「六合境柱仔行」巷內，原清進士許南英〔註119〕私塾「引心書院」舊地暫安神座。民國三十五年（西元1946年）重建宮殿；民國四十七年（西元1958年）擴建，奠定今日規模。〔註120〕，民國七十八年（西元1989年）奉祀陳永華將軍金身於後殿文物館。

〔註117〕 相良吉哉：《臺南州祠廟名鑑》（臺南：臺灣日日新報社臺南支局，1933年），頁7。

〔註118〕 《六合境（柱仔行）全台開基永華宮》（臺南：永華宮），頁1。連橫：《臺灣通史卷三十五烈傳七》（臺北：臺灣銀行經濟研究室），頁1018。

〔註119〕 許南英，祖籍潮汕，號蘊白或允白，別號窺園主人、留髮頭陀、龍馬書生、毘舍耶客、春江冷宦。咸豐五年十月初五日（西元1885年10月14日）出生在西定坊武館街。光緒五年（西元1879年）中秀才、光緒十二（西元1886年）年中舉人、光緒十六年（西元1890年）中進士。著《窺園留草》。

〔註120〕 《全台開基永華宮甲申年三朝慶成祈安清醮活動手冊》與〈六合境柱仔行全臺開基永華宮〉，頁1。

圖 3-24　永華宮昔今

資料來源：昔〈臺南市の寺廟〉〔註121〕，今胡欣榮攝於 2010 年 8 月 20 日

5. 開基武廟

（1）基本資料

主　祀	建立年代（西元）	研究分區	藥籤類別	地　址
		行政區別		
關帝聖君	永曆二十三年〔註122〕 （1669）	城區	關聖帝君	新美街 114 號
		中西區		

（2）沿革

　　「開基武廟」位於新美街上，轄境稱爲「三義境」，因廟址建在關帝港口，故又稱「關帝港武廟」、「關帝港開基武廟」、「小武廟」，爲臺灣最早的關帝廟；主祀的關聖帝君，係由鄭成功部將，自福建省泉州府晉江縣「塗門關帝廟」（今稱「通淮關岳廟」）恭請聖像渡海來台。來臺後，在承天府西定坊港口前，搭寮安座奉祀，因位居港口要津，焚香膜拜者日眾，在信眾要求下，乃鳩資於原址建廟，名爲「關帝廟」，後來該港口稱爲「關帝港」〔註123〕。開基武廟是入清後才正式改爲廟宇，原是寧靖王府的鐘樓，廟前新美街因求籤問卜者絡繹不絕，廟前巷內有許多相士開館擺攤，被稱爲「抽籤巷」。

　　永曆十五年（西元 1661 年）搭寮安奉於承天府西定坊港口前，因爲居通商要地，膜拜者日漸眾多，乃鳩資於原址建廟，永曆二十三年（西元 1669 年）建廟完成，命名「文衡殿」，稱此港爲「關帝港」，爲臺灣地區最早的關帝廟，故名爲「開基武廟」，因規模較祀典武廟小，故一般稱爲「小關帝廟」來和祀典武廟的「大關帝廟」有所區別。由於早期廟前就是港口，因而臺南人稱之爲「關帝港武廟」。

〔註121〕西田豐明：〈臺南市之寺廟現況田野報告〉《民俗臺灣》2（9），昭和十七年九月（1942 年）

〔註122〕陳奮雄：《臺南開基武廟志》（臺南：臺南開基武廟，2002 年），頁 32。

〔註123〕陳奮雄：《臺南開基武廟志》，頁 32。

　　乾隆四十一年（西元 1776 年）於殿後增建文武殿；嘉慶二十三年（西元 1818 年）大規模重建，奠定建築規模，並正式改名為「開基武廟」。昭和元年再次修建，完全重現嘉慶二十三年的建築架構，保有三川殿、過水廊、拜殿、正殿、過水廊以及後殿。

　　二次世界大戰期間受盟軍轟炸幾乎全毀。戰後地方仕紳籌款於原址重建，經過數次整修，因由民間興建與維護，僅留剩下當初武廟的正殿部分，不如由官方出資的祀典武廟。現今正殿部分為民國六十五年（西元 1976 年）所興修，但依稀可見以往風貌。

圖 3-25　開基武廟

資料來源：胡欣榮攝於 2011 年 08 月

6. 臺南首邑縣城隍廟

（1）基本資料

主　祀	建立年代（西元）	研究分區	藥籤類別	地　　址
		行政區別		
城隍爺	康熙 50 年（1712）	城區	童子爺	成功路 238 巷 52 號
		北區		

（2）沿革

　　康熙五十年（西元 1712 年）由臺灣縣知縣張宏捐建，稱「臺灣縣城隍廟」。最初在東安坊縣署旁邊（今臺南火車站成功路口中華日報社附近〔註124〕），乾隆十五年（西元 1750 年）知府方邦基、知縣魯鼎梅移到鎮北坊赤崁樓右邊，隔年魯鼎梅又移到縣署〔註125〕的北邊（今私立臺南救濟院〔註126〕）。《重修臺灣縣志》：「縣城隍廟：在鎮北坊。康熙五十年，知縣張宏建。乾隆十六年，知縣魯鼎梅修。〔註127〕」

　　之後屢次修建，嘉慶十二年（西元 1807 年）知縣薛志亮修建兩廊，擴大規模。日治時期被日軍佔用改為陸軍衛戍病院宿舍。明治四十一年（西元 1908年）9 月由附近居民捐款，用 140 元購買現址民房改建成廟宇。民國五十五年（西元 1966 年）4 月重修落成，兩年後增建地藏王殿，民國六十七年（西元 1978 年）重修廟身，隔年完工成今貌。〔註128〕

　　地方耆老指說「縣城隍廟」所奉祀的城隍爺，因為是由臺灣第一任知縣所雕塑金身迎祀的，基於「本土性」的關係，故稱「全台首邑」。

〔註124〕傅朝卿：《臺南市古蹟與歷史建築總覽》（臺南：臺灣建築與文化資產出版社，2001 年），頁 79。

〔註125〕臺灣縣署原本在東安坊，乾隆十五年（1750 年）移到鎮北坊赤崁樓右邊，即今成功國小一帶。

〔註126〕明治四十一年合併地方仕紳設立的「養濟院」（康熙二十三年）、「義塚」（康熙五十九年）、「普濟堂」（乾隆十一年）、「育嬰堂」（咸豐四年）、「卹嫠局」（同治十三年）成立「慈惠院」；民國卅十五年（西元 1946 年）合併台南愛護寮，改稱「臺南市救濟院」。

〔註127〕王必昌：《重修臺灣縣志卷六祠宇志廟》臺灣文獻叢刊 113，頁 168。

〔註128〕黃伯芸：《臺灣的城隍廟》（臺北：遠足文化，2006 年），頁 86〜89。

圖 3-26 縣城隍廟

資料來源：胡欣榮攝於 2011 年 08 月

7. 全臺祀典大天后宮

（1）基本資料

主　祀	建立年代（西元）	研究分區	藥籤類別	地　　址
		行政區別		
天上聖母	康熙二十三年〔註129〕 （1684）	城區	媽祖	永福路二段227巷18號
		中西區		

（2）沿革

　　大天后宮被視爲媽祖首廟，也見證許多歷史：寧靖王府、施琅進住、朱一貴登基踐祚，國號「大明」稱「中興王」、與「臺灣民主國」〔註130〕。

　　據說明宣德年間（西元 1426 年～西元 1435 年），鄭和與王景弘艦隊因避風及取水，曾入臺南赤崁，至大天后宮附近民權路大井頭旁的古渡口附近，並引湄洲香火入台奉祀，其後在寧南坊建天妃宮。

〔註129〕靖海將軍施琅將寧靖王府改建爲廟算起。
〔註130〕光緒二十年（西元 1894 年）中日甲午戰爭後，臺灣民主國司令部在今永福國小，總統府在寧靖王府後側廂房。

　　永曆十六年（西元 1662 年）五月鄭成功病逝。永曆十八年鄭經迎接寧靖
王朱術桂以「監軍」身分來臺定居。鄭經爲表示禮遇，於西元 1665 年在承天
府署南的西定坊台江內海岸邊的高灘地上興建「寧靖王」府邸，稱「一元子
園」。前爲正宅，後有寢宮，中有兩座神明廳（祀玄天上帝和關聖帝君），並
築宗人府（一元子別館）。

　　康熙二十二年（西元 1683 年）水師提督施琅率兵攻台，鄭克塽降清求和，
寧靖王朱術桂及其五妃（袁氏、王氏、秀姑、梅姐、荷姐）均自縊於寢宮而殉
國，寧靖王死前交代將府邸改爲觀音庵。但是施琅攻佔臺灣後，進駐寧靖王府，
將觀音神像移置正宅右側「監軍府」（今觀音廳）內，將附屬王府的「宗人府」
（掌理來台明室皇族事務）拆除，以消除「思明」之念。後因恐招康熙的猜忌，
撤出王府，在班師回朝後，因臺灣居民深度信仰媽祖，所以爲了收復民心，及
顧忌康熙的觀感，奏請康熙將寧靖王府改建「臺灣府天妃宮」，以媽祖顯佑濟師。
並奏請誥封媽祖，康熙二十三年（西元 1684 年）准奏，八月禮部奉旨派員致祭，
晉封媽祖爲「天后」，欽定正名「天上聖母」，稱廟爲「大天后宮」，因爲是媽祖
由天妃晉封「天后」的開基祖廟，俗稱「大媽祖宮」。《福建通志》：

> 天后宮在西定坊。康熙二十三年，靖海將軍施琅建廟，即寧靖王府。
> 乾隆五年，鎮標遊擊石良臣於後殿建左右廳，以其右廳祀總鎮張玉
> 麟。嘉慶元年重修。〔註131〕

《臺灣府志》記載有二：

> 天妃廟，在府治鎮北坊，康熙二十二年將軍侯施琅建，以東征荷神
> 效靈，疏請崇祀，奉旨予祭，懸額祭其事。〔註132〕

另一記載爲：

> 天妃宮：在府志鎮北坊赤嵌城。康熙二十三年臺灣底定，神有效靈，
> 靖海將軍侯施琅同諸鎮捐俸鼎建，棟宇尤爲壯麗，後有禪室付住持
> 僧奉祀。〔註133〕

其後大多數的府志、臺灣縣志均將建廟時間記作康熙二十三年〔註134〕。

〔註131〕《福建通志臺灣府》臺灣文獻叢刊 84（臺北：臺灣銀行經濟研究室，1958
　　　　年），頁 106。
〔註132〕高拱乾：《臺灣府志卷二規制》（臺北：臺灣銀行經濟研究室，1958 年），頁
　　　　496。
〔註133〕高拱乾：《臺灣府志卷九外志》，頁 950。
〔註134〕戴文鋒：《府城媽祖行腳》（臺南：臺南市文化資產保護協會，2001 年），頁
　　　　17。

　　自康熙五十九年翰林海寶、徐葆光奉使琉球還，以媽祖默佑有功，列入春秋祀典，易名爲「大天后宮」，列入朝廷祀典，成爲最早官建媽姐廟〔註135〕，雍正年間更編入祀典，因此「大天后宮」又稱爲「祀典大天后宮」。

　　雍正三年（西元 1725 年）以前，廟務由官府管理；雍正三年之後，三郊勢力壯大，開始與官府共同管理；到光緒十六年（西元 1890 年）三郊式微，士紳石學文接手大天后宮的廟務；臨時委員會成立於民國六十九年（西元 1980年），之後由管理委員會管理至今〔註136〕。

　　乾隆二年（西元 1737 年）時，加封大天后宮爲「護國庇民，妙靈昭應，宏仁普濟，福佑群生天后廟」。乾隆五年（西元 1740 年）時增建、乾隆三十年（西元 1765 年）臺灣知府蔣允焄首次整修全廟，並於偏殿前建官廳（今三寶殿）供祭祀官員更衣休息。乾隆四十年（西元 1775 年）知府蔣元樞集資做全廟的整修，歷時 3 年其規模與目前相近似。

　　因嘉慶二十三年（西元 1818 年）春天的大火，正殿四進幾乎被夷爲平地，偏殿前二進損毀嚴重。在道光十年（西元 1830 年）、咸豐六年（西元1856 年）、咸豐八年（西元 1858 年）、同治八年（西元 1869 年）均曾重修；其中規模最大、施工最精的修繕是在道光年間。同治之後因三郊沒落無力維修，廟埕被侵佔搭寮出租謀利。官府在廟前立碑〔註137〕，警示軍民不得違法侵佔廟庭。

　　日治時期三郊衰微，大天后宮年久失修，頹敗不堪，面臨與海神廟（水仙宮）同被標售拍賣的命運，適時恰逢臺灣總督府文教局宗教調查官來臺南視察古蹟，與拍賣競標人於大天后宮相遇，在瞭解大天后宮歷史背景後，向上級呈報下令停售。當時已被拍賣的海神廟（水仙宮）主祀神明四海龍王、水仙尊王則寄祀大天后宮內。

　　民國三十五年（西元 1946 年）臺南新化大地震，三川門南牆傾斜龜裂。民國六十年（西元 1971 年）將偏殿原官廳改爲三寶殿、觀音殿後增建香客大樓。民國六十四年至六十八年間募資修護，民國八十四年至民國八十七年修葺重建。

〔註135〕戴文鋒：《府城媽祖行腳》，頁 17～18。

〔註136〕曾吉連：《祀典台南大天后宮志》（臺南：祀典臺南大天后宮，2001 年），頁66～68、130、220～221、234～236。

〔註137〕目前此碑存於南門碑林。

圖 3-27　天后宮昔今

資料來源：昔〈臺南市の寺廟〉〔註138〕，今胡欣榮拍攝於 2010 年 10 月 16 日

8. 廣慈院

（1）基本資料

主　祀	建立年代（西元）	研究分區	藥籤類別	地　　址
同　祀		行政區別		
觀世音菩薩	康熙三十一年（1692）	城區	觀音佛祖	廣慈街 38 號〔註139〕
五福大帝		中西區		

（2）沿革

　　昔日府城四大庵〔註140〕之一，康熙三十一年（西元 1692 年）〔註141〕由僧伽募建於臺灣府附郭東安坊，起初規模甚小，諸羅縣知事張珺元〔註142〕得病，因祈求佛祖而痊癒，獻金增建並獻匾額「廣慈院」。《重修福建臺灣府志》：

　　　　在東安坊。康熙三十一年建，環植修竹，前對小峰，亦幽靜處也。
　　　　寺田在諸羅縣犁頭標大道公營，年收租粟六十五石；諸羅縣知縣張
　　　　輪給為香燈。〔註143〕

〔註138〕西田豐明：〈臺南市之寺廟現況田野報告〉，《民俗臺灣》2（9），昭和十七年九月（1942 年）。
〔註139〕原址臺南市北區公園路 944 巷 1 號。
〔註140〕白龍庵、廣慈庵、萬福庵、西來庵。
〔註141〕金鋐：《福建通志臺灣府臺灣縣寺觀》（臺北：臺灣銀行經濟研究室），頁 889。
〔註142〕張尹，尹或做珺，清山西崞縣人，歲貢。康熙二十九年（西元 1690 年），張尹接替朱道中擔任臺灣府諸羅縣知縣，康熙三十三年陞任河南彰德府同知（1694）。
〔註143〕劉良璧：《重修福建臺灣府志卷十八古蹟（井泉、宮室、寺觀、宅墓附）/寺觀（附）/臺灣縣》，頁 467。

道光年間有葉合成獨捐銀貳百五十圓，臺灣府正堂張啓賢等、各舖戶紳商士庶遇圯則修而逢缺則補，咸豐、同治、光緒、宣統曾整建。日治結束時，因被侵據傾圯，信徒郭崑……等人與當時中區區公所民政課長陳庚辛奔走保留免淪爲廢廟。

據廟方信徒表示明鄭開台之初，背爲覆鼎金山、前有蓮花池，左右各有一口龍眼井，是「前有照、後有靠」的風水寶地。也居府城鳳凰展翅地形風水的右翼，是府城七山覆鼎金鎮山佛寺，因迎白龍庵五福大帝後，改建爲道教寺廟，成爲佛道兼收寺廟。聽說觀音佛祖對考生特別保佑、疾病的醫療也常有奇蹟。〔註144〕

圖 3-28　廣慈院（庵）

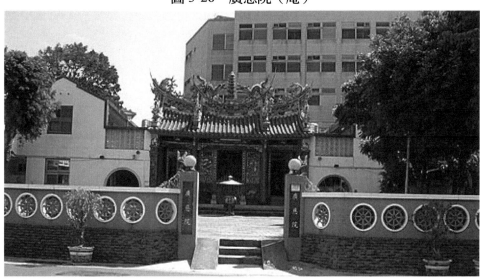

9. 六興境慈蔭亭

（1）基本資料

主　祀	建立年代（西元）	研究分區	藥籤類別	地　址
		行政區別		
觀音菩薩	康熙五十六年（1717）	城區	觀音佛祖	民生路一段 132 巷 10 號
		中西區		

〔註144〕西元 2011 年 12 月 16 日訪查。

（2）沿革

古名「佛祖廟」、「北巷〔註145〕佛祖廟」、「帆寮佛祖廟」，草創於康熙五十六年（西元 1717 年）。為今民權路與民生路兩條道路之間的新美街兩側，清代台江內海時為南河港尾，濱海漁戶帆船泊碇在此，並居住附近及修補漁帆而得名「帆寮」。據說所供奉的觀音菩薩是迎自大陸南海普陀山，信徒於西定坊今廟址處建廟。廟為單進單間。

乾隆、嘉慶十五年（西元 1810 年）略有修建。道光十五年（西元 1835 年）由信徒陳朝瓊召開重建會議、黃德清等集資重建，舉人軍功六品韓治及武舉人黃應彪獻廟地，道光二十年（西元 1840 年）工程告竣。同治年間修建、光緒三十三年（西元 1907 年）毀於暴風雨，由莊清溪等人修建。

日治時有整建、重建，二次大戰遭砲火轟炸後再重建，民國三十七年（西元 1948 年）第一次落成建醮。民國四十四年（西元 1955 年）、六十四年（西元 1975 年）重修，民國七十四年（西元 1985 年）因颱風摧殘，民國七十六年（西元 1987 年）重修廟頂及彩繪。

民國九十四年（西元 2005 年）因地基問題及土木結構傾斜，磚塊剝落，由主任委員〔註146〕提議重建，隔年建廟完成。廟右側民宅廚房內壁原嵌有「北巷佛祖廟」石碑。

圖 3-29　慈蔭亭昔今

資料來源：昭和十七年〈臺南市の寺廟〉〔註147〕、八十年代的舊廟（右）新廟（胡欣榮攝於 2012 年 3 月 25 日

〔註145〕稱為北巷是因相對於南巷（民生路一段 157 巷），打石街之北，稱「北巷」。
〔註146〕前牛頭牌沙茶醬董事長劉來欽。
〔註147〕西田豐明：〈臺南市之寺廟現況田野報告〉《民俗臺灣》2（9），昭和十七年九月（1942）

10. 道署關帝廳

（1）基本資料

主　祀	建立年代（西元）	研究分區 行政區別	藥籤類別	地　址
關聖帝君	康熙六十年（1721）	城區 中西區	關聖帝君	友愛街 40 巷 11 號

（2）沿革

　　建於今永福國小內的「台澎兵備道署」是臺灣建省前的最高行政機關，簡稱「道署」。巡道吳昌祚因要至後甲關帝殿〔註148〕祭拜的路途遙遠，於雍正三年於巡道署東南建關帝廳供道署官吏做爲行祭的武廟。《重修福建臺灣府志》：「雍正三年巡道吳昌祚於署之東南隅建關帝廟、觀音堂、魁星閣、媽祖廟。〔註149〕」，重修臺灣縣志：

> 一在道署左‧康熙間，道標營眾建；雍正三年，巡道吳昌祚修，並撥鳳山縣大港社田租粟六十石，以供香燈；乾隆十七年，巡道金溶鼎新改建。〔註150〕

昭和元年（西元 1926 年）遷建至王提堂〔註151〕街（永福路二段 54 巷），因市街改制、中正路拓寬拆除，部份舊料南移至現址重建，成僅存正殿的現貌。

　　由於關帝廳是因東轅門的緣故〔註152〕，才納入八吉境聯境，所以目前是

〔註148〕據傳永曆年間鄭氏部將在隨鄭經西征後，於撤回臺灣時於家鄉迎回關帝神像，在崁頂山保舍甲莊建廟奉祀，初僅茅屋建築，爲昔日府城東門外各莊民信奉的廟宇。原爲官廟，康熙時臺灣道陳璸頒賜「停驂默禱」下馬碑（已佚）。後因覺得出城參拜不便，且入莊的道路狹小，遂在西定坊臺灣巡道署（今永福國小一帶）建立新的關帝廟（今八吉境關帝廳），該廟改交由地方管理。

〔註149〕劉良璧：《重修福建臺灣府志卷十二公署（公館、倉廒、郵傳、較場附分巡道）》臺灣文獻叢刊 74（臺北：臺灣銀行經濟研究室），頁 338。

〔註150〕王必昌：《重修臺灣縣志卷六祠宇志》臺灣文獻叢刊 113（臺北：臺灣銀行經濟研究室），頁 169。

〔註151〕王提堂本名王作浩，生於乾隆 25 年（1760），卒於道光 21 年（1841）。

〔註152〕「八吉境」始於清同治四年（西元 1865 年），到同治六年（西元 1867 年）完成架構。「後圍仔關帝廳」信眾對防禦的事抱既來之則安之的心態。同治七年（西元 1868 年）二月時，始欲加入，但因八吉境已架構完成，遭因馬兵營保和宮婉拒。光緒十年（西元 1884 年）五月，東轅門土地廟因內部紛爭退出八吉境，關帝廳同年六月申請加入，十月份八吉境聯境會議同意加入。

以道署關帝廳關聖帝君（鎮殿）爲主祀，左龕合祀東轅門土地公〔註153〕，右龕合祀王提塘講古街觀音菩薩。民國三十七年（西元 1948 年）與民國六十年（西元 1971 年）均有整修。2011 年由管理人改制爲管理委員會，2012 年與原八吉境同組八吉境聯誼會並爲主辦。

　　2012 年 4 月 6 日臺南市古蹟歷史建築聚落文化景觀審議委員會第二次會議，因廟內有薪傳獎彩繪名家潘麗水留下的門神及壁畫彩繪，書法名家朱玖瑩、黃國書的書法對聯、乾隆年間的匾額，與原來由舊廟移置的泥塑神像，雖然於民國六十年整修時，大部分改爲鋼筋混凝土結構，屋瓦改爲北方樣式，因見證二次戰後十年間當時主流建築技術手法，具有文化資產保存價值，通過審查登錄爲歷史建築。

圖 3-30　道署關帝廳現況

資料來源：胡欣榮攝於 2012 年 06 月

〔註153〕「道署東轅門土地公」是指「東轅門福德爺廟」，原址在末廣町二丁目 129 番地，今中正路永福路口東 40 公尺馬路中央。大正十二年（西元 1923 年）開闢中正路時遭拆除，福德爺遷入八吉境關帝廳。

11. 重慶寺

（1）基本資料

主　祀	建立年代（西元）	研究分區	藥籤類別	地　　址
同祀		行政區別		
釋迦牟尼佛〔註154〕	康熙六十年（1721）	城區	不可考	中正路 5 巷 2 號
紅觀音		中西區		

（2）沿革

　　目前位於國家文學館〔註155〕後面巷內，原址在今「孔廟文化園區旅遊資訊中心」（原臺灣山林事務所），創建於康熙六十年（西元1721年）臺灣府寧南坊，是清代知名佛寺原屬於禪宗臨濟宗。當時爲三開三進，有三川殿、正殿、後殿以及兩邊廂房。道光二十年重慶寺與總趕宮、保和宮、朝興宮、五帝廟、昆沙宮、東轅門土地公廟、莊雅橋土地公廟組「八吉境」，負責防衛大南門城防務工作。

　　乾隆四十三年（西元1778年）知府蔣元樞捐俸重修，名列府城七寺八廟。道光元年〈西元1821年〉貢生陳廷瑜、韋啓億重修。

　　西元1895年臺灣割讓給日本，大正四年（西元1915年）廟地被以一千二百六十元強行徵收，改建臺南州廳及衛生院。隔年十月信徒蔡森等以三百五十元買下現址，以八百多元改坐西向東重建，縮小爲單進單間格局，因爲廟處偏僻場地狹小活動減少，信徒大量流失。二次大戰期間遭盟軍空襲炸毀，王天恩向日本當局交涉而免於被收購廢寺。

　　民國四十六年（西元1957年）由王天恩募款重建，由王天恩、石火炎、黃讚成同任重慶寺管理人。王天恩於民國五十八年（西元1969年）將廟地充做爲藏傳佛教密宗白教傳道場所〔註156〕，禮聘請貢葛老人〔註157〕〈俗名申書

〔註154〕主祀爲臺南市政府寺廟登記所載，目前實爲主祀紅觀音。
〔註155〕前身爲日治時期台南州廳，落成於1916年，戰後曾爲空戰供應司令部、台南市政府，2007年定名爲「國立臺灣文學館」。
〔註156〕民國68年，貢噶老人在重慶寺成立「財團法人臺灣省臺南市噶瑪噶舉法輪中心」，專祀藏傳噶舉派弘傳，後來在臺南安平區創建「貢噶寺」，才將主要弘法重心從重慶寺漸漸移至貢噶寺，重慶寺現僅爲市內據點。
〔註157〕台灣首位女性密宗肉身菩薩，原是滿清皇室後裔，生於民國前九年，民國八十六年圓寂。民國初年曾率游擊隊抗日，卅九歲到西藏向密宗白教貢噶佛爺（呼圖克圖）求道，民國四十七年貢噶佛爺傳承「鈴」、「杵」兩大衣缽後，到台北與台南興建貢噶精舍、重慶寺 與貢噶寺，是將藏傳密宗帶進台灣的第一人。

文〉擔任住持並皈依門下，由角頭寺廟變爲佛教道場。

原主祀華嚴三聖（毘盧遮那佛、文殊菩薩、普賢菩薩），貢噶老人駐錫後以「大悲勝海紅觀音菩薩」爲主祀，配以「馬頭明王護法」爲協神；並同祀「西嶽大帝」及其配祀「功德司」、「速報司」、「牛頭將軍」、「馬面將軍」，另有兩尊軟身「註生娘娘」及名列府城著名四大月老〔註158〕，搭配醋矸處理變心出軌、吵架失和、花心等情況（第四章第三節）。

圖 3-31　重慶寺

12. 媽祖樓天后宮

（1）基本資料

主　祀	建立年代（西元）	研究分區 行政區別	藥籤類別	地　　址
天上聖母	乾隆十七年前（1753）	城區 中西區	媽祖藥籤	忠孝街 118 號

（2）沿革

媽祖樓天后宮座落臺灣府城西坊外五條港北方河道（成功路與海安路西南側），是清代臺灣軍工道廠「哨船港」的出口河道。創建於何時眾說不一，最早代則是乾隆二十年（西元 1755 年），媽祖樓天后宮自編沿革即依據古匾「聖奠鯨波」上所標的乾隆二十年的爲創建年代。《重修臺灣縣志》：

> 按天后廟祀，所在皆有。即澎湖各澳，已不勝載。舊志錄其附郭者
> 曰水仔尾，俗呼小媽祖廟。若西郭外海邊礱米街、船廠、磚仔橋等
> 廟，俱未詳其建年。〔註159〕

〔註158〕「大天后宮」、「祀典武廟」、「重慶寺」、「大觀音亭」所祀奉的月老。
〔註159〕王必昌：《重修臺灣縣志卷一疆域志街市》，臺文叢第 113 種，頁 29。

〈臺南市寺廟的建置〉：

> 媽祖樓：在五條港北哨船港（軍港），祀媽祖。相傳一行商攜媽祖香
> 火來此，置於閣樓上，未幾，人離去，香火未帶走，後里民見香火
> 經常發光，遂於乾隆二十年集資建廟。〔註160〕

《臺南市媽祖廟之變遷》也認定是建於乾隆二十年：

> 三川殿內之匾額〈聖莫鯨波〉上記載著兩個日期：一爲乾隆乙亥年
> 孟秋穀旦，即乾隆二十年本廟之創建時間，一爲道光庚子年（1840
> 年），即本廟重修年代。〔註161〕

媽祖樓創建年代應比乾隆二十年更早，《重修臺灣縣志》附有方達義畫的「城池圖」，離「船廠」附近可看到「媽祖樓」，也提到「媽祖樓街」。可斷定乾隆十七年以前，媽祖樓應已經存在了〔註162〕。《續修臺灣縣志》：「又西門外鎮北坊有媽祖樓，其街以樓得名。[74]」。「街」是指稠密之街市，住民以工賈爲主，爲地方交通、產業的中心地。「凡有市肆者，皆曰街。闐喧囂塵，居處叢雜，人煙稠密，屋宇縱橫，街旁衚衕曰巷〔註163〕。」可見得先有「媽祖樓」出現，才有「媽祖樓街」。地方耆老口傳〔註164〕，現址是一戶草寮住宅，在閣樓上供奉媽祖香火，後來住戶回唐山去，草寮無人聞問。軍工道廠船艦沿德慶溪進出時，均遙見紅色燈光指引。有人循線前尋，始知媽祖暗中庇護行船安全。於是道廠官兵及地方民眾發起建廟，因香火來自閣樓而名爲「媽祖樓」。

　　道光二十一年（西元 1841 年）許光、李員木、張文德鳩資重修。「重興天后宮碑記」載廠官吏、兵員、工匠崇祀。民國四十七年（西元 1958 年）蘇福成等再修建，民國九十年（西元 2001 年）燒毀，民國九十二年（西元 2003年）新落成。

〔註160〕石萬壽：〈臺南市寺廟的建置〉《臺南文化》新 11 期，1981 年，頁 57。
〔註161〕徐明福、徐福全：《臺南市媽祖廟之變遷》（臺南：臺南市政府出版，1997 年），頁 202。
〔註162〕戴文鋒：《府城媽祖行腳》（臺南：臺南市文化資產保護協會發行，2001 年），頁 22。
〔註163〕戴炎輝：《清代臺灣之鄉治》（臺北：聯經出版社，1984 年），頁 217。
〔註164〕2011 年 08 月 21 日訪蔡太太與蔡老太太。

圖 3-32　媽祖樓天后宮

13. 南勢街西羅殿

（1）基本資料

主　祀	建立年代（西元）	研究分區	藥　籤	地　址
		行政區別		
廣澤尊王	康熙五十七年（1718）	五條港	已無提供	和平街 90 號
		中西		

（2）沿革

　　「西羅殿」昔稱「鳳山寺」、「聖王公館」，現在的位置是雍正元年（西元 1723 年）所建的「大西門」遺址。殿內主祀的「保安廣澤尊王」，據傳可能是海峽兩岸最古老的廣澤尊王像。廟埕左側的和平街原是「南河港」，是五條港中最早開發的河港。康熙年間，泉州南安郭姓六房宗族移民攜帶家鄉泉州鳳山寺古廟廣澤尊王分身渡海來台。

　　到臺南時落腳五條港區南河港一帶，在碼頭上拉縴當苦力謀生，在康熙五十七年（西元 1718 年）郭姓族人集資在碼頭邊建一簡單屋舍小館，供奉郭姓祖神廣澤尊王。因「廣澤尊王」稱「郭聖王」，故初稱為「聖王公館」，附近地區慣稱「館口」；公館旁的「海尾館」為碼頭工人的休憩處，兩館的位置也就是目前西羅殿的正殿。

圖 3-33　西羅殿昔今

資料來源：昔（左）五十年代（中）七十年代〔註165〕，今（右）胡欣榮攝於
　　　　　2012 年 3 月 12 日

　　乾隆五十六年（西元 1791 年）大西門東遷後，郭姓族人鳩資於大西門原
址改建聖王公館，因襲泉州「鳳山古寺」稱「鳳山寺」，據說當時臺南府城東
有東嶽殿，南有南極殿，北有北極殿，就將聖王公館正式立名為「西羅殿」（大
西門外鳳山寺）。光緒八年（西元 1882 年）、大正三年（西元 1914 年）、民國
十四年（西元 192 年）、民國三十七年（西元 1948 年）、民國五十二年（西元
1963 年）、民國七十五年（西元 1986 年）均有修建。

14. 三郊水仙宮

（1）基本資料

主　祀	建立年代（西元）	研究分區	地　址
		行政區別	
水仙尊王	康熙五十四年（1715）	五條港	神農街 1 號
		中西	

（2）沿革

　　水仙宮位於過去臺灣府城五條港之南勢港，是三郊的總部所在地也是昔
日府城七寺八廟之一。廟內主祀「一帝二王二大夫」的大禹、寒奡、項羽、
伍子胥和屈原。〔註166〕

　　康熙二十三年（西元 1684 年）商人集資創建茅頂竹柱篾壁的寺廟，供奉
水仙王。康熙四十年改建為磚壁瓦頂。四年後臺灣縣知縣王仕俊將一間大店
與四間小店的租金做為香火來源。康熙五十四年原任臺灣水師左營遊擊的卓

〔註165〕《西羅殿沿革簡介》（臺南：西羅殿委員會）（未註明出版年月）
〔註166〕王必昌：《重修臺灣縣志卷六祠宇志壇廟祠（附寺宇)》，頁 178。

爾壇號召泉、漳商旅集資重建，聘請潮州工匠主持建築工作，費時四年完工，臺灣府知府王珍獻「著靈鰲柱」匾。《續修臺灣縣志》記載：「郡西定坊，康熙五十四年建廟，志稱壯麗工巧，甲他祠宇〔註167〕」。

乾隆六年（西元1741年）臺廈商旅陳逢春、陳明忠……等人重修廟宇，並填平廟前的南勢港道為廟埕，購置店鋪以供香火、立碑廟前埕覺津亭、建造後殿及獻「萬水朝宗」。乾隆二十八年北郊商人蘇萬利……等人集資修廟，為郊商參與廟宇維修之始。次年廟前小港淤塞，附近居民侵佔，臺灣府知府蔣允焄下令拆除違建增廣廟埕，事後立「水仙宮清界勒石記」石碑在廟中三川門內。

嘉慶元年（西元1796年）三郊大修水仙宮，改廟北十三間店鋪為「三益堂」，為總理三郊事務辦公室；同年將原奉祀在後殿的福德正神移到佛頭港景福祠合祀。道光十三年（西元1833年）、光緒三年（西元1877年）時亦有整修。

由於三郊曾資助劉永福及與中國大陸內地間的貿易中斷，三郊的商號被查抄或倒閉。大正五年（西元1916年）時曾進行整修，昭和十六年（西元1941年）臺南州知事一番瀨佳雄（一番ヶ瀨佳雄）解散原三郊，與洋行買辦合組的「臺南三郊組合」，併入「臺南商工會議所」，拍賣三郊產業，水仙宮與大天后宮因總督府官員宮本延人及其他官員介入而暫緩處理。第二次世界大戰時，水仙宮中、後殿被轟炸毀損，後殿改蓋防空洞〔註168〕，剩三川門。原祀的五尊水仙尊王鎮殿金身，移往同屬三郊管理之大天后宮寄祀〔註169〕。

民國四十三年（西元1954年）郭炳輝重建一進的水仙宮。民國七十四年（西元1985年）整修。民國七十七年（西元1988年）重修時，欲重現「寄祀海安宮」的歷史淵源，依例將「一帝、二王、二大夫」神像移奉祭祀海安宮，直到完工後迎回建醮〔註170〕

〔註167〕 王必昌：《重修臺灣縣志卷六祠宇志壇廟祠（附寺宇）》，頁178。

〔註168〕 據說宮本延人力爭阻止此計畫，並得總督府首肯，但當時該廟兩名執事已經先自行拆除。

〔註169〕 毛紹周：〈水仙尊王信仰精神的建構：以臺南大天后宮之陪祀水神為探討中心〉《文史臺灣學報》第2期（臺北：國立臺北教育大學臺灣文化研究所，2010年12月），頁289～331。

〔註170〕 《臺南市海安宮2012年農民曆》（臺南：臺南市三郊鎮港海安宮，2011年），頁7。此說與寄祀大天后宮之說有出入，有待考證。

　　鹿耳門聖母廟在「海安宮寄佛」（參考本節海安宮沿革部分）後，原三郊公局以公費在鹿耳門舉辦的「鹿耳門普度」移至府城舉行，故有「鹿耳門寄普」〔註171〕，《雅言》：

> 鹿耳門在安平之西，荷蘭、鄭氏均扼險駐兵，以防海道：清代因之。住民數百，佃、漁為生：亦有廟宇祀天后。道光十一年七月十四日大風雨，曾文、灣裏兩溪之水澎辟而來，鹿耳門遂遭淹沒。三郊商人素為海上貿易，憫其厄，每年是日設水陸道場於水仙宮，以濟幽魂，佛家謂之『普度』。故臺南有『鹿耳門寄普』一語，即言其事，亦以喻無業者之依人糊口也。」〔註172〕

圖 3-34　三郊水仙宮

資料來源：水仙宮提供舊明信片

15. 三郊鎮港海安宮

（1）基本資料

主　祀	建立年代（西元）	研究分區	藥籤類別	地　　址
		行政區別		
天上聖母	乾隆元年〔註173〕（1736）	城區	媽祖	金華路四段 44 巷 31 號
		中西區		

（2）沿革

　　海安宮主祀媽祖，座東朝西位於五條港各航道匯集之中心港口「南勢港」的中心，故稱「鎮港媽」，為三郊出入船隻及碼頭工人所崇祀。由文獻歸納，海安宮可能草創於乾隆元年（西元 1736 年），由三郊郊商自湄洲奉天上聖母香火來台，並由會員聚金五千元首建小廟。《臺南州祠廟名鑑》：

〔註171〕三郊將「鹿耳門普度」寄水仙宮普度。
〔註172〕連橫：《雅言・五一》（臺北：臺灣銀行經濟研究室），頁 18。
〔註173〕臺南市政府「臺南市寺廟台帳」資料，為乾隆元年（1736）

乾隆元年，由金永順、蘇萬利、李勝興等郊商自湄州奉請天上聖母
香火來臺，並由三郊會員釀金五千圓創建，然此乃傳說，無法徵之
於紀錄〔註174〕。

正式創建年代約在乾隆五十三年（西元 1788 年），因乾隆五十一年林爽文之
亂，福康安奉旨平亂時，廟額紅燈籠指引入港，三郊招募「白甲旗」義民與
五條港工人「五色旗」助福康安平亂。

　　福康安平亂陞爵「嘉勇公將軍一等」，因而奏報媽祖庇佑平亂，題請封號
賜額。乾隆加封「顯神贊順天后」，御書匾「佑濟昭靈」一方，由郡守楊廷理
選擇西定坊港口（現址）重建三進官建天后廟〔註175〕。中殿祀天后、後殿祀
觀音大士，敕賜二座旗杆。依例春秋致祭，列入祀典，是繼大天后宮之後第
二座官建媽祖廟。《續修臺灣縣志》：

> 海安宮：在西定坊港口。乾隆五十三年，欽差大臣嘉勇公福康安偕
> 眾官公建，（郡）守楊廷理成其事。廟內御書匾曰：「佑濟昭靈」，有
> 文武官列名碑記〔註176〕。

連橫《臺灣通史》記載：「海安宮：在大西門外，濱海，西向。乾隆五十三年，
大將軍福康安建〔註177〕」，《福建通志》：

> 一在西定坊港口，名海安宮，乾隆五十三年，欽差大臣嘉勇公福
> 康安偕眾官公建，知府楊廷理成其事，廟內御書匾曰「佑濟昭靈」。
> 〔註178〕

自道光二十六年（1846 年）以後，三郊負責所轄水仙宮、大天后宮、海安宮、
溫陵媽廟〔註179〕、鹿耳門天后宮、義民祠〔註180〕（即旌義祠）六間寺廟的維
護、管理、祭典事宜，以及中元節在鹿耳門祭海上亡魂普管渡等事，故嘉慶
三年（西元1798年）、西元1905年皆由三郊主導修繕。

〔註174〕相良吉哉：《臺南州祠廟名鑑》（臺灣日日新報社，昭和 8 年（1933）），頁 27。
〔註175〕福康安因平定林爽文之亂，倡建鹿港「海墘天后宮」（「新祖宮」）及臺南府城
　　　　的西定坊海安宮。
〔註176〕謝金鑾：《續修臺灣縣志卷二‧政志》臺灣文獻叢刊 121（臺北：臺灣銀行經
　　　　濟研究室），頁 64～65。
〔註177〕連橫：《臺灣通史卷二十二‧宗教志》（臺北：臺灣銀行經濟研究室），頁 586。
〔註178〕《福建通志臺灣府》臺灣文獻叢刊 84，頁 106。
〔註179〕今名「朝興宮溫陵廟」，原廟址臺灣{南}府寧南坊上衡街。
〔註180〕「五色旗」、「三郊旗」守護府城的安全，各戰役中犧牲生命者進入義民祠，
　　　　安家費每年按年發放，使犧牲的義民家屬家計無憂。

　　日治以後，三郊改名為三郊組合，繼承管理。迨至昭和四年（1929年）冬，謝群我任三郊組合長，為維護海安宮廟產，將管理人變更為信徒代表維持到光復〔註181〕。昭和二十年（西元1945年）受美軍轟炸，廟堂大部分燒燬，但花崗岩雕刻古龍柱無恙。

　　民國三十五年（西元1946年）地方士紳劉阿丁、郭為珍等，向臺南市政府申請變更名義接收廟產，民國三十六年（西元1947年）由地方仕紳募款重建，在原址建蓋中殿，民國四十年（西元1951年）增建後殿、拜亭、內外圍牆，恢復海安宮原先的規制，民國五十六年（西元1967年）成立海安宮重建籌備委員會募款重建，民國六十四年（西元1975年）完工入廟安座，六十九年（西元1980年）〔註182〕落成建醮。

　　同為三郊管理的寺廟，有「海安宮寄佛」、「鹿耳門代普」、「鹿耳門寄普」（見水仙宮沿革）的特殊習俗。道光年間曾文溪大水氾濫改道，由古鹿耳門聖母廟與鹿耳門港道之間出海，聖母廟廟基傾坦、廟壁龜裂。開基媽留於媽祖宮庄，輪替奉祀於爐主家，鎮殿「鹿耳門媽」大媽、三媽、佛祖、羅漢、水仙尊王、太子爺、境主公、千里眼、順風耳……等神像，由三郊鹿耳門總管郭光潘與地方信眾以竹筏載運至鎮港海安宮寄祀，此即「海安宮寄佛」、「三郊寄佛」。

　　大正五年（西元1016年）鹿耳門媽與原聖母廟諸神尊由信眾迎回奉祀，「鹿耳門普度」仍由水仙宮持續舉辦。昭和十六年（西元1941年）水仙宮中殿、後殿被列防空用地拆毀，神像移寄海安宮，「鹿耳門普度」改由海安宮代辦與「船仔普」（濟度五條港之孤魂）於每年農曆七月初六日合併舉行，謂「鹿耳門代普」。

圖 3-35　三郊海安宮昔今

資料來源：昔改建前（昭和年間重修）海安宮，今2012年改建後，胡欣榮
　　　　　攝於2015年

〔註181〕《海安宮沿革概略》（海安宮印行），頁10。（未註明出版年月）
〔註182〕禮俗課登記修建時間為民國59年，鹿耳門天后宮敬獻的匾額為民國69年。

四、其他

1. 開基陰陽公廟

（1）基本資料

主祀	建立年代（西元）	研究分區	地 址
同祀		行政區別	
陰陽公	道光 7 年（1827）	城區	公園路 233 號
辜婦媽		北區	

（2）沿革

　　世居陰陽公廟附近的地方耆老蘇頂興〔註183〕表示，陰陽公是福州人祭拜的神明，在雍正年間，西元 1742 年左右由福州移民渡海帶來，當時移民將神像安置在現在公園南路附近的福州公廳〔註184〕。

　　陰陽公廟主祀陰陽公，職司「陰陽都司總管」，創建於道光七年（西元 1827年），原建於東竹巷，約今公園國小南邊。明治三十二年（西元 1899 年）被徵收爲郵局宿舍，明治三十五年遷至今公園國小內。大正元年（西元 1912 年）因興建臺南公園時，將位於公園區內的辜婦媽廟及興隆宮〔註185〕一併拆除遷移至今公園國小操場。

　　大正十三年（西元 1924 年）日本政府建花園尋常小學校（今公園國小）時，三廟被徵收爲校地；遷移至公園國小前道路中合祀，同年因市區改正開闢公園路時又遭到拆除的命運，由當時管理人鄭成，發起境眾鳩款建於今址。

　　光復後興隆宮法主公由大北門的信徒迎回輪流供奉〔註186〕。民國五十三年（西元 1964 年）、七十三年（西元 1984 年）、九十三年（西元 2004 年）三次捐修。因廟址產權不清，雜有私人土地，歷經協調但無法圓滿解決，於民國九十五年（西元 2006 年）拆廟還地，暫移公園路 235 號行宮奉祀，民國一

〔註183〕2010 年 4 月訪談。

〔註184〕「公廳」是清戍台士兵自設的同鄉會館，因衍生負面效應太多，道光年間巡道徐宗幹禁毀。當年的福州公廳建物已不復存在，僅留下廟埕三株由長鬚的榕仔公、不長鬚的榕仔媽和俗稱「鳥松」的雀榕合體的老榕樹。如今原址已拆除改建爲住宅大樓。

〔註185〕辜婦媽廟原建廟於道光四年由山川台辜婦媽廟分香及興隆宮原建於道光十八年俗稱北門廟主祀法主公。

〔註186〕民國 52 年由信徒發起重建。

百年（西元 2011 年）下半年拆廟重建，並於民國一百零四年（西元 2015 年）農曆正月十九日入火安座。

圖 3-36　　開基陰陽公廟〔註187〕

（左）爲行館（中）拆除前的廟貌胡欣榮攝於 2010 年 7 月 20 日，（右）2015年重建後現況，胡欣榮攝於 2017 年

綜合以上可了解，在鄭成功驅逐荷蘭人後，移民來臺者增加，自中國大陸原鄉信仰也隨之出現。此時寺廟分爲：政府與官員所建、民間自然形成的寺廟與官民合建。官建寺廟期望保佑國泰民安，亦希望能宣揚主權，振興大明意志象徵寓義存在，民間寺廟的設置，是先民渡海墾殖時，爲求平安而自故鄉引入，多爲泉、漳以信仰較普遍的神明。

康熙二十二年（西元 1683 年）易主後，移民受海禁約束新進者有限，但政治趨向穩定與海運貿易方便的關係，令商業興盛，尤其臺南商業中心的五條港區及臺江沿岸的廟宇大量興起；內陸寺廟的發展也隨城市擴張逐漸向東邊山丘移動。

海禁解除後，泉、漳、潮移民攜家帶眷大量湧入墾殖經商，增加保護婦孺與市街的守護神。港埠的繁榮與人口的擴張、經濟提升，寺廟自然增建。因市區繁華、社交頻繁、新社區形成，廟宇的性質也由趨吉避凶變得多彩多姿，兼具生活百態各種需求，求福運、仕途、考運、就業、財勢、求子、治病、解厄……等，各體系的神祇共廟同祀。隨著執政治軍防的需求，福州籍的士兵也大量來臺，福州的地方神祇也隨之傳入。

〔註187〕全廟已於 2011 年底拆除，2015 年完工。

第四章　臺南府城醫藥神寺廟之信仰特質

　　民間信仰無法獨自存在，儀式、教義、神職人員和世俗制度（家庭、政治）混雜、融合在世俗，散佈在日常生活中，如歲時祭儀、祖先崇拜、神靈、占卜。依附道教儀式、原始巫術信仰（乩童）、佛教義理（喪禮、轉世投胎）及儒家倫理（祖先崇拜）。以下就依「祀神」、「祭祀活動」、與祭祀圈的延伸「聯境」三個主題來討論臺臺南府城醫藥神寺廟之信仰特質。

第一節　祀神

　　臺灣特殊移民歷史背景與政權更迭，普遍造成一廟諸神共祀，陳其南認為「雜祀」是官僚體制和社會關係的翻版，是社會生活的神化〔註1〕。臺灣民間信仰的神譜是多源，以多神信仰爲宗，鈴木清一郎提出「主祀」、「同祀」、「從祀」、「寄祀」、「配祀」、「挾祀」、「分身」、「隸祀」〔註2〕區分神明譜系與配置，經增田福太郎的呼應和簡化、修改，成爲研究共識與常識。

　　本研究寺廟共有 34 間，依登記主祀神分爲神農大帝、保生大帝、五顯大帝、天上聖母、城隍爺、玉皇上帝、仁聖大帝、三官大帝、玄天上帝、觀音佛祖、關聖帝君、釋迦牟尼佛、廣澤尊王、水仙尊王、陰陽公、五瘟大帝共

〔註1〕陳其南：〈宗教信仰與意識型態〉《婚姻、家族與社會》（臺北：允晨出版社，1993 年），頁 147。

〔註2〕鈴木清一郎：《臺灣旧慣冠婚葬祭と年中行事》（臺灣日日新報社，昭和 9 年），頁 25。

有 16 種，礙於時間與篇幅關係，僅對主祀、同陪祀及特例（殊）神祇做簡介，各寺廟主祀神祇以登記於臺南市的記錄為依據。依主祀神與數量統計如下：

表 4-1　主祀神祇與數量統計表

神農大帝	保生大帝	五顯大帝	天上聖母
2	5	1	4
城隍爺	玉皇上帝	仁聖大帝	三官大帝
2	2	1	1
玄天上帝	觀音佛祖	關聖帝君	釋迦牟尼佛
1	5	3	2
廣澤尊王	水仙尊王	陰陽公	五瘟大帝
2	1	1	1

資料來源：胡欣榮統計製表

一、神農大帝

神農的稱呼可分為強調民族始祖的炎帝、炎王，臺南開帝廟〔註3〕主祀「開天炎帝」（神農氏）、「開天仙帝」（伏羲氏）、「底天二帝」（有巢氏）；強調醫藥神的藥王大帝，如臺南開基藥王廟；強調農業神的五穀先帝、五穀爺、五穀王、先農、五穀仙、粟母王、土神、田祖、田主……等，如臺南神農殿。

本研究中主祀醫藥神的寺廟有 7 間；其中主祀神農大帝的寺廟有 2 座，分別為開基藥王廟與神農殿，瘴癘瘟疫是臺南府城開拓最大威脅，「開基藥王廟」強調藥神性格，定居開墾時，保生大帝、王爺……等具醫療的信仰普及，神農的醫藥功能被取代，「神農殿」即強調農神特性。

（一）全臺開基藥王廟

藥王廟主祀藥王，陪祀天上聖母。

藥王：

由於目前所存在的神像造型中，除一尊年代較近的為原始型態的神農

〔註 3〕在日治初期（西元 1896 年）由澎湖縣鼎灣村開帝殿廟邊的周勇請來開天炎帝神尊。最初在臺南市東門路周家舊宅供奉，民國 57 年後來於樹林街一段附近成立「辛古堂」，並由洪玉波、周鐘雄二人經營並發起募捐，民國 84 年於崇德 7 街購買廟地興建新廟是為開帝殿。

外，其他各神像造型則無法依塑像辨識，廟方認爲「藥王大帝」是神農或是孫思邈〔註4〕，但不同文獻有不同看法，或許可由神像雕塑的師傅來鑑識，以該領域塑造神像的傳統來區分。「重修藥王廟碑記」：「自北勢街初建以來，即奉祀藥王大帝（韋慈藏）……」，《臺南市市區史蹟調查報告書》：「應爲古代名醫扁鵲，且若專祀神農應稱『藥皇廟』而非『藥王廟』。〔註5〕」

「藥王」應是指醫療領域稱善者，各廟所供奉的藥王並不盡相同，如：伏羲〔註6〕、神農、黃帝、扁鵲、韋慈藏、韓康、章善俊〔註7〕……等，各地藥王廟眾多：北京南藥王廟供奉伏羲〔註8〕、神農、黃帝、孫思邈、韋慈藏……等；丰台藥王廟、陝西銅川市耀縣藥王山廟供奉孫思邈、河北省安國市有安國藥王廟供奉邳彤……等。

在田調時，廟祝認爲藥王身旁塑有挾祀太監，以過去封建制度的規範，應只有「皇」級才具有此種官制；此論點或許有引據錯誤之嫌，但或許民間觀念中太監的設置層級即是如此，此項論據也值得在文化觀念的層面去做研究。

開基藥王廟在民國三十七年海安宮重建開光時，以「藥皇廟」爲名所贈的「寰海鏡清」匾、三協境藥皇廟「湄洲傳香」與民國七十一年廟方所印的《盤古藥王廟藥王大帝傳蹟》爲據，可知在日治時期至 1982 年爲止應以「盤古藥皇廟」爲廟名〔註9〕，此與 1979 年的《臺南市市區史蹟調查報告書》

〔註4〕 田調訪談時，2011 年廟公黑松先生認爲是「神農」；2012 年 6 月林委員認爲是「孫真人」。

〔註5〕 《臺南市市區史蹟調查報告書》（南投：臺灣省文獻委員會編印，1979 年 6 月），頁 164。

〔註6〕 伏羲氏一作宓羲、包犧、庖犧、伏戲、犧皇、皇羲。神話傳說中人類的始祖，由他和女媧氏兄妹相婚而產生人類。他教民漁獵畜牧，又傳說製作八卦。一說伏羲即太昊。傳說中的「三皇」之一。又據說伏羲乃雷神之子。《山海經》：「雷澤中有雷神義龍身而人頭，鼓其腹。」《太平御覽》引《詩含神霧》說：「華胥氏因踏雷神足蹟，感而有孕，生伏犧。傳說伏羲蛇身人首，有聖德。」

〔註7〕 《列仙傳》：「章善俊，唐武后（684～710），京兆（今陝西長安）人。長齋奉道法，嘗攜黑犬，名烏龍，世謂而藥王。」

〔註8〕 伏羲氏一作宓羲、包犧、庖犧、伏戲、犧皇、皇羲。神話傳說中人類的始祖，由他和女媧氏兄妹相婚而產生人類。他教民漁獵畜牧，又傳說製作八卦。一說伏羲即太昊。傳說中的「三皇」之一。又據說伏羲乃雷神之子。《山海經》：「雷澤中有雷神義龍身而人頭，鼓其腹。」《太平御覽》引《詩含神霧》說：「華胥氏因踏雷神足蹟，感而有孕，生伏犧。傳說伏羲蛇身人首，有聖德。」

〔註9〕 《盤古藥王廟藥王大帝傳蹟》（臺南：財團法人台灣省台南市藥王廟董事會，1982 年）。

認爲若是「神農」則該稱「藥皇」，而非稱爲「藥王」的論述有所出入，其考據基礎、標準與定義的原因與社會背景相關與否，待日後相關研究時再探討。

圖 4-1　神農大帝製煉藥童子

其實「皇」與「王」之稱是後世所加的尊稱，不論所祀者是誰，其實都是崇祀以醫藥著稱，能給與生民百姓在基本生存需求要項中的「醫藥神」。目前藥王廟塑有「藥王」、「神農」即不需過度究其藥王身份，民間信仰的特性其實就是由信徒因需求而產生，「祀神」爲何許人是比不上心理安慰與「靈驗」的效果來得重要。

圖 4-2　藥王廟藥王大帝與太監

以上圖片來源：胡欣榮攝於 2010 年 03 月 25 日

天上聖母：

1862 年戴潮春亂時府城戒嚴，北港媽進香隊到府城小北門外時，官方因欲防止盜匪趁機混入，阻止進香隊伍入城，北港媽祖由藥王廟轎班轉迎往城外藥王廟駐駕，天亮由大西門進入府城大天后宮。自此北港媽祖到府城都到藥王廟過夜。因此藥王廟供奉的神祇都為男性，故塑一尊與北港媽一模一樣的媽祖做為接駕與駐駕時相陪的「香案媽」。

（二）神農殿

神農殿祭祀神農大帝、陪祀註生娘娘與福德正神。

註生娘娘：

俗稱「註生媽」、「注生娘娘」、「送子娘娘」、「賜子娘娘」、「子母娘娘」、「授子神」是生育之神，主管懷孕、生產，保佑孕婦，產婦；造型多左手執簿本，右手持筆，記錄家各家子嗣。大陸稱為「子孫娘娘」或「金花夫人」。

在封神演義中為「龜靈聖母」的門徒雲宵、碧宵、瓊宵。三人共掌有法寶「混元金斗」（產盆，淨桶）。商末因兄趙公明戰死，應聞太師之請，相助抵抗周武王，設置「九曲黃河陣」削去多名仙真苦修的三花元氣，使轉成凡胎。後被元始天尊、老子（道德天尊、太上老君）破法陣亡，受封「感應隨世仙姑正神之位」，執掌混元金斗，職管人間入胎、出生，凡仙、人、聖、貴、賤、賢、愚等落地時，皆要從金斗轉生歷劫。「混元金斗」即是產盆，使用金剪剪斷臍帶，並在產盆給出生的嬰兒洗浴，意謂「斷前世，接今生」。先人安棲的骨灰甕稱「金斗甕」，應該也有關聯，代表生生死死，傳延不息。

在臺灣，註生娘娘大多還配祀各抱六好六壞嬰兒的十二婆祖（十二褓姆），分別為注生、注胎、監生、抱送、字胎、轉生（身）、護產、注男女、送子、安胎、養生及抱子，表示生男育女、生賢或不肖，憑祈求者積善德厚薄。

註生娘娘另有三十六宮「鳥母」、「花公」、「花婆」的得力助手。三十六宮鳥母是輔助生育神；負責照顧出生後到十六歲小孩。相傳男人是一棵樹，女人是一株花，每株花要開幾朵花、是紅花（女）或白花（男）都由註生娘娘決定，「花公」、「花婆」（「樹公」、「花媽」）照料花朵成長〔註10〕。久婚不孕可求註生媽賜花稱「栽花換斗」。如果都生男或女，可以請註生娘娘以「移花換斗」換花色。

〔註10〕《臺灣民俗故事》，（臺北：鐘文出版社，1995 年 10 月）

福德正神：

屬泛靈自然崇拜，源於古代「社」的祭祀，古書有后土、土正、社神、社公、土地、土伯稱呼，因管祈福報功有「福德正神」尊稱。自古即有祭祀土地儀式，土地公是綜合君主所祭「天，地、社、稷」中地祇和社、稷神；社是土神、稷是谷神，祭地神時，天子以牛羊豬三牲為大牢，諸侯以羊豬二牲為少牢，百姓不得祭祀天地之神，土地公自「自然神」進化成「人格神」被普遍崇拜，更隨時代變遷逐漸轉化為「財神」。

先民移居臺灣開墾，對土地普遍祈佑，祈求恩賜豐收家畜興旺，故有「田頭田尾土地公」說法。客家人稱土地公「伯公」，常與後靠山形、樹與石頭結為一體。田頭、田尾、埤圳、圳頭土地公稱「伯公」，庄頭、境頭及城門土地公稱「大伯公」、墓地守護神稱「后土」。

圖 4-3　神農殿神農大帝

圖片來源：胡欣榮拍攝於 2010 年 03 月 25 日

二、保生大帝

本研究中開山宮、興濟宮、良皇宮、福隆宮、元和宮 5 間寺廟主祀保生大帝，五帝廟、銀同祖廟是同、陪祀。以下就「三真人」、「虎爺」、「三十六神將」與「謝府元帥」作介紹，主祀寺廟中特殊神祇再分別敘述。同、陪祀寺廟主祀神個別歸類。

三真人：

臺灣、福建沿海地區，保生大帝「吳夲」外，亦有將晉許遜（「感天大帝」、「閭山許眞君」、「許旌陽」、「許眞人」）及唐孫思邈（「天醫孫眞人」、「孫眞人」）認爲「保生大帝」，稱「三眞人」（「保生三眞人」）。

許遜是東晉汝南人（河南汝南），後遷至江西，是江西守護神。晉太康元年（西元 280 年）任旌陽縣令，稱「許旌陽」。有「一人得是道，雞犬升天」故事，民間私諡「感天大帝」。傳說「許眞人」跟「大洞眞君」吳猛〔註11〕學習法、藥。《繪圖三教源流搜神大全附搜神記》：

> 許遜，字敬之，南昌人，吳赤烏二年正月廿八日降生。母先夢金鳳啣
> 珠墜於懷中而有妊，父許肅、祖父世慕至道。眞君弱冠，師大洞眞君
> 吳猛，傳三清法、博通經史，舉孝廉，拜蜀旌陽縣令也。」〔註12〕

但許遜以法稱著並不以醫術見長，因此在傳說附會到吳夲時，吳猛扮演很重要的角色。吳猛擅長治病，在六朝筆記小說有許多記載，有關孝行、友愛及師承……等，神異事跡比許遜的還豐富。曾傳說吳猛施法江水，讓疫癘病者得水治愈，許遜教團改寫成爲許遜在旌陽縣令時的治績，演變成〈平疫化〉。〔註13〕並轉附到吳夲身上，吳猛與許遜有師徒關係，又以醫術高超聞名於世，正好連結許遜與吳夲衍生出傳說附會現象。

「孫眞人」指唐御醫孫思邈（第二章第一節），民間稱「天醫眞人」。擅長「婦科」、「兒科」……等。《道教醫方與民間療術－臺灣寺廟藥籤研究》：

> 隋京兆（今陝西省耀縣孫家源）人，生於隋開皇元年（西元 581 年），
> 卒於唐永淳三年（西元 682 年），享年 101 歲。其著作包括《備急千
> 金要方》（即《道藏》所收錄之《孫眞人備急千金要方》）、《千金翼
> 方》及《孫眞人攝養論》。〔註14〕

〔註11〕吳（猛）眞人，南海太守，晉豫章人（今江蘇武陵），「邑人丁義授以神方。曾以白羽扇蓋水而渡，觀者異之，而後江州刺史向吳猛問疾，吳猛以『算盡』爲由推辭，並請具棺服，旬日而死，未及大殮，遂失其屍。」民間私諡「大洞眞君」，是許眞人的師父。

〔註12〕不著撰人：《繪圖三教源流搜神大全・附搜神記》（臺北：聯經，1980 年），頁 73。

〔註13〕李豐楙：〈許遜傳說的形成與衍變〉《許遜與薩守堅》（台北：臺灣學生書局，1997 年），頁 32。

〔註14〕吉元昭治：《道教醫方與民間療術——臺灣寺廟藥籤研究》（臺北：武陵，1999 年），頁 297～298。

范正義以「孫、吳、許結義」〔註15〕來解釋「三眞人」，福建當地有「孫眞人排行老大（金面）、吳眞人爲老二（紅面）、許眞人爲老三（黑面）」〔註16〕的說法。范正義認爲宋以後，保生大帝傳說道教化，以許遜爲祖師的「淨明忠孝道」〔註17〕在宋、元時大盛，吳猛與許遜是「道教法術神」，吳猛稱「吳眞君」、「大洞眞君」是許遜師父，許遜又是「紅頭」「三乃派」（三奶派）創始者陳靖姑的師父。

吳夲也稱「吳眞君」、「吳眞人」，古代又常「醫道兼修」，道士習醫煉丹，學法兼習醫或學醫兼通法，雖然三人相差五、六百年，民間以爲吳猛是保生大帝，與許遜是師徒，因吳猛與吳夲的混淆，使吳猛與許遜與吳夲之間結合，將許遜列成保生大帝體系。晉許遜專於符法、咒術；唐孫思邈以醫術爲專，宋吳夲稱於藥草、煉丹，在「治病」能力是共同點，所以結合成「三眞人」信仰，隨明、清移民來到臺灣。

虎爺：

「下壇將軍」是動物崇拜的神祇，供奉在主神供桌下方，因兇猛被視爲有神威能力，成爲守護地區、村莊、城市與廟境保護神。最早是山神、土地神或城隍爺的座騎。與土地公關係最密切是黃皮黑紋，有「土地公沒做號，虎不敢亂咬人」的諺語，指未經土地公應許，老虎不敢傷人；黑虎是正一張天師、玄壇趙元帥和保生大帝的坐騎。

除坐騎與陪祀外，民間相信虎爺張著大嘴能夠咬錢招財；又虎爺在神桌下，與小孩高度最接近，亦被視爲小孩的守護神。

傳說當虎爺的契子會長得好、對驚嚇病症具保護作用；並專醫治「豬頭皮」（腮腺炎），在患部貼上於虎爺臉頰、下巴摩擦過的「古仔紙」（黃符紙）即可。此外對驅逐瘟疫和降服惡魔也具威力，亦可驅除家禽、畜瘟疫。

除了神明信仰的虎爺外，在厭勝物〔註18〕中有「虎將軍」鎮守鄉里、護衛地方。分爲「天虎大將軍」、「猛虎大將軍」兩大類。安置立於村莊入口處、

〔註15〕范正義：《保生大帝——吳眞人信仰的由來與分靈》（北京：宗教文化出版社，2008年），頁172。

〔註16〕范正義：《保生大帝——吳眞人信仰的由來與分靈》，頁176。

〔註17〕臺灣多將此法脈歸類於道法二門中的「西山淨明宗」或「閭山法教」

〔註18〕「厭勝」指「以咒詛厭伏其人」，是一種巫術行爲，民間轉化爲對禁忌事務的剋制，即「驅邪制煞」。「厭勝物」是具有辟邪、制煞功能的物件。

道衢或屋頂、寶塔上，藉威猛形象，居高臨下保護轄下子民，令鬼魅邪魔止步。因「風從虎、雲從龍」，廟頂裝飾的龍、虎俱有鎮風與防火功能。

三十六神將：

吳眞人的侍神隨著閩南對吳眞人信仰發展，除史料張聖者及江仙官外，增加三十六官將。《白礁志略》：

> 神妹吳明媽、神妹夫王舍人、江仙江少峰（同安縣令）、張聖者（同安主簿）、黃醫官、程眞人、鄞仙姑、鄧天君、連聖者、劉海王、孔舍人、炳靈官、馬迦羅、虎迦羅、劉天君、王靈官、李太子、何仙姑、殷太子、張眞人。殷、古、宋、孟、岳、辛、高、二李、周、江、黨、黑、康弼、田直、龐、楊、王、黃諸元帥及各將，皆先後從游，今繪像廟中配享。〔註19〕

臺灣寺廟三十六官將名與《北遊記》〔註20〕三十六天將名稱相關。《北遊記》傳說玄天上帝收回下凡的三十六員天將後，以三十六神將抵押向保生大帝借劍，因未歸還劍，保生大帝留下三十六神將爲護法神。

臺灣民間信仰三十六神將可分爲：雷部諸神〔註21〕、玄天上帝三十六神將〔註22〕、良皇宮三十六神將〔註23〕，需求不同也有增減變動。

〔註19〕 楊浚：《四神志略・白礁志略卷2》，頁4。

〔註20〕 北遊記，又名《北方眞武祖師玄天上帝出身全傳》、《北遊玄帝出身傳》，余象斗撰，凡四卷二十四則，記述眞武大帝下凡收妖的故事，道光十年（1830年）吳政泰撰的《東遊記》、楊志和撰的《西遊記》以及余象斗撰的《南遊記》與《北遊記》合成四遊記。

〔註21〕 蔣光、鍾英、金遊、殷郊、龐煜、劉吉、關羽、馬勝、溫瓊、王善、康應、朱彥、呂魁、方角、耿通、鄧郁光、辛漢臣、張元伯、陶元信、苟雷吉、華宗遠、趙公明、吳明遠、李青天、梅天順、熊光顯、石遠信、孔雷結、陳元遠、林大華、周青遠、紀雷剛、崔志旭、江飛捷、賀天祥、高克。參見呂宋力、欒保群：《中國民間諸神》（上冊）（臺北，臺灣學生書局，1991年），頁182～183。

〔註22〕 水火龜蛇二將、趙公明、關羽、雷開、苟畢、廣澤、張健、謝仕榮、華光、朱彥夫、黨歸藉、康席、龐喬、高原、雨田、雷瓊（封瘟元帥，故作溫瓊）、石成、王鐵、高銅、李伏龍、副應、殷高、鐵頭、朱佩娘、韋元帥、朱李娘、王忠、楊彪、劉俊、商偉、師曠、任無別、寧世夸、鄧成、辛江、張安。參見馬書田：《中國民間諸神，道教卷》（臺北：雲龍出版社，1993年），頁189～191。

〔註23〕 紀仙姑（騎鶴）、連聖者（騎豹）、五龍官（騎馬）、鎖大將（騎麒麟）、金舍人（騎獅）、倒海大將（騎虎、海水做傾斜狀）、李仙姑（騎鶴）、馬龍官（騎馬）、劉聖者（騎獅）、枷大將（騎馬）、康舍人（騎馬）、移山大將（騎馬托山）、趙元帥（騎虎）、殷元帥（騎馬，有四手，二手舉日月、二手執弓矢）、岳元帥（騎象）、王孫元帥（騎鹿）、辛元帥（騎獅）、必大將（騎龍）、康元

謝府元帥：

晉謝玄淝水之戰大敗前秦符堅，進封前將軍，但辭不受，後進封「康樂公」。四十六歲病亡，追贈車騎大將軍，世人立廟稱「謝府元帥」，也稱「王孫大使爺」、「王孫元帥」、「王孫三相公」、「大使爺」、「大舍爺」、「舍人爺」、「太保哥（爺）」、「白馬將軍」、「車騎大將軍」、「統兵大元帥」、「騎馬少年」、「四舍爺」、「金元帥」、「敵天大帝」、「清元真君」、「王孫元帥三相公」。

謝府元帥在臺灣奉祀發展與臺灣開發路線接近，集中在明鄭時期於臺南創建的寺廟中，且大多皆主祀保生大帝，陪祀謝府元帥；如岳帝廟（東嶽殿〔註24〕）、開山宮、廣安宮（王宮）、興濟宮（頂大道）、良皇宮（下大道）、馬兵營保和宮及頂、下太子廟。

開漳聖王陳元光在唐僖宗時奉命開拓漳州七縣地區時，即奉謝安、謝玄為軍隊守護神，宋代白礁原崇奉廣惠尊王謝安（王公爺）、廣惠夫人（大媽婆）及謝府元帥（王孫大使哥）；至南宋高宗敕建慈濟祖廟時，因王公廟傾頹，故合祀至慈濟祖廟。明鄭時期漳泉軍民渡海來台，便攜來王公爺與謝府元帥之香火、神像至臺灣開墾奉祀。

（一）開山宮

虎賁中郎將陳稜：

《臺南市宗教志》：

> 府城（今臺南市）的居民，主要來自泉州，故祀大道公的廟宇很多，其中以建于明萬曆年間的開山宮最早。〔註25〕」

廟方沿革資料：

> 後期陳稜眼見隋煬帝無道，便淺入崑崙山修道，待唐代隋起，陳稜便帶領著不願臣服新朝的百姓渡臺，開荒拓野，後期百姓因感念將

帥（騎馬）、溫元帥（騎獅）、咒水真人（騎馬、三眼）、鄧元帥（騎牛、人面鳥嘴）、李元帥（騎麒麟）、高元帥（騎馬、舉人）、勸仙姑（騎鶴）、張醒者（騎麒麟、握蛇）、拿大將（騎牛，攜逮補牌）、江仙官（騎馬）、虎加羅（騎獅）、食鬼大將（騎麒麟，捉鬼吞吃）、何仙姑（騎鶴）、蕭聖者（騎豹，頭部纏蛇）、捉大將（騎馬）、紅化官（騎馬）、馬加羅（騎麒麟）、吞精大將（騎虎，吃妖怪狀）。參考片岡巖著、陳金田譯：《臺灣風俗誌》（臺北：大立出版社，1981年），頁600～651。

〔註24〕 東嶽殿的護國尊王是謝安。岳與嶽閩南語（台語）發音相同，因而誤植。

〔註25〕 《臺南市宗教志》《臺灣文獻》第32卷4期，1940年。

　　軍開台的功績，遂立茅祠，名將軍祠，尊奉陳稜將軍爲『開山聖王』」，爲開山宮之前身。至荷蘭據台之時，獎勵漢人渡台開墾，當時泉籍商人自白礁奉請保生大帝神像來台，並應城境新街的眾民合議，決定將軍祠合祀大道眞人，定名『開山宮』。」〔註26〕

廟方以所豎立有著寧靖王落款的對聯石柱上的年月來佐證開山宮建廟時間，雖然缺乏其他直接史料及文物可驗證，但可以確信建廟最晚可追溯至明鄭時期。

魯班：

　　工匠的行業神，尊稱「巧聖先師」。姓公輸名般，春秋魯國人，故稱「魯般」、「魯班」。又稱「公輸班」、「公輸盤」、「公輸子」和「班輸」。

　　在《墨子》〈公輸篇〉和〈魯問篇〉記載魯班爲楚國造雲梯、鉤強〔註27〕，且發明鑽、刨……等民生日用。隨歷史的演進，魯班的傳說大量出現並充滿神奇色彩，如修建著名橋梁、殿宇、寺廟……等。在明代的行會盛行供奉行業祖師爺或守護神時期，魯班被以木工匠、瓦匠、石匠、漆工、建築業供奉爲行業神。明代中期《魯班經匠家鏡》〔註28〕記述土木工匠營造法式與祭典儀式，在民間流傳極廣，影響建築……等行業生產和習俗。

圖 4-4　陳稜：神像、神位、畫像、軟身謝府千歲與魯班

圖片來源：胡欣榮拍攝於 2010 年 04 月 25 日

〔註26〕 參考《六合境柱仔行全臺開基永華宮沿革》臺南：全臺開基永華宮委員會（未著出版年月）

〔註27〕 船上作戰用武器。《墨子》〈魯問篇〉：「……公輸子自魯南游楚，焉始爲舟戰之器，作爲鉤強之備，退者鉤之，進者強之，量其鉤強之長，而制爲之兵……」

〔註28〕 午榮：《魯班經匠家鏡》（明萬曆年間（1573～1602 年）匯賢齋刻《平砂玉尺經》本。）

（二）興濟宮

姑娘與姑爺：

吳眞人在斬除白礁黃員外女兒因碰觸池塘中蛟龍尾巴而感應受孕的龍胎後，於宋景祐三年五月二日修行功成圓滿，攜同聖父、聖母、聖妹、妹夫及諸弟子乘白鶴白日昇天。〔註 29〕興濟宮有供祀「姑娘」與「姑爺」的軟身神像各一尊，即一起昇天的妹妹吳明與妹夫「王舍人」。

圖 4-5　姑娘與姑爺　謝玄、廣惠尊王謝安、廣惠劉夫人

圖片來源：胡欣榮拍攝於 2012 年 06 月 10 日

（三）良皇宮

南鯤鯓王爺：

在臺南府城有「鯤鯓王入小西門」〔註 30〕的諺語，敘述南鯤鯓王爺由小西門進入府城南巡的情形。

「鯤鯓王」是王爺信仰中的瘟神，昔日「南鯤鯓代天府千歲爺」會依例一年一度約從五月初至六月初南巡，被迎到臺南府城供信眾參拜。清代的陸上交通不便、河川多且東西向，早期南巡時常經由海路，乘船行經安平至府城由小西門上岸，入城後以「北線尾良皇宮」爲行台，駐駕期滿前會舉辦遶境、遍巡府城，參拜人數絡繹不絕〔註 31〕，活動維持至日治時代。在南鯤鯓

〔註 29〕　范正義：《保生大帝——吳眞人信仰的由來與分靈》，頁 27～29。及家父告知　與於 2010 年 07 月 26 日田調所得該祀神。與全國寺廟整編委員會編輯：《全國佛刹道觀總覽：保生大帝專輯》（臺北，樺林出版社，1987 年）

〔註 30〕　朱鋒：〈鯤鯓王與水守爺〉《南瀛文獻》創刊號，1953 年，頁 32～34。

〔註 31〕　許南英：〈臺灣竹枝詞〉《窺園留草》記載「鯤鯓王入小西門，一月香煙不斷；回駕遍遊城內外，下船時節已黃昏。」。徐宗幹的〈瀛洲校士錄〉記錄道光年間台南秀才許廷崙一首，記述著回駕的情況和士女送行的熱潮的詩：「神來漠漠雲無心，神去滔滔江水深；士女雜沓舉國狂　年年迎送鯤鯓王。」

王回鑾後，良皇宮即副祀南鯤鯓千歲爺供府城信眾可常年參拜。〔註32〕《臺灣詩乘》：

> 保生帝云…。「舊志」謂臺多漳、泉人，以其神醫，建廟特盛。吳眞人廟一在鎮北坊，曰興濟宮；一在西定坊，曰良皇宮。……鯤身王云……國狂，年年迎送鯤身王』。按南鯤身在安平之北，距治約二十里，每年五月，其王來郡，駐良皇宮，六月始歸。男女晉香，絡繹不絕，刑牲演劇，日費千金，而勾闌中人祀之尤謹。〔註33〕

圖4-6 南鯤鯓千歲與謝府元帥

圖片來源：胡欣榮攝於 2010 年 04 月 18 日

（四）福隆宮

孫將軍、斌將軍：

正殿神龕寄祀全臺白龍庵百壽堂張部駕前孫將軍、斌將軍。廟方委員敘述明治三十一年（西元 1898 年）白龍庵因日軍來台要建官舍，神像被遷出供奉於鐵路局磅亭（鐵路局負責貨物磅重運送處），磅亭行政文書負責白面孫將軍，綑工負責黑面斌將軍。光復後北門路拆路，磅亭被毀，信徒與同在鐵路局上班的福隆宮委員郭祿雨協調寄祀於廟內。孫將軍農曆五月十四日聖誕，右手持劍指、臉上有右三、左四七星痣；斌將軍農曆四月十六日聖誕。孫將軍、斌將軍往昔每逢農曆七月十日顯靈公張部聖誕時，會騎馬去向張公爺祝壽，目前尚有孫、斌將軍神明爐會，農曆五月十四日筊選值東爐主。〔註34〕

〔註32〕廟內拜殿前供桌有嘉慶甲子年（1804）「南鯤鯓千歲爺」的石香爐。
〔註33〕連橫：《臺灣詩乘卷三》臺灣文獻叢刊第64種（南投：臺灣省文獻委員會）
〔註34〕2010 年 9 月 6 日訪談。

圖 4-7 孫將軍（左），斌將軍（右）

圖片來源：胡欣榮攝於 2010 年 07 月 18 日

吳府千歲：

吳府千歲是李、池、吳、朱、范五府王爺之中沒有留鬍鬚的三王，姓吳名孝寬，江蘇吳縣人，嫉惡如仇，精於地理風水，會觀星望斗，當時人稱吳孝寬為「眼望天、心在地」。助唐高祖開國授封「中郎將」，又高中進士，出任知府、吏部尚書。

圖 4-8 吳府千歲與謝府元帥

以上福隆宮圖片來源：胡欣榮攝於 2010 年 04 月 13 日

（五）元和宮

同祀五福大帝與謝府元帥，龍邊廂房有什家將神像。道光年間臺南府城總鎮衙署官兵都是福州人，從福州白龍庵迎祀五福大帝，興建全台白龍庵於署衙右側供武營奉祀，堪稱全台唯一官方構建的福州廟。七進，前殿中軍府，五部各佔二至六殿、後進為十二刑部，內有一百零八庵、供奉三司六部及三十六天罡、七十二地煞、部、文、吏神像有二千五百尊以上。

在省文獻委員林衡道考據臺灣民間奉祀神明中：亦稱五福大帝、五顯公、
五帝、五靈官是中國古代宗教思想五行神格化，後奉爲瘟神〔註35〕，在福州
信奉很盛。乾隆三十四年（西元1769年）澎湖通判胡建偉《澎湖紀略》：

> ……況閩俗人情浮動，信鬼而尚巫，如迎賽閭神、崇奉五帝（閩人稱
> 瘟神爲五帝），則尤爲淫祀之尤者也。督憲蘇、撫憲莊痛悉其弊，凡
> 有土木之偶，盡毀而投諸水火，於乾隆32年6月恭奏奉旨嚴禁，斯
> 眞振頹拯弊之一大政也哉！其習俗相沿，無愆於義者，則亦例不禁
> 焉。澎湖自歸版圖以後，即設有專官以鎮斯土，以主斯祀。雖無山川、
> 社稷、風雲雷雨諸壇與夫文廟春秋釋菜之禮，而奉文致祭，載在國典
> 者，歲時肇舉，斯亦守土者之所有事也。至於一十三澳，澳各有廟，
> 士庶奉爲香火者，率皆土神，因地以祭；均無敗俗傷化，與閭神、五
> 帝二事相似爲淫惡之祀，在所必禁也，則亦仍之而已。〔註36〕

據記載福州有九庵十一洞，即福初庵，白龍庵、九福庵、萬壽庵、一眞
庵、崇聖庵、明眞庵、龍津庵、廣慈庵；東洞、西洞、南洞、北洞、湯洞、
井洞、芝山洞、嵩山洞、玉山洞、大西洞、鍾山洞。〔註37〕可知五福大帝的
信仰之盛。來台之後儼然發展形成地方風俗。《安平縣雜記》：

> 六月，白龍庵送船。每年由五瘟王爺擇日開堂，爲萬民進香。三天
> 後，王船出海（紙製王船）。先一日，殺生。收殺五毒諸血於木桶內，
> 名曰「千斤擔」。當擇一好氣運之人擔出城外，與王船同時燒化。民
> 人贈送品物米包，名曰「添儀」。是日出海，鑼鼓喧天，甚熱鬧。一
> 年一次，取其逐疫之義也。〔註38〕

〔註35〕 劉枝萬先生對瘟神系統裏的「五瘟神」整理出六種類型：（1）誤殺或謀殺傳說：
　　　　帝命三百六十進士藏匿於地窖，奏樂以試張天師法力，被殺，陰魂不散，作爲
　　　　鬼屬，帝懼，逐令天下立祠祀之。（2）獲罪被殺傳說：因進諫、橫行或被誣而
　　　　獲罪，死於非命。（3）淹斃傳說：明初三百六十進士乘船愈風，船覆淹斃，朝
　　　　廷憐之，命天下祭祀。（4）死於職守傳說：進士以身殉國，或刺使治瘟病卒，
　　　　賜封王爺。（5）自殺傳說：爲不願仕官，不肯投降，投井收毒或仰毒而死。（6）
　　　　死因不明之傳說：三百六十進士同日而死，上帝憐之，命血食四方。
〔註36〕 胡建偉編：《澎湖紀略》臺灣文獻叢刊109（臺北：臺灣銀行經濟研究室，1961
　　　　年），頁36～37。
〔註37〕 《敕封五靈公經歷與由來》（臺南：大銃街元和宮全臺白龍庵管理委員會）（未
　　　　註出版年月、頁碼）
〔註38〕 不著撰人：《安平縣雜記風俗現況》臺灣文獻叢刊52（臺北：臺灣銀行經濟研
　　　　究室，1958年），頁15。

明治三十一年（西元 1898 年）日人拆總鎮署衙署及白龍庵建陸軍經理部廳舍、經理部後，神像、將爺遍佈府城各地，如：外關帝港屬王宮姜、李兩大神、大銃街元和宮五福大帝與陰陽都總管什家將、廣慈院五福大帝、五靈宮五靈公、福隆宮孫將軍與斌將軍、五瘟宮五毒大帝……等。

五福大帝：

「全台白龍庵五靈堂」沿革記載：「五福大帝」是明代五位落榜舉人，在回鄉路上義結金蘭。投宿福州白龍庵時，聽到空中有人交談，得知福州將受瘟疾之報，五瘟大帝將施降瘟毒於井，五人要拯救福州全城居民，前往城內守住五口有瘟毒的水井勸阻居民飲用，但居民不理勸說無效，遂投入井中來阻止居民飲用，當居民撈起死屍時，五人面容分別呈黑、白、綠、黃、紅。崇禎年間敕封「五福大帝」於「福州白龍庵」。玉皇大帝敕封為「五靈公」掌管瘟疫部，主宰瘟疫。

陰陽都總管：

由天庭管轄的五福大帝旁陪祀的「陰陽都總管」臉是左黑右紅〔註39〕。「陰陽都總管」掌管大印，相當於五福大帝的師爺與智囊，所以是從事文書或準備興訟的人最愛，據說將訴狀向陰陽公說明，則含冤能得到平反。商人也視之為保護神。

畢中軍：

元和宮全臺白龍庵另奉祀一尊仿真人比例但小一號的神像。地方耆老說「畢中軍」是清潮大將姓畢名忠，滿清入關時，戰無不勝，攻無不克。攻打福州時，清軍因遭明朝部隊包圍，調派畢中軍馳援，在連番浴血戰後擊潰明軍，畢中軍也因而戰死、駐紮於福州的清軍把畢中軍奉祀如神，雕刻神像在五福大帝側邊供奉膜拜，逐漸成為民間信仰。隨福州兵營來台，畢中軍也隨著白龍庵在鎮衙署供奉膜拜。每年六月五福大帝出巡臺灣府各境時，武營官兵一人穿戴朝服騎馬稱「中軍府」，為出巡的五靈公擔任開道先鋒，各境居民設香案迎接稱「迎老爺」。日治時因「西來庵事件」被禁止。二次大戰時寄祀於神農殿再轉元和宮，並組織名為「良吉堂」的神明會。

〔註39〕　一般寺廟供奉的陰陽司與陰陽公的臉都是顏色各半：陰陽司是右黑左白、開基陰陽公廟主祀的陰陽都總管則是黑金兩色。

什家將

五福大帝各有家將團，張公十將、鐘公八將、劉公八將、史公六將、趙公八將。文獻上對家將團的起源無明顯記載，坊間認爲是仿城隍廟巡捕體系，在日治時禁止組織義民旗及巡更隊，遂改義民旗爲宋江陣、巡更隊爲送王船家將團。〔註40〕

家將類神將團體主要以「八家將」爲主。家將原是五福大帝駕前的組織，基本成員爲甘、柳、謝（大爺）、范（二爺）四爺合稱「四將」；春（張春神）、夏（夏和神）、秋（秋徐神）、冬（冬曹神）四神併稱「四季神」合稱「八將」。如意增壽堂隸屬張顯靈公，組織結構較爲嚴密完整的十三人陣，即「八將」加上什役（刑具爺）、文差、武差、文判、武判。從台南白龍庵與西來庵傳衍至各地後，形成許多派別，各地家將從臉譜、陣法、成員排列方式、成員名諱、裝扮、服色等都有不少差異，爲了涵蓋所有的陣團有時稱「什家將」或「家將團」。但職司功能，都是在捉妖除魔、安慰人心。

圖 4-9　五福大帝（軟身）

〔註40〕參考《敕封五靈公經歷與由來》（臺南：大銃街元和宮全臺白龍庵管理委員會）（未註明出版年月）

圖 4-10　謝府元帥、陰陽都總管、畢中軍

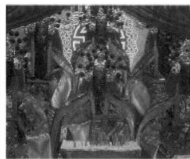

圖 4-11　什家將

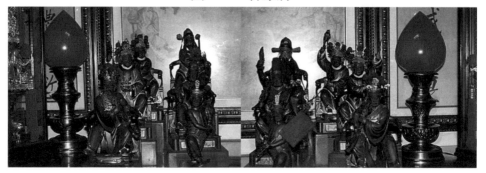

以上圖片來源：胡欣榮攝於 2010 年 07 月 18 日

三、五顯大帝

　　「五顯大帝」姓馬名靈耀，又稱「五顯靈官」、「五聖大帝」、「靈官大帝」、「五顯靈官馬元帥」、「五行大帝」、「五通大帝」；佛教稱「華光如來」，俗稱「五公菩薩」、「華光菩薩」、「五聖大帝」。客家傳說是由神而人，又由人成神，玉皇大帝封「玉封佛中上善五顯頭官大帝」。在道教中是三十六天將的五顯華光馬天君、馬靈官，也是溫、馬、趙、康四大元帥之一。周天子於冬至日祭天于南郊配祀五帝。五帝即「五行大帝」，《孔子家語》：

> 季康子問孔子：「舊聞五帝而不知其實，何謂五帝？」孔子曰：「昔丘也，聞於老聃曰：『天有五行；金、木、水、火、土，分時化育，以成萬物，其神謂之五帝。』」〔註41〕

〔註41〕 王肅注：《孔子家語五帝》（《四部叢刊初編》，景江南圖書館藏明覆宋刊本），頁1。

「五顯大帝」是一位由五位神尊轉化成的神祇封號，傳說華光大帝有三隻眼是火神，又稱「三眼華光」。

圖 4-12　五帝廟五顯大帝

圖片來源：胡欣榮攝於 2011 年 08 月 18 日

五帝廟提到：華光大帝第一世是妙吉祥、第二世是三眼靈光天王馬子貞、第三世是三眼靈光天王靈耀、第四世是五顯華光大帝蕭顯德。

妙吉祥因三昧真火焚死獨火鬼觸犯佛規，由觀世音菩薩送到馬耳山投胎。釋迦牟尼佛賜通天、通地、通風、通水、通火「五通」與可見三界事的「天眼」，因有三眼取名「三眼華光天王，馬子貞」。斬龍王，除水孽，放走風、火二妖，後因取走紫微三官大帝降魔金鎗，被九曲珠鎮住而亡。

第三世投胎斗梓宮赤鬚炎玄天王家，俱有三眼且左手掌有「靈」字，右手掌有「耀」字，取名「三眼華光天王，靈耀」。精通風雷龍蛇御鬼安民術，玉帝敕令掌理風火，左印右劍，掌管南天門。將金刀鍊成一塊三角金磚法寶，收火丹、風輪、火輪，玉皇大帝封「火部大元帥」、「明輔大元帥」。收千里眼、順風耳、收火漂。

第四世「五通」轉世成五兄弟；大帝蕭顯聰、二大帝蕭顯明、三大帝蕭顯正、四大帝蕭顯直、五大帝蕭顯德。五帝廟主祀五顯大帝蕭顯德。

四、天上聖母

媽祖廟分同安「銀同媽」、泉州「溫陵媽」、長汀「汀洲媽」、興化「興化媽」和湄洲「湄洲媽」；依信仰地區分「臺南媽」、「鹿耳門媽」、「西港媽」、「北港媽」、「新港媽」。官建有「天后宮」，郊商建「三郊媽」、「南郊媽」、「北郊媽」、「糖郊媽」，臺南還有依族群之分，官方祭祀「祀典大天后宮」（大媽祖廟）、民間祭祀水仔尾「開基天后宮」（小媽祖廟）、船廠北廠軍人祭祀「媽祖

樓」。本研究中「銀同祖廟」是同祀保生大帝,「大天后宮」、「海安宮」、「媽祖樓」則是曾提供藥籤。

媽祖奉祀起於北宋,《臺灣縣志》提到:

> 媽祖,莆田人,宋巡檢林愿女也。居與湄州相對。幼時談休咎多中,長能坐席亂流以濟人,群稱爲神女。厥後,常衣朱衣,飛翻海上。里人因就湄建祠祀之,雨暘禱應。宣和癸卯(徽宗宣和 5 年,1123),路允迪使高麗,遇風,神降於檣,得無恙。還奏,賜號『順濟』。紹興己卯(高宗紹興 29 年,1159)、開福丙寅(疑爲寧宗開禧元年,1205)、景定辛酉(理宗景定 2 年,1261),歷加封號。元賜額『靈濟』,明永樂封爲『護國庇民妙靈昭應弘仁普濟天妃』。國朝(清)改封爲『天后』。各澳港俱有廟祀。〔註42〕

張燮《東西洋考》也提到:

> 天妃莆田湄洲嶼人,五代時閩都巡檢林願之第六女,生於晉天福八年,宋雍熙四年二月十九日化去,後嘗朱衣往來海上,里人虔祀之云。〔註43〕

現存媽祖最早文獻是南宋廖鵬飛於紹興廿年(1150 年)的〈聖墩祖廟重建順濟廟記〉:「世傳通天神女也。姓林氏,湄洲嶼人。初以巫祝爲事,能預知人禍福……」〔註44〕,因此可知,史料認爲是巫覡信仰,生前預知吉凶禍福而祀之,稱「神女」。自宋徽宗賜「順濟」廟匾轉變成神。宋封「夫人」、「妃」,元代冊封「天妃」。明初封「聖妃」,成祖時鄭和下西洋爲安定軍心封「天妃」。康熙冊封「天上聖母」,康熙二十二年(西元 1683 年)施琅攻克明鄭,上疏引兵入台時,受媽祖神助,奏請康熙冊封「天后」。

在民間若危急呼請時並不稱「天妃」、「天后」,傳聞危急之時若呼請「媽祖」,媽祖聞聲必立即來助,若呼「天后」則會在盛妝打扮整齊後才來,爲避免耽誤時機,信徒在有求於神時,必稱媽祖、婆仔、聖母。《陔餘叢考》:

〔註42〕 陳文達:《臺灣縣志卷 9 雜記志寺廟》(臺北:臺灣銀行經濟研究室,1993 年),頁 209。

〔註43〕 張燮,《東西洋考》(臺北:臺灣商務,1968 年)。

〔註44〕 引文化部文化資產局(http://www.boch.gov.tw/)文化資產個案導覽歷史源流發展概況:媽祖信仰最原始是屬於「女巫信仰」。按南宋廖鵬飛所撰《聖墩祖廟重建順濟廟記》記載。(2012 年 06 月 24 日上網)

　　倘遇風浪危急，呼媽祖，則神披髮而來，其效立應；若呼天妃，則
　　神必冠帔而至，恐稽時刻。媽祖云者，閩人在母家之稱也。〔註45〕

　　對於媽祖信仰的本質，自宋至今，約有兩種說法，瞿海源：「媽祖的來
歷有人鬼說和水陰說兩種〔註46〕」。其中「人鬼說」是陳文達的說法，而張
學禮〈使琉球記〉：「天妃姓蔡，閩中梅花所人，爲父投身於海，死後封天妃
云。〔註47〕」與何喬遠《閩書》：「水爲陰類，其維女象，地媪配天則曰合，
水陰次之則曰妃。」〔註48〕與趙翼《陔餘叢考》：

　　……竊意神（媽祖）之功效如此，豈林氏一女子所能，蓋水爲陰類，
　　其象維女，地媪配天則曰后，水陰次之則約曰妃。天妃之名即謂水
　　神之本號可，林氏女之說不必泥也。〔註49〕

認爲是「水陰說」。

　　神話媽祖身世與史實相差甚鉅，據說福建省興化府莆田縣湄洲嶼人，父
親任都巡檢，妻樂善好施，卻單傳一子。虔誠向觀世音菩薩祈求子嗣，夢見
觀世音賜予優缽花（《三教搜神大全》）或藥丸（《天妃顯聖錄》），吞食後懷胎
十四個月，宋太祖建隆元年（西元 960 年）三月廿三日產下媽祖。出世逾月
不哭取名「默娘」，自幼聰敏好學、朝夕禮佛，得玄通道人授「玄微秘法」與
神人「銅符」，精驅妖除魔之術。降服桃花山妖怪千里眼與順風耳，並收爲部
將。宋太宗雍熙四年（西元 987 年）二十八歲重陽，搶救海難而捐軀得道昇
天〔註50〕。

　　臺灣媽祖的傳說故事中，以與大道公傳說最能反映民間豐富的想像
力，也最能因應地方特色。二神均爲宋代人福建人，一在泉州同安一在興
化湄洲，相距不遠又均未婚即昇天。民間盛傳大道公與媽祖婆原係一對戀
人，當大道公迎娶的花轎抵達媽祖家時，因媽祖見到母羊生產時的痛苦狀
態，所以萌生悔意，毅然退婚；大道公心有不甘，於是每當媽祖婆誕辰遶
境時，就施法降雨，欲淋下媽祖的脂粉；媽祖因而每逢保生大帝出巡時，

〔註45〕　趙翼：《陔餘叢考卷三十五天妃條》（臺北市：世界書局，1965 年 3 月）
〔註46〕　瞿海源：《重修臺灣省通志卷三住民志》（南投：臺灣省文獻委員會，1992 年），
　　　　　頁 993。
〔註47〕　張學禮：《使琉球記》，收錄於《清代琉球紀錄集輯》（臺北：大通，1984 年）。
〔註48〕　何喬遠：《閩書》（福州：福建人民出版社，1994 年）
〔註49〕　趙翼：《陔餘叢考卷三十五天妃條》（臺北市：世界書局，1965 年 3 月）
〔註50〕　周立方：〈媽祖信仰與海洋文化〉《媽祖信仰國際學術研討會論文集》（台中：
　　　　　臺灣省文獻委員會，1997 年），頁 47。

即施法颶風要吹落大道公頭上的帽子。故有「大道公風，媽祖婆雨」〔註51〕的諺語。

海運發達造成媽祖信仰、政治炒作令宋代女巫變成清代天后。臺灣賴航海移墾，加上「三年一小反」、「五年一大亂」，治理臺灣以媽祖助鄭氏擊退荷蘭，幫施琅打敗明鄭，協清平定林爽文、蔡牽之變，證明政權的合法性與行為正當性，造就了媽祖信仰的普及。

千里眼、順風耳：

「千里眼」（水精將軍）黑（青）面綠衣左手持方天畫戟，右手舉至額前做眺望遠視狀、「順風耳」（金精將軍）赤面紅衣左手持月眉斧頭，右手舉至側耳作聽音狀。

傳說棋盤山兩兄弟桃精與柳精，兄「高明」弟「高覺」下山投靠商紂；周武王伐紂的戰略被高明、高覺所知告並告訴紂王。姜子牙由「照魔鏡」得知二魔，出戰時，大鳴金鼓、揮舞大旗幡並灑狗血使二人盡失法力喪命戰中，魂魄飄到桃花山成妖精。

《天妃顯聖錄》〔註52〕說千里眼、順風耳為西北方金精、水精。金精具火眼，能見千里；水精聽力靈敏，能聽千里，被媽祖收服成部屬，擔任媽祖駕前將軍。元代黃四如《順濟祖廟新建蕃釐殿記》有媽祖乃姑射神人之處子，南海普陀山觀音大士化身之說，所以有臺灣民間傳說認為「千里眼」是觀眾生的疾苦、「順風耳」是聽眾生的聲音是「觀」世「音」，所以媽祖為觀世音菩薩轉世之說。

余象斗《南遊記》中的千里眼和順風耳是師曠與離婁〔註53〕，《封神演義》第九十回中將高明、高覺變成神荼、鬱壘〔註54〕。

〔註51〕 謂大道公誕辰（三月十五日）會颶風，媽祖誕辰（三月二十三日）就會下雨，顯示二人鬥法。

〔註52〕 不著撰人：《天妃顯聖錄》（南投：臺灣省文獻委員會，1960年），頁20。

〔註53〕 吳天泰等：《四遊記》（臺北：智揚出版社，1991年）余象斗《南遊記——五顯靈官大帝華光天王傳》，第六回〈華光來千田國顯靈〉、第八回〈華光在蕭家莊投胎〉、第九回〈眾臣表奏捉華光〉，因為春秋時期晉國樂師師曠，雙目失明卻精於聽力，故被附會為順風耳；黃帝時代能在百步之外見秋毫之末的離婁則被附會為千里眼。

〔註54〕 陸西星，《封神演義》（臺北：文化圖書公司，1983年2月），頁662。第九十回〈子牙捉神荼鬱壘〉

（一）大天后宮

鎮南媽：

大正四年（西元 1915 年）因北港朝天宮未依慣例由三媽晉郡歸寧，改以「糖郊媽」代替，引起衝突。府城各寺廟共議新粧一尊媽祖代替三媽，由西佛國蔡心承雕，取「永鎮臺南」之意名「鎮南」。同年五月十六日開光，二十一、二十二兩日府城迓媽祖，首度由鎮南媽巡遶府城四城門和內外五街。由臺南廳長松木茂俊親臨上香，敬獻「靈昭海國」匾。

四海龍王：

「龍王」是司興雲降雨之神。「四海」者泛指中國四面之海，自唐代開始四海龍王之說，所謂四海龍王就是周圍海洋裡居住的龍王，於是海神信仰漸漸與龍王信仰相結合成四海龍王信仰。明、清兩代四海龍王〔註55〕姓名在明小說《封神傳》中的四海龍王東海為敖光、西海為敖順、南海則謂敖明、北海謂敖吉，但在《重修臺灣縣志》中所敘四海龍王：

> 雍正二年敕封四海龍王之神，東曰顯仁、南曰昭明、西曰正恆、北
> 曰崇禮，俱遣官晉送香帛祭文，交該地方官致祭。〔註56〕

大天后宮中所崇祀之四海龍王龍王，神龕上的身份標示牌則是分別記載為敖光、敖順、敖明、敖吉與小說同，但《祀典臺南大天后宮志》中，卻是東海龍王敖廣、南海龍王敖欽、西海龍王敖閏、北海龍王敖順。〔註57〕

大天后宮的四海龍王原祀奉於龍王廟〔註58〕，日治時期因在龍王廟原址興建臺南警察署而拆除，四海龍王神像陪祀大天后宮，其中唯有東海龍王的造形為龍首人身，其他龍王是人首人身。

〔註55〕 仇德哉：《臺灣之寺廟與神明（四）》（南投：臺灣省文獻委員會，1984 年），頁 160。

〔註56〕 王必昌：《重修臺灣縣志卷六祠宇志》臺灣文獻叢刊 66（臺北：臺灣銀行經濟研究室），頁 174。

〔註57〕 曾吉連：《祀典臺南大天后宮志》（臺南：祀典臺南大天后宮管理委員會，2001），頁 120。

〔註58〕 《臺灣縣志》〈新建龍王廟碑記〉記載由臺廈道梁文科捐俸助建，由東安坊二王廟舊址改建，康熙五十五年（1716）九月動工，落成於該年十一月。乾隆四年（1739）臺灣知府劉良璧重修，乾隆四十三年（1778）由臺灣府知府蔣元樞重修。郭瑞雲：《府城七寺八廟》道教學探索出版社（臺南：道教學探索出版社，1933 年）， 頁 122～124。

水仙尊王：

大天后宮的水仙尊王與目前奉祀於水仙宮的水仙尊王同為「一帝二王二大夫」的組合，據說二次世界大戰時，水仙宮被盟軍轟炸損毀，導致中、後殿毀損，只剩下三川門殿。原祀奉於正殿內的五尊水仙尊王鎮殿金身，在水仙宮正殿拆除後移往同屬三郊管理之大天后宮寄祀〔註 59〕。之後水仙宮重建時再重新塑水仙尊王，而原本寄祀的水仙尊王改為陪祀。

（二）媽祖樓

延平郡王：

相傳蔣中正在民國五十年代至臺南視察時，見延平郡王祠供奉鄭成功神像，認為民族英雄被當成神明膜拜似有不妥。於是移出鄭成功神像，自此鄭成功三尊神像便開始由信徒組成的神明會「誠心敬」、「心同敬」、「合心堂」供奉。「心同敬」神像暫寄祀於開山王廟交陪境「媽祖樓天后宮」內。2008 年迎回延平郡王祠安座，2010 年將「誠心敬」、「合心堂」供奉的延平郡王一起迎回延平郡王祠。

李府千歲：

王爺又稱千歲、千歲爺及瘟王，主角大多為書生、進士或武將。臺灣的王爺大部分來自福建。王爺信仰中的五府千歲分為張、李、莫、邢、蘇五府與李、池、吳、朱、范五府，其中皆有李府千歲、同為唐朝人且聖誕同為四月廿六日，但非同一人，分別是李泌與李大亮。

李泌七歲能文，玄宗召試禁中，張說稱為奇童，尤為張九齡所獎愛；及長，以翰林侍讀東宮。肅宗即位，乃敕郡為之作室於山中，給三品祿，賜隱士服，歸隱衡山。代宗召為翰林學士。

李大亮是五王之首，唐高祖因輔助開國有功，封賜金州總管司馬，加封安州刺史。貞觀年間，領兵征伐吐谷渾、大敗番將篩延陀，在唐高祖駕崩之後，追隨唐高祖於九泉之下。據《唐書》記載，李大亮是唐代的開國功臣，由金州總管晉陞到行軍總管，對唐初穩定政局貢獻良多。

〔註 59〕毛紹周：〈水仙尊王信仰精神的建構：以臺南大天后宮之陪祀水神為探討中心〉《文史臺灣學報》第 2 期（臺北市：《文史臺灣學報》編輯委員會，2010 年 12 月），頁 289～331。許水木：《水仙宮沿革簡介》（臺南市：水仙宮管理委員會，2004 年）

　　據說武德五年（西元 622 年），李、池、吳、朱、范五兄奉命領兵平定廣州唐高祖嘉許功勞而賞賜奴婢，但五人贈送金銀讓百名奴婢回歸故里。五人死後受敕封為「代天巡狩」，擁坐王船，巡狩四方，以驅疫除瘟，稱為大王李府千歲。〔註60〕

圖 4-13 「心同敬」延平郡王與李府千歲

圖片來源：胡欣榮攝於 2011 年 07 月 08 日延平郡王祠（延平郡王）與媽祖樓
　　　　　（李府千歲）

（四）慈蔭亭

　　明鄭時期，帆寮以西即台江內海。早年曾淹水，慈蔭亭內木雕神尊被大水沖走，在旗津被發現並奉祀在旗津中洲慈世亭。

　　地方感恩這尊高約二十五公分俗稱「三媽」的佛祖媽，要替「三媽」尋根，經「三媽」提示「帆寮」，讓信徒在府城找到帆寮慈蔭亭，自此也開始慈世亭從五十年代至今每三年一次，在農曆六月十九日觀音佛祖成道前一天回慈蔭亭進香的傳統。

圖 4-14 慈世亭三媽

圖片來源：慈蔭亭資料

〔註60〕 參考《南鯤鯓代天府沿革》（臺南：南鯤鯓代天府管理委員會，未註出版年月）

五、城隍爺

　　研究範圍主祀城隍爺分別為臺灣府城隍廟與全臺首邑縣城隍廟。

　　「隍」，本指無水城壕，城隍的祭祀起源於農業時代對於水溝神的祭祀。趙翼《陔餘叢考卷 35 城隍神》引王敬哉《冬夜箋記》「城隍之名，見于《易》，所謂城復于隍也」〔註61〕，指出城隍之名見於《易》：「城復于隍，其命亂也。〔註62〕」。

　　八蜡（臘）是古時八每年建亥月（十二月）舉行的種祭祀：「先嗇」祭神農；「司嗇」祭后稷；「農」祭田官之神；「郵表畷」祭始創田間盧舍、開道路、劃疆界之先人；「虎貓」祭保護禾苗，吃野鼠、野獸；（6）「坊」祭場防；（7）「水庸」祭水溝；（8）「昆蟲」祭能免蟲害。「水庸」是城隍爺來源。

　　城隍爺是城池守護神。開始於吳越地區，南北朝正式稱「城隍神」。唐時封爵，郡縣皆祭城隍；後唐清泰元年（西元 934 年）封城隍為王。宋列國家祀典，府、州、縣皆立廟奉祀。明太祖洪武年間規定按時祭祀府、州、縣城隍神，依禮制封賞城隍神，京都封有六王，府、州、縣城隍封公、侯、伯。因整頓祀典，取消神爵，按行政機構稱呼，模仿衙門建造，形成完整陰間官吏系統。

　　守禦城池、保障治安的城隍被道教吸收後，擴大為護國安邦，祛惡除凶，調和風雨，管領死人亡魂。各級官員赴任時，按例至城隍廟宣誓就職，取得保佑，明清各地城隍廟除塑牛頭、馬面、黑白無常外，還有十殿閻王。

　　臺灣城隍廟分官祀與民祀，前者清代列官方祭祀，後者從原鄉分靈祭祀。一個行政區會有一間官祀城隍廟，臺灣府因府治與縣治同在一個行政區〔註63〕，故有「臺灣府城隍廟」〔註64〕與「臺灣縣城隍廟」〔註65〕。

〔註61〕　趙翼：《陔余叢考》（臺北：世界書局，2009 年）

〔註62〕　魏王弼注、晉韓康伯注王弼撰略例 唐邢璹注：《四部叢刊經部易經》（景上海涵芬樓藏宋刊本），頁 40。參考中國哲學書電子化計畫線上圖書館（http：//ctext.org/）http：//ctext.org/library.pl?if=gb&file=77324&page=40，2010 年 11 月 28 日上網

〔註63〕　臺灣府城隍廟建立時屬明鄭時期的承天府，後屬臺灣府城，1887 年後為臺南府城。

〔註64〕　西元 1669 年建於明鄭承天府，後屬臺灣府城，1887 年後為臺南府城。

〔註65〕　西元 1711 年建於臺灣縣城，與臺灣府城為同一座城，西元 1887 年後為安平縣城。

城隍下轄有文、武判官、各司神、甘、柳將軍、范、謝將軍、牛、馬將軍、日、夜遊神、枷、鎖將軍。城隍僚佐爲各司，依各廟配置並不相同，有三司、六司、二十四司或三十六司，名號不盡相同，唯以陰陽司爲諸司之首是城隍爺第一輔吏，協調諸司，監察諸案，陳報於城隍。〔註66〕

（一）臺灣府城隍廟

註生娘娘：

據傳言，臺灣府城隍廟所供奉的註生娘娘是明末福建泉州趙姓舉人的單生女貞娘，有落燕沉魚之貌；趙舉人物色泉州張姓名才子訂婚。但張姓才子卻在婚前被人殺害，貞娘含悲嫁到張家，任勞任怨，百般忍耐，孝順翁姑直到翁姑百年，經地方父老奏章，由府尹造貞節牌坊，至無病而終。閻羅殿查知有功無過，送往學習聖神之儀禮後，派往泉州縣城隍廟任「註生娘娘」職。在延平郡王征台後，分身渡台奉祀於承天府城隍廟。〔註67〕

圖 4-15　註生娘娘

圖片來源：胡欣榮攝於 2010 年 07 月 18 日

〔註66〕《民風考聞・城隍》：「凡有城即有城隍廟，皆有諸司之設，名色繁多，各廟有異，唯皆以陰陽司爲主其事，俗言該司上奉城隍，揆鼎各官而爲首，官僚稟事皆先關白之。」

〔註67〕〈臺灣地方神明的由來：註生娘娘和臨水夫人〉《慈惠》雜誌（臺中：慈惠堂，1985 年）

六、玉皇上帝

　　「天公」、「玉皇玄穹高上帝」、「天公祖」，執掌萬物之生殺消長。通俗信仰中是至高無上的神明〔註68〕，統攝天地諸神，總樞百神，下握億萬生靈，並授命人界的天子管轄黎民百姓。研究範圍內有天壇、開基玉皇宮主祀玉皇大帝。

　　天公信仰是源自對自然崇拜，上古洪荒之世，民智未開，觀天地變化，對自然環境天、地、山、川、石、木、日、月、星、辰、風、雨、雷、電想像為各種自然神，發展畏天、敬天、效天、法天思想，「玉皇大帝」、「蒼天」或「天公」是不知名主宰稱。

　　原始部落領導人大多為祭師或擁有祭祀特權，強調與上天或未知力量溝通或媒介。殷商時稱支配天上諸神的最高神為「帝」〔註69〕或「上帝」。西周以後稱「皇天」、「上天」、「昊天」、「天帝」、「皇天上帝」、「昊天上帝」。統治者利用「天帝」崇拜鼓吹「君權神授」，天帝交予天子統治萬民。《詩經周頌時邁》：「時邁其邦，昊子其子之，實右序有周。〔註70〕」，認為天子是天帝的代表，代替天帝統管世間行使統治權與威嚴，對天帝祭祀專屬。儒家以順應天意和天命，恢復周禮和仁君政治。

　　天子祭天，百姓以「天」神化成玉皇上為帝崇拜。廟宇多以「玉皇上帝聖位」牌位代替，民間以天公爐代表。「玉皇誕」、「天公生」是正月初九，《蠡海集》：

　　　　神明降誕，以義起者也。玉帝生於正月初九日者，陽數始於一，而
　　　　極於九，原始要終也。〔註71〕

「九」在古代表最大數，農曆正月初九是極尊日。玉皇上帝左右命運，掌握生物育生和成長及賞罰大權，故受人們虔誠信仰。〔註72〕

　　在《西遊記》、《南遊記》（《五顯靈官大帝華光天王傳》）、《北遊記》（《北方真武玄天上帝出身志傳》）對玉帝的塑像或畫像是身著九章法服，頭載十二行珠冠旒，有的手持玉笏，是秦漢帝王的打扮。

〔註68〕 道教則以元始天尊為最高神。
〔註69〕 當時人間最高的統治者稱「王」，秦朝以後才稱「皇帝」
〔註70〕 參考中央研究院漢籍電子文獻（http://hanji.sinica.edu.tw/）（上古漢語語料庫）
　　　　《毛詩周頌清廟之什時邁》，頁265。（2011年12月15日上網）
〔註71〕 王逵：《影印文淵閣四庫全書子部蠡海集》（臺北：臺灣商務印書館），頁58。
〔註72〕 參考開基玉皇宮網站 http://www.kaigi.com.tw/introdution.htm（2011年03月20日上網）

（一）天壇

天壇正殿神龕內供奉「玉皇大帝聖位」牌位。祭祀活動以農曆正月初九「天公生」、六月二十四日「關聖帝君」誕辰、九月初九「九皇大帝」誕辰最為盛大。每年舉行「朝天大清醮」。

天壇廟內神明眾多，包括玉皇上帝、三清道祖、三官大帝、五斗星君、五文昌帝君、張府天師、太歲、西方三聖、註定生死的南、北斗星君、天醫真人，亦奉祀日領時被拆除的黃檗寺中的文衡聖帝〔註73〕。

斗母星君：

「斗母元君」、「斗姥元君」道教女神，居大梵天宮，綜日月星辰是斗極之母，傳說混沌未開前的一股太虛無形陰氣，與元始天王的太虛無形陽氣結合後，誕育了貪狼、巨門、祿存、文曲、廉貞、武曲、破軍、左輔、右弼九皇星。四頭八臂，左為猴頭，前中額多 1 隻眼睛；6 臂持不同的法、兵器，代表神通廣大。

圖 4-16　玉皇上帝牌位與斗姥

圖片來源：胡欣榮拍攝於 2011 年 07 月 09 日天壇（玉皇上帝牌位）祀典武廟
　　　　　（斗姥）

〔註73〕民國68年，天壇左廂增建「武聖殿」恭奉黃檗寺的文衡聖帝，又增祀五文昌……
　　　　等多尊神明。

南斗星君：

不同於南極星但因主福壽，被同視為壽星崇拜，有「南斗註生」說法。古星相家以壽星預測太平盛世，在壽星最明亮時，備醴祭祀以祈福求壽。

北斗星君：

傳說北斗九星七現二隱，代表人身九竅：雙眼、雙耳、兩鼻孔和口為七現，尿道和肛門則為二隱。人死九竅不暢，俗話說「北斗註死」。

張府天師：

東漢張道陵「張天師」、「天師爺」、「南朝大帝」。神通廣大能消除妖魔作祟，對於治療各種雜病有奇術，正乙派道教的始祖。

天壇與玉皇宮的張天師與黑虎將軍在臺南府城各寺廟的建醮活動時，會被供請前往鑑醮。（見下節建醮）

五文昌帝君：

一般為梓潼帝君、孚佑帝君、文衡帝君、朱衣神君及魁斗星君〔註74〕。

1. 梓潼帝君：

傳說為唐代張亞，曾居四川梓潼縣，對後蜀文教貢獻很大，死後被奉為梓潼帝君，列祀文廟中。《續修臺灣縣志》：「梓潼帝君，張姓，名亞子，居蜀七曲山，仕晉，戰歿；廟在保寧府梓潼縣。唐、宋累封至英顯王，道家謂帝命梓潼主文昌及人間祿籍，故元加號為帝君，天下學校因有祠祀。〔註75〕」

2. 孚佑帝君：

即呂洞賓，又稱「純陽夫子」或「呂祖仙師」。在臺灣為鸞堂信仰中主要崇拜神祇之一。世傳孚佑帝君姓呂名喦，喦又作巖，字洞賓，號純陽子，唐時京兆人，兩舉進士不第，年已六十四歲，因此浪跡天涯，遇鍾離權，授延命之術，初居終南山，再遷鶴嶺，悉傳秘訣劍法，歷遊各地，自稱回道人，世人列為八仙之一，稱為「純陽大仙」，亦稱為呂祖、呂純陽、仙公、呂仙公、純陽夫子、孚佑帝君、純陽祖師〔註76〕。

〔註74〕 開基武廟的五文昌為文魁星君、孚佑帝君、文衡聖帝、梓潼帝君、朱衣星君，天壇的五文昌為魁斗星君、孚佑帝君、文昌帝君、文衡聖帝、朱衣星君，開基玉皇宮的五文昌為魁星帝君、孚佑帝君、文衡聖帝、文昌帝君、朱熹帝君。

〔註75〕 謝金鑾：《續修臺灣縣志卷三學志》（臺北：臺灣銀行經濟研究室），頁160。

〔註76〕 仇德哉：《臺灣廟神傳》（臺北：仇德哉，1979年），頁425。

　　據說生來仙風道骨、鶴頂龜背、鳳眼翠眉，稟性聰敏，日記萬言，出口成章，成爲士子崇拜的對象〔註77〕。另一種說法除形象外，與降乩著書有關聯；由於世傳呂洞賓才華洋溢，且明代以來，呂洞賓成爲降乩著書勸世的神靈之一，因此民間將之尊爲五文昌之一〔註78〕。

3. 文衡帝君：

　　明、清以來，扶箕之風盛行，原本一直被當作武神供奉的關聖帝君，也在信徒需求之下而現身〔註79〕。扶箕又稱扶鸞、扶乩、飛鸞，是神靈透過人推動桃筆在沙盤上寫字，由一人唱出神意，一人抄錄的過程。扶箕是隨科舉興盛，北宋開始，箕仙多通文墨，又可猜測科舉試題，文士趨之若鶩。早期降箕者皆爲「紫姑」、「仙姑」，南宋則增加「山人」、「道人」、「居士」，與如岳飛的歷史名人；明代增加關聖帝君、呂洞賓、文昌帝君〔註80〕。清以來，關聖帝君降箕增多，一般小神壇或士民住家也都極爲常見。〔註81〕藉由文字表達神意，甚至幫助文人猜測考題、赴考途中護助、指點仕途等，故被視爲具有幫助文運的神明。以根據託關聖帝君之名降筆而成的《桃園明聖經原始第二》：「吾（關帝君）乃紫微宮裏朱衣神，協管文昌武曲星。〔註82〕」，使民間流傳著關聖帝君的前身元神爲朱衣神，掌管文昌、武曲星的說法。

4. 朱衣神君：

　　又被稱爲朱衣神。朱衣星君的供奉應是源自「朱衣點頭」傳說。古試官爲「朱衣使者」。宋趙令時《侯鯖錄》：「自古文章無憑據，惟願朱衣暗點頭。〔註83〕」，若逢朱衣人點頭，則該篇文章必定相當出色；所以讀書人希望朱衣神能夠讚許自己的文章，得到朱衣點頭的機會，以獲得錄取的機會。

〔註77〕 不著撰者：〈五文昌由來〉《臺南文化》8：3，1968年，頁56；謝宗榮：〈文昌帝君的信仰與傳說〉《傳統藝術》34，2003年9月，頁9。

〔註78〕 吳榮燦：〈第三級古蹟——文昌廟〉《大墩文化》17，2001年4月，頁22。

〔註79〕 嚴清洋：《從關羽到關帝》（臺北：遠流，2006年），頁324。

〔註80〕 嚴清洋：《從關羽到關帝》，頁202。

〔註81〕 嚴清洋：《從關羽到關帝》，頁324。

〔註82〕 《關聖帝君應驗桃園明聖經》（臺南市：開基武廟，出版年不詳），無頁碼。

〔註83〕 姚福均：《鑄鼎餘聞》（臺北：學生書局，1989年），頁41～42。陳耀文：《天中記》卷三十八（臺北：臺灣商務印書館，1986年）與《欽定四庫全書子部十一書類》《天中記》卷三十八，頁164～165引《侯鯖錄》：「歐陽公知貢舉日，每遺考試卷，坐後嘗覺一朱衣人時復點頭，然後其文入格，始疑侍吏，及回視之，無所見，因語其事於同列，爲之三歎，嘗有句云：『文章自古無憑據，惟願朱衣暗點頭。』」

　　仇德哉認爲「朱衣既爲祭官之代稱，亦爲擔任前導官吏之代稱。」「學子之奉祀朱衣，或係祈求其得以前導，蓋能得朱衣吏之前導者，皆學士以上之高位也。」學子奉祀朱衣，希望能夠得到朱衣之前導。〔註84〕

　　開基玉皇宮是以「朱熹帝君」爲五文昌：

> 夫子即南宋閩學派理學之首，集理學之大成。所作集注四書大全，爲元明以降，任何科舉皆用之版本，故士子以崇祀朱熹夫子以求所作之文能與吻合，更能獲主考官之賞賜，以赴得高中之途，累世與文昌帝君併祀多。〔註85〕

朱衣神是年代晚於歐陽修的理學家朱熹，可能是後人對朱衣星君的誤解。故有將「朱衣夫子」神位改爲「朱熹夫子」〔註86〕。

5. 魁斗星君：

　　「大魁夫子」、「魁星」、「綠衣星君」或「魁星爺」。「魁星」之崇祀源自對大自然星宿之崇拜。「奎星」爲西方白虎七宿之一，古代有奎星主掌文章一說，東漢時已經形成奎星的信仰，並常以「奎」稱文章、文運。

　　魁星原爲北斗之第一星，魁有「首」之意，北斗有七星，一至四星爲斗魁，稱魁星或璇璣，五至七星爲斗柄，稱爲玉衡。魁斗星是北斗星排列第一星，被視爲鰲首。原與文運之說無涉，其主文運之信仰源於對奎星的崇拜而來，世人爲了使之形象化，才取「魁」之字形，創造出魁星爺奇特的相貌，張目齜牙，滿臉麻花，右手執筆，左手握元寶；舉起一足踢星斗之形象，故有「魁星踢斗」之說。

　　魁星主文運之信仰自宋朝便已開始，古時科舉中狀元爲「大魁天下士」，奉祀魁星爺是祈求能獲致最高榮譽，是除文昌帝君之外，魁星可謂宋代以來讀書人最崇信的神明。顧炎武認爲「魁」爲「奎」之訛寫，臺灣對魁星崇拜在《安平縣雜記》：

> 士子以七月七日爲魁星誕，多於是夜爲魁星會。各塾學徒競鳩資備祭品以祀，亦有演戲者，歡飲竟夕，村塾尤甚。是日，各塾放假，學徒仍呈節敬於塾師。〔註87〕

〔註84〕仇德哉：《臺灣廟神傳》，頁67。

〔註85〕吳文雄：《台南開基玉皇宮簡介》（臺南：臺南開基玉皇宮，年代不詳），頁18。

〔註86〕大天后宮於五文昌的供桌上立了〈五文昌帝君簡介〉，對朱衣星君「一說爲宋朝儒學大家朱熹，或爲穿紅衣服，引進新科名者晉見皇帝之人（或稱科舉主試官）。」

〔註87〕不著撰者：《安平縣雜記》臺灣文獻叢刊52（臺北：臺灣銀行經濟研究室，1959年），頁5。

（二）玉皇宮

開基玉皇宮原為「四舍廟」主祀玉皇四太子、玉皇三公主。目前主祀玉皇上帝，塑有玉皇上帝神像。

玉皇四殿下、玉皇三公主娘娘：

相傳玉帝悲憐世人苦楚，仍將骨肉化為殿下或公主降世渡化眾生，後歷劫證位，尊稱為「玉皇四太子殿下」與「玉皇三公主娘娘」。

黃侍讀、關太尉：

黃侍讀與關太尉都是玉皇四殿下貼身護法神。黃侍讀黑臉黑鬍鬚頭戴判官帽左手執書冊，右手執筆，陪侍玉皇四殿下研讀經文，記錄人間善惡疾苦。關太尉粉臉無鬍鬚頭戴帥盔右手執掌彈丸，左手執弓箭，陪侍玉皇四殿下巡查凡間，賞善罰惡斬妖除魔。

圖 4-17　玉皇上帝與（左）玉皇四殿下、（右）玉皇三公主

以上圖片來源：胡欣榮拍攝於 2010 年 04 月 25 日

七、仁聖大帝

山東泰山被尊為「岱宗」是五嶽之首，東嶽大帝即「泰山山神」稱「東嶽泰山齊天仁聖大帝」、「天齊王」、「嶽帝」或「泰山府君」。

上古三代帝王以五嶽祭祀結合天子巡守宣誓正統。《風俗通義》〈封泰山禪梁父〉引孔子：「封泰山，禪梁父，可得而數，七十有二〔註 88〕」，指王者功成封禪，以告天地。泰山封禪，據引《史記正義》：

〔註 88〕應劭：《風俗通義卷二》，頁 42。

泰山上築上爲壇以祭天，報天之功，故曰『封』；泰山下小山上除地，
報地之功，故曰『禪』。神道屬天，王者即封泰山以報天，則泰山有
神道矣。鬼道屬地，王者既禪泰山下小山，如云云、亭亭、梁父、
蒿裏諸山以報地，則云云、亭亭、梁父、蒿裏請山有鬼道矣。〔註89〕

因佛道交互影響，先秦之後泰山從山神變成人格神。漢魏以後，道教沿襲古
制奉祀東嶽大帝，晉葛洪說泰山之神是伏羲太昊，掌管東方。

傳說東方朔撰《神異經》說泰山神是盤古九世後裔金輪王少海氏和彌輪
仙女的兒子，叫金虹氏號東岳帝君並引文：

盤古終世之時，其子名赫天氏。時有三皇代出，赫天乃人居一山，
於此時代代相傳，故其山后即名岱宗泰山。赫天有子前勃氏，骨勃
子玄莫氏生二子，長名金輪王，次子少海氏。少海氏妻彌輪仙女。
彌輪仙女夜夢吞二日入腹，覺而有娠。生二子，長回金蟬氏，後稱
東華帝君；次子金虹氏。後稱東嶽帝君。

但經查閱《漢魏叢書》〈神異經〉與日本東京大學東洋文化研究所漢籍善本全
文影像資料庫的〈神異經〉都查無此段資料，應是民間傳說引用錯誤。〔註90〕

漢魏盛行泰山治「鬼魂」《日知錄》：「考泰山之故，仙論起於周末，鬼論
起於漢末。〔註91〕」。《三國志卷二十九方技傳管輅傳》：「但恐至泰山治鬼，
不得治生人。〔註92〕」。《後漢書烏桓傳》：「其俗謂人死，則神遊赤山，如中
國人死者魂歸岱山〔註93〕」

傳統信仰中，地獄主宰有東嶽大帝、地藏王和酆都大帝。「東嶽大帝」源
於漢族民間信仰，「地藏王」源於佛教，「酆都大帝」源於道教。傳說漢王方
平、陰長生先後在平都山修道成仙，後人將「王、陰」誤爲「陰王」訛傳成
「陰間之王」；「酆都」成「陰曹地府」，酆都城閻羅殿被傳爲酆都大帝的宮殿，
地藏菩薩也被訛傳爲酆都大帝。

東嶽大帝延續泰山山神稱號，因司人歲壽，佛教將之和地獄結合。經
長期演變，泰山神在佛道教和民間信仰轉化成人格神。民間信仰與道教稱「東
嶽大帝」，佛教稱「泰山府君」，掌管地獄和十殿閻羅王。

〔註89〕 張守節：《史記正義卷二十八》，頁 10。
〔註90〕 東方朔：《神異經》（北京：中華書局，1991 年）與〈神異經、別過洞冥記、
述異記、王子年拾遺記〉《漢魏叢書》第三十二冊，頁 27。
〔註91〕 顧炎武：《日知錄卷三十佛寺》（長沙：嶽麓書社，1994 年），頁 877。
〔註92〕 陳壽：《三國志》（臺北：臺灣中華書局，1982 年）
〔註93〕 范煜：《後漢書卷一百二十烏桓傳》，頁 134。

酆都大帝：

又稱「酆都北陰大帝」是道教陰府地獄最高神靈。《論衡訂鬼篇》引《山海經》記「度朔山」有大桃木，出幡三千里，其東北叫鬼門是萬鬼出入地，門上叫「神荼」、「鬱壘」二神人閱領萬鬼〔註94〕《太平經》有陰府召人靈魂考人魂魄：

> 大陰法曹，計所承負，除算減年。算盡之後，召地陰神，並召土府，
> 收取形骸，考其魂神。〔註95〕

晉葛洪《枕中書》：「張衡楊雲爲北方鬼帝，治羅酆山。〔註96〕」，道教酆都大帝住在北方的羅酆山，稱爲北帝的說法延續到唐末五代。范成大《吳船錄》：

> 忠州酆都縣，去縣三里有酆都山，碑牒所傳，西漢王方平後漢陰
> 長生皆在此得道仙去，有陰君丹爐。陰君以煉丹濟人，其法猶傳。
> 〔註97〕

道教的酆都大帝，原說住在北方的羅酆山；而後世以酆都大帝的治所在四川酆都縣，這轉變發生於宋代。宋代認爲酆都陰君爲「陰長生」與「王方平」並稱。俞樾《茶香室叢鈔》：

> 酆都縣平都山，道書七十二福地之一，宜爲神仙窟宅，而世乃傳爲
> 鬼伯所居，殊不可解。讀《吳船錄》乃知因陰君傳訛，蓋相沿既久，
> 不知爲陰長生，而以爲幽冥之主者，此俗說所由來也。〔註98〕

俞樾解釋「羅酆山」是北方鬼帝所治，故有羅酆治鬼，世俗指四川酆都縣。《夷堅志》：「忠州酆都縣有酆都觀，其山曰盤龍山，即道家所稱北極地獄之所。〔註99〕」可知宋時酆都大帝地府遷到四川酆都縣。酆都城的閻羅殿被誤傳爲酆都大帝的宮殿，地藏菩薩訛傳爲酆都大帝。

〔註94〕 王充：《論衡註釋卷二十二訂鬼篇》第3冊（北京：中華書局，1979年），1283頁。《山海經》：「北方有鬼國，……滄海之中，有度朔之山，上有大桃木，其屈蟠三千里，其枝間東北叫鬼門，萬鬼所出入也。上有二神人，一叫神荼，一叫鬱壘，主閱領萬鬼。」

〔註95〕 王明編：《太平經合校》卷一百十二（北京：中華書局，1960年），頁579。

〔註96〕 葛洪：《枕中書》《道藏》第3冊（文物出版社、上海書店、天津古籍出版社聯合出版，1988年），頁271。

〔註97〕 范成大：《吳船錄》《筆記小說大觀》第34冊（江蘇：廣陵古籍刻印社，1984年），頁95。

〔註98〕 俞樾：《茶香室叢鈔》卷十六《筆記小說大觀》第34冊（江蘇：廣陵古籍刻印社，1984年），頁95。

〔註99〕 洪邁：《夷堅志》《筆記小說大觀》第34冊（江蘇：廣陵古籍刻印社，1984年），頁95。

地藏王：

「地藏王菩薩」、「幽冥教主」、「酆都大帝」；道家認為「幽冥教主」、「酆都大帝」統裁十殿閻羅王，檢察生前善惡；民間弔祭死者亡魂，必先祀坐在「諦聽」靈獸地猿上的「幽冥教主」。

佛教稱「地藏王」，在「釋迦牟尼佛」寂滅到「彌勒佛」出世前，「地藏王菩薩」要化導無佛世界的眾生；「地藏王菩薩」的「大願」：「地獄不空，誓不成佛，眾生度盡，方證菩提；」不達目的，決不中止。「地藏十輪經」：「安忍不動如大地，靜慮深密如秘藏」是稱「地藏」的由。民間信仰認為「地藏」是閻羅王化身，管轄冥界。

圖 4-18　天醫真人、仁聖大帝、仁聖大帝（軟身）

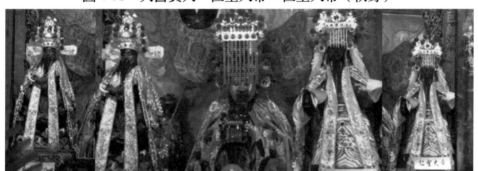

圖 4-19　酆都大帝、地藏王

圖 4-20　甘羅太子、彭祖

以上圖片來源：胡欣榮攝於 2011 年 08 月 15 日

甘羅太子、彭祖：

彭祖據說活到八百歲，甘羅太子十二歲當宰相，兩人站立在東嶽大帝前，表示不論人在世界上活多久，終有一天會來東嶽殿的。《搜神記》：

> 彭祖者，殷時大夫也。姓錢，名鏗。帝顓頊之孫，陸終氏之中子。
> 歷夏而至商末，號七百歲。常食桂芝。歷陽有彭祖仙室。前世云：
> 禱請風雨，莫不輒應。常有兩虎在祠左右。今日祠之訖地，則有兩
> 虎跡。〔註100〕

八、三官大帝

三官大帝指三位一體掌管天、地、水三界的「天官」（上元賜福天官紫微大帝）、「地官」（中元赤罪地官清虛大帝）和「水官」（下元解厄水官洞陰大帝），閩南語俗稱「三界公」，客家話稱「三界爺」，是僅次玉皇上帝的神祇。專廟供奉的不多，一般只懸掛「三界公爐」；供奉三官大帝者以合祀為多。

〔註100〕干寶：《搜神記卷一》胡震亨編刻《秘冊滙函》版，明萬曆年間。

　　祭天、地和水是皇帝權利，百姓只能祭祖。《儀禮》〈覲禮篇〉與《儀禮圖》：「祭天燔柴，祭山丘陵升，祭川沉，祭地瘞。〔註101〕」。

　　張道陵天師道以祭祀天、地、水三官爲信徒治病，將生病或想懺悔罪行的人，將姓名及罪過悔意寫在三張紙上，分別置於高山或燒成煙升天、埋入地下與沈入水中，《三官手書》：「其一上之天，著山上；其一埋之地；其一沉之水。謂之三官手書」，是對天、地、水，這「三官」最早的淵源。

　　「三元節」是正月十五日、七月十五日和十月十五日，祈求三官大帝賜予福氣安康，解去厄運，免除災難。南北朝時將天、地、水三官神和上、中、下三元神合二爲一。

　　三官大帝衍生自然神人格化：（一）、古代堯、舜、禹三帝，因對天下有莫大貢獻，因此被封爲天、地、水三帝，分別掌管三界，治理民間，保護人民。（二）、起源金、水、土三氣。天主生，地氣主成，水氣主化，將金、土、水配以天、地、水三氣，而爲三官。（三）、元始天尊的三個兒子，長子封「紫微大帝」，次子爲「清虛大帝」，三子爲「洞陰大帝」，掌管天、地、水各司之神。（四）、陳子禱與龍王三女所生三子，爲元始天尊所封。

　　三官廟左祀天醫眞人，協祀，右祀財神趙公明；兼祀日、月神（太陽、太陰星君），陪祀桃花女、周公、金甲、朱衣、歡喜神、功名神、天眞古佛。祀朱衣、金甲以祈官途順遂，周公、桃花女則是求敦倫歡喜保護家居生活。

1. 財神趙公明：

　　名朗、玄朗，字公明或光明，終南山人，又稱「黑虎玄壇趙元帥」俗稱「趙玄壇」，是道教壇場中重要的護法神祇。首見於《女青鬼律》及干寶《搜神記》，之後陸續出現冥神、瘟神、煞神、天界護法神、張天師修煉大丹之守護神、玄壇元帥、三十六官將、武財神、五路財神、護軍守護神及寒單爺……等不同神格與形象，風雷雨電、治病禳災、訴訟冤抑、買賣求財都是庇祐的項目。

　　在《封神演義》中，商朝封爲趙大元帥，因助聞太師而陣亡，被封「金龍如意正乙龍虎玄壇眞君」，又封爲三十六天官之首，管轄凡間之禍福，並擁有東路武財神招寶天尊蕭升、西路武財神納珍天尊曹寶、南路武財神

〔註101〕參考鄭玄注：《儀禮卷第十》（臺北：臺灣商務印書館，1967年），頁109。與楊復：《儀禮圖卷十覲禮》，頁13。

招財使者陳九公、北路武財神利市仙官姚少司四位部屬，統稱「五路武財神」。

「實錄」記載后羿射下之九日變成九鳥，在青城山變成九鬼王。其中八鬼行病害人，趙玄朗卻避隱蜀中精修至道。張道陵在青城山煉丹時，收趙玄朗護衛丹室，煉成後趙玄朗因食丹，外形酷似天師；故命永鎮玄壇，號「玄壇元帥」。

日治初期出現炸炮肉身玄壇之「撞玄壇」習俗；在臺東「玄壇爺」結合「王天君」發展出「三目花臉」造型的「寒單爺」，相傳趙公明怕冷，在上元夜遊境時以爆竹相投取暖神身，盼能得其保佑大進財源，稱「炸邯鄲爺」。

相傳趙公明的坐騎是隻黑虎，原住在四川省峨嵋山森林中，許多人被虎傷害。趙公明的妹妹（雲霄、瓊霄、碧霄）瞞著趙公明下山遊覽嬉玩遇到大黑虎。三姐妹雖有幾分道行卻無法制服猛虎，趙公明頭戴紫金道冠，身穿杏黃道袍，手持九節金鞭變成的紫金鏈環纏住老虎，用項圈套住黑虎。

2. 太陽、太陰星君

太陽神有「大明之神」、「朱明」、「大明」、「陽烏」、「暘烏」、「金烏」、「金輪」之稱，《漢書郊祀志》對郊祀內容記載著「一曰天主，二曰地主，三曰兵主，四曰陰主，五曰陽主，六曰月主，七曰日主，八曰四時主〔註102〕」，即天子及諸侯臘祭。《拾遺記》表示神農時期，有築圓丘祭祀太陽星君儀式：「炎帝神農築圓丘以祀朝日〔註103〕」，道教承襲祭祀制，尊爲「日宮炎光太陽星君」。

另，在入清之後，在台南府城民間以明思宗崇禎蒙難日（農曆三月十九日）爲「太陽星君」聖誕日，暗含懷念故國之意。（見下節）

太陰星君就是月神，「太陰娘娘」、「月宮娘娘」，與「大明之神」對稱爲「夜明之神」。天子除郊祀天，地外，也祭日、月，設天壇於南郊、地壇於北郊、日壇於東城、月壇於西域，合先農、社稷、先蠶及太廟之祀。天子在冬至祭天，夏至祭地，春分祭日，秋分祭月。民間於中秋「齋月」，衍成農曆八月十五日爲太陰星君聖誕日。

〔註102〕班固：《漢書 郊祀志上》《武英殿二十四史》，頁179。
〔註103〕王嘉：《拾遺記卷一炎帝神農》（台北：臺灣商務印書館，1979年），頁5。

圖 4-21　歡喜神、金甲真人、桃花女、周公、功名神、朱衣神君

圖 4-22　財神趙公明與配祀（左）利市仙官姚少司（右）招財使者陳九公

圖 4-23　太陰星君、太陽星君

以上圖片來源：胡欣榮拍攝於 2010 年 04 月 25 日

九、玄天上帝

　　玄天大帝是自然崇拜化身，又稱「北極大帝」、「眞武大帝」、「北極佑聖眞君」、「上帝公」；寺廟稱「眞武廟」。「玄天上帝」本稱「玄武大帝」，宋眞宗避趙玄朗名諱，改爲「眞武大帝」。臺灣稱「玄天大帝」、「元武神」、「眞如大師」、「元帝」、「元天上帝」、「北極聖神君」。

　　古代將天上星分成二十八個星座，稱「二十八宿」。再分爲東西南北四組，每組七個星宿，配五色成東方青龍，南方朱雀，西方白虎，北方玄武（龜蛇）所謂「四象」。《重修臺灣縣志》：

> 按眞武乃元武七宿，故作龜蛇於其下。龜蛇者，元武象也。……後人據神異傳，謂眞君仗劍，追天關地軸之妖，冠履俱喪，伏而收之。
>
> 天關龜也；地軸蛇也。〔註104〕

故玄天上帝的造型常被塑造成足踏龜蛇，右手執劍，左手印訣。

　　民間傳說玄天上帝手中的寶劍是向呂洞賓借，鬆手會自動飛回劍鞘，因此玄天上帝神像手握寶劍，呂洞賓只背劍鞘。對醫藥上也傳說「玄武」鎮守北天門能驅妖治病，是小兒的保護神，所以過去家庭主婦在三月三日玄天上帝誕辰時，會到北極殿去爲兒女祈求平安。

　　元末朱元璋鄱陽湖採石礬敗戰，逃至武當山時，躲入荒廢「上帝公廟」內，在撥開蜘蛛網隱藏進去後，祈求玄天上帝保佑平安，蛛網竟恢復原狀，助度過難關。明太祖得天下後，把位於南京荒廢的廟改建成新廟，列眞武廟爲南京十廟之首，將玄天上帝尊爲明朝鎮國神。《重修臺灣縣志》引用《明御製碑》：

> 明御製碑謂：太祖平定天下，陰佑爲多。建廟南京，以三月三日、九月九日，用素羞、遣太常官致祭。及太宗靖難，以神有顯相功，永樂十三年於京城艮隅並武當山重建廟宇，兩京歲時朔望各遣祭，而武當山又專官督祀事。憲宗嘗範金爲像。正德二年，改京城眞武廟爲靈明顯佑官。〔註105〕

西元1661年鄭成功入台時，見安平一帶的地理形勢酷似龜蛇蟠繞，有如玄天上帝坐鎮般，以爲得神意指示，鷲嶺地勢巍峨如玄武，廣建玄天上帝廟。清代爲消除百姓思明〔註106〕，把玄天上帝貶爲屠宰業守護神。在研究者家中，也經常聽到家父對家母說「阮是海賊子孫，恁是官員後代」、「阮打輸拜三日節，恁打贏拜清明」，正也是述說明代鄭成功部屬的背景與清代移民觀念習俗上的差異。

〔註104〕王必昌：《重修臺灣縣志卷六祠宇志廟眞武廟》臺灣文獻叢刊113，頁176。
〔註105〕同上註，頁176。
〔註106〕玄天上帝神格僅次於玉皇大帝，統轄北方諸神，亦爲明朝鎮邦護國之神。

道教謂玄天上帝統帥三十六神將；三十六天罡星及七十二地煞星亦爲其部將。三十六天將與《北遊記》〔註107〕關係密切。明任自垣《大嶽太和山志》記述眞武十八尊從神爲靈官、玉女、捧劍、執旗、水、火、鄧天君、辛天君、張天君、陶天君、龐天君、劉天君、苟天君、畢天君、馬元帥、趙元帥、溫元帥、關元帥。

地基主：

年節所祀，主居家平安。一般寺廟奉祀者很少，臺南府城也只有北極殿奉祀，廟方認爲所祀的地基主是鄭成功。

周公與桃花女：

玄天上帝在修練時，曾用戒刀剖腹洗腸。戒刀修練成陽體，刀鞘修練成陰體，各自化爲人形。數百年後，王母娘娘詔刀鞘上天管理瑤池桃園；太上老君任戒刀爲童子。後來戒刀私自下凡，生於商士大夫家取名周乾，因襲父職人稱「周公」，刀鞘奉旨擒拿，生於任太公家，名爲「桃花女」。相遇後衍生「桃花女鬥周公」故事，玄天上帝命龜蛇二將賜金丹，令二人與康趙二元帥共同鎮守武當山眞武廟。

周公爲左部文官、精通天文八卦、地理星象、手執文筆畫錄、輔佐查察人間善惡虛實、檢視獎懲功過。桃花女爲右部文官、手執桃花、情劍、輔佐掌管男女婚配、制定人間迎娶吉凶卜卦。

三官廟亦祀有周公與桃花女。

陳璸：

正殿後神龕地藏菩薩右側供奉新刻陳璸神像，舊神像已被偷。康熙三十三年（西元1694年），陳璸39歲中進士，44歲開始爲期十九年仕途，康熙四十一年轉任臺灣縣知縣。台廈兵備道年俸62兩，「官莊」租賃收入按例得三萬兩銀，他認爲利在官，害在民，遂予廢除。在台九年，調任北京任刑部主事。康熙四十九年再任台廈道掌全台政經軍事、重修編訂臺灣府志。

〔註107〕余象斗：《北方眞武祖師玄天上帝出身志傳》。

圖 4-24　鎮殿玄天大帝（左）地基主（左二）與陳璸（右一、右二）

以上圖片來源：胡欣榮拍攝於 2012 年 06 月 08 日

十、觀世音菩薩

　　西元三世紀觀音信仰傳入後，在各地蓬勃發展起來，有「家家觀世音，戶戶阿彌陀」之說。西晉太康七年（西元 286 年）竺法護翻譯《正法華經》揭開觀音信仰序幕，迄今有八十餘部觀音經典與眾多民間流傳觀音話本、傳說。

　　全稱「大慈大悲救苦救難廣大靈感觀世音菩薩」簡稱「大慈大悲觀世音菩薩」，「慈」指「與樂」，愛護眾生，給與歡樂；「悲」指「拔苦」，憐憫眾生，拔除苦難。梵名「阿縛盧枳低濕伐羅」，指「觀察一切眾生而自在地加以拯救」。又譯「光世音」，鳩摩羅什翻譯成「觀世音」，也稱「觀自在」，玄奘翻譯〈心經〉用「觀自在菩薩」。

　　與「大勢至」同為阿彌陀佛左右脅侍〔註 108〕，合稱「西方三聖」，代表「大悲」坐騎為「金吼」。唐代以後開始在佛教寺院單獨供奉。

　　據說觀音本相是男身長有鬍子。藏傳佛教密宗本尊的四臂觀音是男體，有四個頭，分別為藍、白、紅、灰四色，身體藍色有四臂兩腿。南北朝後期被漢化由男轉女。

　　唐代民間傳說觀音是古代妙莊王女兒。大女妙因、二女妙緣順從莊王為她們擇婿，三女妙善執意「出家」遭趕出宮，修行成香山仙人。後來莊王重病，妙善化身老僧進奏至親的手和眼可醫治。但大女、二女拒絕獻出手和眼，莊王求妙善，果然割手剜眼治癒莊王。莊王叩拜天地重長手眼，果然長出一千隻手和一千隻眼。

〔註 108〕觀世音菩薩是左脅侍。

觀音信仰分顯教觀音、密教觀音和中國化觀音三大類。顯教觀音信仰是以大乘的顯教經典為根據。一首二臂，頭戴化佛寶冠，手中持蓮花、楊枝、淨瓶、念珠、水杯，共有三十三種化身，主要祀奉聖觀音、千手千眼觀音。密教以經典為基礎，一首多臂或多首多臂，手中執持不同器物，協助信眾解除災厄與困難。重慶寺四臂紅觀音即密教觀音信仰，名號為「大悲勝海」，指慈悲願力如殊勝不可思議的大海無量無邊；馬頭明王（馬頭觀音）為觀世音菩薩的忿怒相是紅觀音護法，護持修行者降伏自心與外魔。漢化觀音信仰受民間文學影響，常見有白衣觀音、送子觀音、魚籃觀音、南海觀音……等，並不見於經典。

研究範圍內大觀音亭、清水寺、慈蔭亭、萬福庵與廣慈院主祀觀世音菩薩。其中大觀音亭之月老有府城四大月老之稱。（見下節）

清水祖師：

北宋名僧釋普足，俗姓陳，名榮祖（陳昭或陳昭應），幼年出家，參拜大靖山明禪師為師。辭歸後移居麻章庵，修造橋樑廣施醫藥，設壇祈雨，故稱「麻章上人」，閩南多稱「烏面祖師」，在清水巖坐化圓寂後被奉為神僧。曾四次獲得封號，每次敕賜二字，即「昭應廣惠慈濟善利」，並加「大師」二字。

三峽祖師廟記載清水祖師是北宋開封府祥符縣人（河南開封），曾追隨文天祥勤王，是抗元扶宋民族英雄。生前隱居福建清水巖，是中草藥醫生，成佛後留有藥籤，男科 66 方，婦科 56 方，兒科 40 方，明太祖敕封「護國公」，昭命於福建安溪清水巖建祠堂崇祀，安溪人稱為「祖師公」，寺廟稱「祖師廟」。

齊天大聖：

俗稱「大聖爺」，在唐太宗時封「銅筋鐵骨大聖」。《西遊記》記齊天大聖是如來佛的一滴血滴在花果山一顆女媧補天剩下的石頭上，受天靈地秀、日月精華而孕育出一顆石卵所迸裂成的靈猴，居住東勝神州傲來國花果山水簾洞。拜菩提老祖學習仙道，學會七十二變及翻筋斗雲。後向海龍王取得如意金箍棒，大鬧地府、改生死簿，自封「齊天大聖」。

十月十二日為齊天大聖佛誕。醫藥不發達時期，嬰兒因「著猴」死亡不在少數，萬福庵大聖爺專管孩童種種疑難雜症，專保佑孩子。求小兒藥籤，據傳靈驗無比；近年求藥籤治病漸少，但仍有拜猴王為「契父」。

十一、關帝聖君

研究中道署關帝廳、祀典武廟與開基武廟主祀關帝聖君。

武聖關公在靈魂崇拜中是涵蓋儒、道、釋三教與各行業間，有「文衡」、「武聖」、「山西夫子」、「五文昌」、「三界伏魔大帝」、「協天大帝」、「關聖帝君」、「恩主公」、「漢壽亭侯」、「翊漢天尊」、「崇富尊君」、「南天聖帝」、「蓋天古佛」之稱、以「迦藍尊者」與韋駝菩薩並為觀世音菩薩左右護法稱；鸞堂則奉為「三恩主」（關聖帝君、孚佑帝君、司命真君）、「四恩主」（加上孔明）、「五恩主」（加王靈天君、岳飛武穆王），更有「第十八代中天玄靈高上帝」之說。精于理財，發明「原、收、出、存」簿記法，被奉為「簿記」之神、會計專家與商業保護神。因歇後語「關老爺賣豆腐，人硬貨不硬」，所以也是豆腐業保護神。

唐代開始文武廟並祀：玄宗封孔子「文宣王」；武廟供奉著有謀略《六韜》的「昭烈武成王」姜尚，關公從祀武廟。

西元 963 年趙匡胤到武成王廟時，認為「功業始終無暇者」才有資格配享武聖姜太公，命吏部尚書張昭議論取捨，遂撤下關羽、張飛……等二十二人畫像，換上漢代班超和唐代秦叔寶……等二十三員戰功顯赫武將。宋徽宗宣和五年（西元 1123 年）封關公為「武安王」配祀武成王廟中。明初復封「侯」、萬曆年間敕封「三界伏魔大帝神威遠鎮天尊關聖帝君」成為帝級神明。

順治冊封「忠義神武靈佑仁勇顯威護國保民精誠綏靖翊贊宣德關聖大帝」。雍正元年（西元 1723 年）追封三代祖為公爵，乾隆六十年下詔所有書籍、寺廟關聖神位稱「壯繆」諡號改「忠義」、除去匾額「敕封」、地安門外關帝廟正殿及大門，改純黃琉璃瓦。

明、清民間深信關公有伏魔降妖法力，神像與關刀有避邪作用，當疾疫流行時，祈禱袪除瘟疫，部份寺廟有供藥籤治病。關帝廳呂建德委員所敘，臺南府城的關帝爺與大上帝的玄天上帝及東嶽殿的仁聖大帝是不出廟門的。關帝爺除非是有疫疾流行，才由艾草先行驅污、關刀轎前斬妖魔，由廟中大老或官員親自抬關帝聖君的神轎，始有遶境除瘟的行動。繼五十年前（1953年）的一場瘟疫，祀典武廟關帝爺出巡後，關帝港開基武廟因疫疾三百年來首度出門，於 2003 年 6 月 8 日由市長許添財焚香親自請關帝爺上轎遶行舊市區進行綏靖祈安遶境活動。

關平太子：

《三國志》中關公有二子一女，長子關平隨父征戰，最後同殉「臨沮」，宋徽宗封「武陵侯」，南宋寧宗加封「威顯」稱「武陵威顯侯」；次子關興得諸葛亮器重，做到侍中、中監軍職位，弱冠為官，數歲而卒；女兒不知其名。「關平」在《三國演義》成「義子」〈第廿八回〉與關公如影隨形、出生入死。

周倉將軍：

《三國演義》中周倉為黃巾賊張寶的部將，兩臂有千斤之力，虯髯虎背，容貌雄偉。周倉據臥牛山為寇與騎著赤兔馬千里尋兄的關公相遇山下，為關公步卒執鞭隨鐙。「單刀赴會」時，關公帶周倉……等十多人赴會；敗走麥城遇害時，周倉自刎而死。造型大多採立姿，黑臉短鬚，眼睛圓突，身穿甲冑，左手執青龍偃月刀。

馬使爺：

此「馬使爺」不是指「開漳聖王」四大部將之「舍人公」、「馬使爺」、「馬公爺」、「馬舍公」的「輔順將軍」。民間傳說馬使爺所牽的馬匹是關聖帝君的赤兔馬，原屬呂布，後為關公所得，隨著關公馳騁疆場，過關斬將，當關公敗亡，赤兔馬也以身殉主。為了感念牠的忠義，因而與和關聖帝君並祀，並尊稱照顧牠的馬夫為「馬使爺」。

一般與虎爺同屬安置在神龕下方神祇。規模大點的寺廟在廟埕設置小型馬使爺神龕獨立受祀，當寺廟規模更大或主祀關聖帝君神格更高時，會設塑置略似真人大小的馬使爺牽馬供人膜拜。臺南府城「祀典武廟」的馬使爺則享有獨立的「馬使爺廳」。

（一）祀典武廟

王靈天君：

湘陰之神，本無姓氏，薩真人見廟血食太重，以飛符燒廟，王靈天君被燒成火眼金睛，上告玉帝。玉皇上帝賜慧眼金鞭，暗跟薩真人，若有出錯可報前仇。但經歷數年真人都未有過失，因敬佩而拜真人為師，以王善為姓名，是雷部二十四神中能興雲助雨之神，亦為道家護法監壇之神，稱「大靈官太乙雷聲王天君」。

張仙大帝：

有「張仙送子」傳說，是四川神祇，為求子之神，稱「九天輔元開化張仙大帝」。

（二）關帝廳

　　關帝廳的文衡帝君從來不出廟門，平日遶境活動多由關平太子代為出巡；呂建德委員參考大陸東山關帝廟除供奉關平、周倉外，尚祀奉王甫將軍、趙累將軍，故再恭塑王甫將軍、趙累將軍的將爺於庚寅年正月初七（2010 年 02 月 20 日）開光，代替關平太子遶境。

王甫將軍、趙累將軍：

　　王甫將軍與趙累將軍都是三國蜀漢武將，王甫將軍為關帝爺麾下隨軍司馬。在關帝爺攻打襄陽時，因對荊州守備感到不安提醒關帝爺；荊州被呂蒙奪走時，與關帝爺同困麥城，關帝爺逃出後，死守麥城。得知關帝爺父子遭殺的死訊後，拒降墜城自殺而死，元朝至正十六年封「輔正利濟昭忠侯」。

　　趙累將軍是關帝爺軍前都督、糧料官、參謀，在關帝爺敗走麥城時，隨關帝爺從麥城突圍逃出，遇東吳的伏兵而戰死於亂軍之中，元至正十六年封「助順驅魔宣義侯」。

圖 4-25　馬使爺與將爺趙累將軍、王甫將軍

圖片來源：胡欣榮拍攝於 2012 年 06 月 08 日

十二、釋迦牟尼佛

　　主祀釋迦牟尼佛為彌陀寺與重慶寺。

　　「釋迦牟尼」是尊稱佛教創始人悉達多・喬達摩。「釋迦」是部族名，有「能」、「勇」意思；「牟尼」是為「文」、「仁」、「寂默」翻譯成釋迦文佛、「能仁寂默」〔註109〕。「釋迦牟尼」意譯「來自釋迦族的修行成就者」、「釋

〔註109〕南宋紹興十三年（西元1143年）法雲的《翻譯名義集》卷一：「釋迦牟尼，摭華云。此云能仁寂默。」見陳士強：《大藏經總目提要文史藏》，頁290～297。

迦族的聖人」。「悉達多」（梵文：Siddhartha，巴利文：Siddhattha）是「吉財」、「吉祥」、「一切功德成就」又作「薩婆曷剌他悉陀」（梵文：Sarvarthasiddha），意「意義成就」或「一切義成」〔註110〕。大乘佛教《華嚴經》稱「毗盧遮那佛」是「光明遍照」，俗稱「大日如來」。印度教說法，釋迦牟尼是「毗濕奴」〔註111〕化身。

上古印度信仰「婆羅門」教，《吠陀》有祭祀儀式及贊頌神的讚美詩，對神靈祈禱就能獲得現世種種好處，梵文是儀式中唯一語言。古印度社會因種族等級、社會分工、文化教育差異分成「婆羅門」、「刹帝利」、「吠舍」及「首陀羅」階級；「婆羅門」專職祭祀，「刹帝利」世襲軍政，「吠舍」經營工商手工業，「首陀羅」貧窮自由民從事較低賤職業，還有「不可觸者」的「賤民」。各階級人都各在自己階級中不斷輪迴。

南方印度信奉當地本土宗教，代表人物是「沙門」。崇尚出家苦行，在原野獨居，修道時不結婚生子，端坐不動求進入「禪定」。不信《吠陀》中神祇與升天之說，但相信輪迴轉世，認爲今生「業」，會影響來世。想脫離輪迴，唯通過苦行得到解脫。

佛教興起前，有許多屬於婆羅門、沙門的宗教流派。釋迦牟尼出生於東北部邊緣四小國之一，由「刹帝利」釋迦族統治的共和制迦毗羅衛國（Kapilavastū）。

釋迦牟尼二十九歲外出巡遊時，遇老人、病人、死者和修行者，深感生老病死的苦惱，常在閻浮樹〔註112〕下沉思，但得不到離苦之道。與五比丘在苦行林中苦修6年。

在35歲時，意識到苦行無法解脫，在菩提樹下禪定，發願不成正覺，永不起身，第七夜瞻望明星時悟道。在鹿野苑傳教時，爲五比丘宣說「四聖諦」〔註113〕開始出家僧團。八十一歲食物中毒涅槃。弟子彙集一生言傳身教，結集形成經、律、論「三藏」。

〔註110〕見《大唐西域記》卷七：「薩婆曷剌他悉陀（Sarvarthasiddha），唐言一切義成，舊曰悉達多（Siddhartha），訛略也。」。

〔註111〕毗濕奴，也譯爲維濕奴、維修奴，訶利（Hari）、幻惑天王、那羅延，佛教稱爲遍入天，印度教三相神之一，梵天主管「創造」、大自在天濕婆主掌「毀滅」，而毗濕奴天即是「維護」之神。

〔註112〕閻浮樹（梵文 Jambu），學名爲 Syzygium Cumini，桃金娘科蒲桃屬，又名烏木、海南蒲桃。

〔註113〕佛陀悟道後最早傳授的眞理：「苦、集、滅、道。」又稱四眞諦、四正諦。

普賢菩薩：

專管「理德」，「大表」將佛門所推崇的「善」普及到各地。座騎是大牙白象，象徵「願行廣大功德圓滿」。

文殊菩薩：

「文殊師利」的簡稱，有妙首、妙德、妙吉祥意思。「文殊」是妙，「師利」是頭、德、吉祥，所以「文殊菩薩」便是「妙德菩薩」、「妙吉祥菩薩」，代表「大智」。座騎是青獅，表示「智慧成猛」。

（一）重慶寺

原主祀華嚴三聖（釋迦牟尼佛、文殊菩薩、普賢菩薩），貢噶上師駐錫後，改以「大悲勝海紅觀音菩薩」為主祀，配祀「馬頭明王菩薩」為金剛護法。另祀全臺唯一的西嶽大帝與護法速報司、功德司及牛頭、馬面將軍。〔註114〕

大悲勝海紅觀音菩薩：

藏傳佛教觀音菩薩因多生多劫有許多尊、因不計其數稱「觀音海」。「紅觀音菩薩」是極樂世界觀音海的主尊，全身紅色有四臂，原二臂當胸合掌，次二臂右手持珊瑚念珠、左手持八瓣紅色蓮花綠莖，頭戴五佛寶冠，冠下左右兩飄帶飄揚，身披綢寶瓔珞，二足金剛跏趺坐在八瓣雜色蓮花日月輪上。

馬頭明王菩薩：

紅觀音菩薩的護法是「馬頭明王菩薩」，稱「馬王菩薩」。全身赤紅色，一面二臂三眼四獠牙，頭戴五骷髏冠，紅髮衝豎，頂上有綠色白斑點小馬頭，右手握五鈷金剛杵上揚，左手下垂提一束人腸帶，全身放出赤紅色火光。馬頭明王是西藏護法之王，指定要保護蓮花部的慈悲法，蓮花部主座是觀音菩薩，發願：「只要修蓮花部的觀音法，祂就會來保護，直到成佛為止」。

〔註114〕民國八十七年郭堯山編輯《重慶寺簡介》述：「西嶽大帝、功德司、速報司均因「南星殿」毀損廢廟才移入本寺」。重慶寺依據昭和八年（1933年）《台南州祠廟名鑑》載：「南星殿」為蘇姓家廟，主要供奉日星君、土地公、白府大總巡三尊神像，信徒三人。重慶寺為佛教寺廟，供奉釋迦牟尼佛、觀音佛祖、十八手觀音佛、牛爺、馬爺、速報司、註生娘娘、月老公等，信徒一千人。更正西嶽大帝、功德司、速報司非南星殿毀廟移入重慶寺，是當時府城先民創建寺廟時，合併供奉佛、道神明的文化特色。

圖 4-26　大悲勝海紅觀音菩薩與馬頭明王菩薩

圖片來源：胡欣榮拍攝於 2012 年 02 月 21 日

西嶽大帝：

　　道教五嶽之「西嶽華山大利金天順聖帝」。《恒嶽志》：「西嶽華山，終華、太白二山爲副。嶽神姓羌」。《神異經》：「神姓善」。《龍魚河圖》：「西方華山君神，姓誥名鬱狩」。《隸釋卷二東漢光和二年〈樊毅修華嶽碑〉》：

　　　　謂之西嶽、祭視三公者，以能興雲雨，產萬物，通精氣，有益於人。

　　　　其德體明，則有恢祥，荒淫臊穢，篤災必降。因該祭地，嶽以配天

《搜神記》載西嶽大帝主管天下金銀銅鐵錫之屬、陶鑄坑冶兼羽毛飛鳥之事。

　　宋真宗大中祥符四年五月追尊帝號爲「金天順聖帝」。明朝時再加封「大利」二字爲「大利金天順聖帝」。

圖 4-27　西嶽大帝與牛將軍、馬將軍

圖片來源：胡欣榮攝於 2012 年 2 月 18 日

十三、廣澤尊王

泉州人鄉土保護神，全號爲「威鎮忠應孚惠威武英烈保安廣澤尊王」，俗稱「保安尊王」、「郭聖王」、「郭府聖王」、「郭王公」、「郭姓王」、「聖王公」、「王公祖」、「王公」、「相公」、「聖公」。本研究主祀廣澤尊王的有永華宮與西羅殿。

五代南安縣郭山人（一說安溪縣清溪人或金谷鎮人），生前是牧童。歷經元明清三朝演化，家庭、姓名、經歷皆被神化。《南安縣志卷二疆域志郭山》：

> 神姓郭，世居山下，生而神異，意氣豪偉，年十歲時，忽取甕酒，牽牛登山，明日坐絕頂古藤上，垂足而逝。酒盡於器，牛存其骨。…托夢於鄉人而立廟，廟名初爲「將軍廟」…敕封「威鎮忠應孚惠廣澤」。〔註115〕

1. 妙應仙妃：

保安廣澤尊王妻子，主祀廣澤尊王寺廟都有配祀，俗稱「聖王媽」、「太媽」、「應媽」、「仙妃」、「聖娘」。《鳳山寺志略》：

> 相傳神蛻化後，有尤溪黃氏女浣衣，見金釧迴旋，不離左右，母令取之。一日乘輿過神廟，大風忽失所在，或言入廟坐化，宋時已加封曰妙應懿德黃氏仙妃。惠安莊牧亭觀察志謙有贊云，仙風道骨，本自天生，配王廟食，妙應留名。〔註116〕

另傳說姓陳名依娘，號懿德，是尤溪法師女，生於五代。北宋太祖乾德年間，母親黃氏至鳳山寺進香，脫口對尊王說：「尊王若是人，願將依娘許配」。依娘在溪邊洗衣時，拾取逆流漂來內有一支金釵的小盒藏在梳妝盒。之後依娘出嫁時，路過鳳山寺，花轎被大風捲入廟內，依娘座化在尊王側。依娘父親施法，欲沖毀廟，尊王化成壯漢拋碗、碟，退去洪水。大戰後，依娘父親一病不起，臨終囑咐在棺內四隅置炭火，欲燒毀鳳山寺；但尊王化爲白髮長者挾出三隅炭火，故鳳山寺總有一角失火燒毀。《鳳山寺志略》：

> 今寺傾一角在右旁之後，屢葺不牢，或言寺本鳳穴，某縣令造橋爲弓射之，中一翼而鍛。一說道士頻死，囑妻吹炭燬神廟，僅燕一隅。
> 〔註117〕

〔註115〕引自陳梅卿：《說聖王‧道信仰——透視台灣廣澤尊王》，（臺南：臺灣建築與文化資產出版社，2000年），頁10。

〔註116〕楊浚：《鳳山寺志略卷四叢談》，《四神志略》福州群玉齋光緒己丑版，福建省圖書館藏，頁13。

〔註117〕楊浚：《鳳山寺志略卷四叢談》，頁14。

2. 十三太保：

在臺灣傳說是廣澤尊王與妙應仙妃的兒子或是部將，大陸說是廣澤尊王的分靈，第一個分靈稱大太保……以此類推至十三保。

據說鳳山寺附近居民，夜半聽到廟中傳出小孩哭聲，家中土地必會上漲，受益者要送一尊泥塑太保入廟供奉。另一說聽到哭聲，翌日，廟中會發現一堆新黃土，將黃土泥塑成神像。共有十三尊，稱「十三太保」或「十三太子」（另一說法是大太保為聖王之子，其餘太保為聖王之徒兒），十三太保分別各守一宮，皆離祖廟詩山鳳山寺不遠的十三個村落中，以鳳山寺為中心，形成信仰圈。十三太保各自司其職，其中五太保尊稱「顯保——代天行醫」，因精於醫術，常常行醫。《鳳山寺志略》：

> 入夜間，每聞廟中呱泣聲，比明入視，得泥堆，遂塑像為神之儲，
>
> 至今凡十三太子，散處崇祀，咸鎮廟所奉為長男，自宋已然。〔註118〕

3. 四大從神：陳欽差、黃太尉及崇德尊侯、顯佑尊侯

黃太尉又稱「碗公」，身披盔甲、白髯皓首、手執兵器，據說是宋名將，偶至福建，因一道士施展法術，引來大水淹沒郭聖王廟，黃太尉將碗擲出，退大水數十丈，去世後被收為從神。

陳欽差名勇，身披盔甲、黑鬚垂胸、手執兵器，據說自幼習武，十八般武藝樣樣精通。皇帝遣他至泉州敕封郭聖王，在敕封後，留下修行坐化升天。

崇德尊侯、顯佑尊侯是尊王顯靈解除皇宮火災，皇帝派遣到鳳山寺頒敕的使者，在廟中坐化，成為尊王的殿前從神。

《鳳山寺志略》：

> 黃太尉，皓首白髯，嘗擲碗退水十丈，亦稱碗公。陳將軍與黃太尉
>
> 為神之左右衛，英姿瀟洒，浩氣如生。崇德尊侯，顯佑尊侯，二人
>
> 皆宋齎敕使者，至廟蛻化。按四神，凡禦災捍患，均相從之，故里
>
> 人亦虔奉云。〔註119〕

（一）永華宮

主祀廣澤尊王，配祀妙應仙妃、陳永華、南斗星君、北斗星君、三坪祖師、達摩祖師、中壇元帥、天真聖祖、文昌帝君、福德正神，但並無祀奉十三太保。

〔註118〕楊浚：《鳳山寺志略卷四叢談》，頁25。
〔註119〕楊浚：《鳳山寺志略卷二侍從》，頁12。

陳永華：

字復甫，謚號「文正」。福建泉州府同安縣人，明末舉人陳鼎之子。二十三歲時得兵部侍郎王忠孝推薦與鄭成功在廈門論政，深得賞識並譽「永華乃今之臥龍也」，授「諮議參軍」職爲鄭經師。鄭成功死後，輔佐鄭經、鄭克塽。三藩之亂時鄭經出兵福建，陳永華主持台政，鄭經敗退後，馮錫範，劉國軒得勢，受排擠辭職而病逝。鄭經授「資政大大正治上卿」，與妻合葬天興川赤山保大潭後（臺南市六甲區）。

十四、水仙尊王

海神信仰大約有媽祖、水仙王、龍王等，水仙宮主祀原始水神「水仙尊王」、「水仙王」。清代前被稱爲「水僊尊王」，郁永河〈海上紀略〉：「水仙者，洋中之神〔註120〕」，爲航海者的守護神，素爲沿海民眾、漁民、貿易商人所崇信。「水仙尊王」指夏禹，因治水有功被祀爲水神與航海守護神。

昔日海上有危難時，船上的所有人披髮，蹲於舩間，用食箸做撥划狀，口出鉦鼓聲，雖檣傾舵折，也能破浪乘風，化險爲夷，順利過關，是水仙宮神靈顯應庇佑所致。「划水仙」得救的故事，成了臺灣移民奉祀水仙尊王的關鍵。《重修臺灣府志》：

> 凡洋中遭風浪，危急不可保；惟划水仙一事，庶能望救，其法：在船諸人各披髮蹲，以空手作撥棹勢，假口爲鉦鼓聲，如五日競渡狀，即檣傾柁折，亦可破浪穿風，疾飛抵岸；則其靈應如響，亦甚殊絕者矣。〔註121〕

臺灣主祀海神是媽祖與「水仙王」；民間社會普遍祭祀的媽祖，水仙宮主要是臺灣港口作海上貿易的郊商在祭祀。清領時爲消滅明鄭勢力，遂貶低玄天上帝神格；並提昇湄洲地方神林默娘地位成天上聖母與最主要航海神，水仙尊王便淪爲區域性、行業性的水神信仰。《臺灣私法商事編》：

> 道光七年，開三益堂於水仙宮邊室，俗曰三郊議事公所。……以是爲郊例之慣，流傳至今。〔註122〕

〔註120〕郁永河：《裨海紀遊海上紀略水仙王》臺灣文獻叢刊 44（臺北：臺灣銀行經濟研究室，1958 年），頁 60。

〔註121〕周元文：《重修臺灣府志卷十九雜志》臺灣文獻叢刊 66（臺北：臺灣銀行經濟研究室）（臺北：臺灣銀行，1958 年 10 月），頁 549。

〔註122〕臺灣銀行經濟研究室編輯：《臺灣私法商事編第一章商事總論第二節郊》（臺北：國史館臺灣文獻館，1994 年），頁 19。

水仙王廟以「夏禹」爲主神，稱「禹王廟」。有單純供奉一尊神像，也有「夏禹、項羽、寒奡、伍員、屈原」五尊並祀，稱「一帝、二王、二大夫」。《臺海使槎錄》：

> 水仙宮並祀禹王、伍員、屈原、項羽，兼列奡，謂其能盪舟也（一作魯般）。〔註123〕

大禹（大夏聖帝）：

黃帝玄孫，姓似名禹字文命，夏朝開國君主。初封夏伯，後稱伯禹。堯時父伯鯀治水無功，爲舜所殛。舜命禹治水，禹用疏濬法治水，歷遍九洲，經十三年，水患以平，受舜禪讓爲天子，以夏爲國號。

圖4-28　大夏聖帝與左右侍臣

項羽（西楚尊王）：

秦末下相人，與劉邦爭天下，東歸時被漢王劉邦圍於垓下，突圍至烏江自刎於江邊，僅三十一歲，屍體未倒，後世稱「中流砥柱」。

寒奡（奡王尊王、白盟尊王）：

「奡王」，夏朝人爲寒浞之子，傳說力大無窮，能陸地行舟，發明船隻。後爲少康所殺，相傳死後經常搶救遭遇狂風巨浪的舟船。

伍員大夫（五盟尊王、威惠顯聖王）：

伍子胥，春秋楚國人，與父親伍奢及哥哥伍尙同朝爲官，父親是楚平王太子建的老師。父兄被楚平王所害，逃往吳並仕於吳，因諫吳王被大宰伯嚭

〔註123〕黃叔璥：《臺海使槎錄卷二赤嵌筆談祠廟》臺灣文獻叢刊4（臺北：臺灣銀行經濟研究室，1958年10月），頁44。

奉害，吳王賜劍自戕。死後吳王將遺體拋於江中。到漢代成主宰水路安全的
神，《昭明文選》引《淮南子》：

> 靈胥，伍子胥神也。昔吳王殺子胥於江，沈其尸於江，後為神，江
> 海之間，莫不尊畏子胥。〔註124〕

東漢吳平、袁康撰的《越絕書》：

> 胥死之後，吳王聞，以為妖言，甚咎子胥。王使人捐於大江口。勇
> 士執之，乃有遺響，發憤馳騰，氣若奔馬。威凌萬物，歸神大海。
> 彷彿之間，音兆常在。後世稱述，蓋子胥，水僊也。〔註125〕

指出伍子胥是水仙神。

屈原大夫（忠烈尊王）：

「屈平」別號靈均，戰國楚人。掌管昭、屈、景三姓王族的「三閭大夫」。
靳尚嫉妒才能，設計誣陷；懷王信讒言疏遠。因作〈離騷〉諷勸懷王醒悟，後
懷王死於秦國。頃襄王又聽子蘭、靳尚讒言，貶屈原到汨羅江。秦將白起伐楚，
攻破楚都，屈原懷石於五月五日午時自沈汨羅江。據晉王子年《拾遺記》：

> 洞庭山浮于水上，……。后懷王好進奸雄，群賢逃越。屈原以忠見
> 斥，隱于沅湘，……，用養心神；被王逼逐，乃赴清泠之水。楚人
> 思慕，謂之水仙。其神游于天河，精靈時降湘浦。楚人為之立祠，
> 漢末猶在。〔註126〕

圖4-29　西楚尊王、白盟尊王、五盟尊王、忠烈尊王

以上圖片來源：胡欣榮攝於2011年05月21日

〔註124〕蕭統編，李善註《文選卷第五賦丙吳都賦》以淮南子注「張組幃，構流蘇。
開軒幌，鏡水區。槁工檝師，選自閭閻。習御長風，狎翫靈胥。責千里於寸
陰，聊先期而須臾」

〔註125〕吳平、袁康：《越絕書卷十四得怮外傳》《四部叢刊初編》景江安傅氏藏明雙
柏堂刊本，頁105～106。

〔註126〕王嘉：《拾遺記卷十洞庭山》（台北：臺灣商務印書館，1979年），頁85。王
嘉：《王子年拾遺記一卷》雙紅堂舊小說甲集第二冊，頁5。

十五、陰陽公

廟方資料顯示「陰陽公」爲「陰陽都總管」，是五靈大帝的幕僚官員，負責掌印信，在清朝雍正年間，由福州移民渡海帶來。面部一半爲黑色，一半爲金色，代表陰陽公能自由出入陰陽兩界，掌管民間善惡功過，兼管陰府鬼魂。

在道教中職司賞善罰惡，擔任著像是人間司法檢察官的角色，明察人們的善惡行爲。每年司法特考前有不少考生攜帶准考證前來祈求陰陽公，尤其是警察特考最爲有名。

耆老蘇頂興表示，陰陽公生前濟世行醫，專治奇疾，靈驗無比。有求必應，給予信徒的籤詩很具靈感，尤其在治療疾病上，許多久病無法找出根源的信徒前來祭拜，陰陽公都會指引找到好醫院和醫生，因而吸引信眾前往參拜。據說有位虔誠的信徒羅醫生，當幫病人看診找不出病因時，就會來廟裡拜拜，陰陽公會給羅醫生靈感，這是羅醫生信仰陰陽公的主因，即便他現在人在大陸工作，只要有回台，都會前來陰陽公廟祭拜。

信徒楊忠釗解釋「陰陽都司總管」是五福大帝手下掌管印信的部屬，握有重權，「白龍庵」的陰陽公爲五靈公的陪祀。因總爺街、國軍配件場一帶爲軍事重鎮，平民老百姓難以進入祭拜，因此民間請了陰陽公祭拜，成爲全台少數主以「陰陽公」的寺廟。可能因爲五靈公是掌握瘟疫之神，所以治療疾病也許與五靈公有關。

圖 4-30　陰陽公廟的半黑半金臉陰陽公

圖片來源：胡欣榮攝於 2011 年 05 月 21 日

十六、五毒大帝

「五瘟大帝」、「五毒大帝」、「五毒大神」、「五瘟神君」，據說是隸屬五福大帝麾下。但廟方提供的資料是掌管瘟部的主宰神，是玉皇上帝賜封的御醫，更是鄉土保護神。造型是上身赤裸、肩披竹葉，下身圍竹葉，面容兇惡，左手持淨缽右手握拂塵與「盤古」、「神農」同為原始造型的先天神佛。

「五毒神」稱「五瘟神」是掌管「瘟疫」，包括紅面柳大瘟大帝，右持拂塵左手托淨缽，腳踏蟾蜍；綠面朱二瘟大帝，右持拂塵左手持毒珠，腳踏蛇虺；白面何三瘟大帝，左持拂塵右手捧寶珠，腳踏蜥蜴；黑面薛四瘟大帝，左手捧葫蘆右持拂塵，腳踏蜘蛛；粉面吳五瘟大帝，左持拂塵右手捧葫蘆，腳踏蜈蚣，手中法器可以收、放瘟疫，掌生死大權，是五方瘟毒，專為驅瘟除疫，保境安民，為福州地方鄉土保護神。〔註127〕

明崇禎年間，「五靈公」生前投宿之「五瘟廟」即祭祀「五毒神」，因獲知「五瘟神」奉旨至福州城行瘟，因而捨身救了福州城百姓的性命，被居民塑像祭祀。（五靈公傳說見前元和宮五福大帝）。

若依神話傳說的時間推論，對於「五毒大帝」的祭祀的確是早於對「五靈公」的祭祀。至於會傳說「隸屬五福大帝麾下」，應該是「五毒神」與「五靈公」同祀於五瘟宮內，由居民害怕瘟疫，連帶對施瘟的「瘟神」深俱恐懼，故將敬畏而祀的「五瘟宮」築於福州城外山上，加上神祇名為「五毒大帝」更令居民深懼以為是僅屬「施瘟」的瘟神，未能究其亦可「收瘟」能力，又因「五靈公」恩佑全城居民的造神傳說，遂有主從隸屬之結構說法。

圖 4-31　五毒大帝

圖片來源：胡欣榮攝於 2012 年 03 月 21 日

〔註127〕參考《開基安慶堂五瘟宮簡介》（臺南：開基安慶堂五瘟宮）（未註出版年月）

第二節 祭祀活動

　　地域性的民間信仰組織是漢人移民臺灣的一個獨特發展，是漢人在臺灣特殊的社會與歷史條件下之發展的結果。除了地方性祭祀圈的發展外，也有區域性的信仰圈的發展，均顯示漢人以信仰的形式來表達社會聯結性（social solidarity）的傳統。

　　信仰源自於對生活的祈求，生、老、病、死即是一生的寫照，所有活動本質都是圍繞在這些上，更可歸類成對抗疾病、生死的需求，求神祭祀的活動也是求生、治病、延壽……等。

　　人類對宗教信仰實踐是以祭拜行為來表現。阮昌銳認為在實際社會生活中為獲得神靈護祐，趨福避禍，祛除憂患，獲致平安幸福，以祭拜儀式行來祈求與神靈交通〔註128〕。同時他也提出，對神靈的祭拜，若從時間上分，可分成定期和不定期兩種。

　　寺廟提供信眾前往膜拜，祈求平安幸福外，通常都會自訂祭祀儀式活動日期，如神明聖誕、傳統節日……，會擴大祈福祭祀活動、迎神賽會、表演地方戲曲來酬神。重大節慶祭典或落成與修建完工會有「建醮」。

　　民間寺廟祀典活動可約略分為例行活動及非例行活動。例行活動包括儀式服務和特定時日的例行祭典，如每日早晚點香祭拜、一年之中神明誕辰的祭祀等；不定期祭祀則是為了偶發事件而舉行的祭禮〔註129〕。

　　固定儀式服務是點光明燈、安太歲、改運……等提供給信徒的服務，也是經濟收入來源，與個人求平安、趨吉避凶的信仰心理相關連。特定時日的例行祭典是每年都舉辦的祭典或法會活動，儀式服務也常配合舉行，像年初拜天公，中元普渡，而主神、副祀神聖誕，也有祭典及繞境或進香活動。也有隔幾年或不定期建醮、進香活動或特殊的情況才舉行的祭典；不定期祭祀則是為了偶發事件而舉行的祭禮。

　　在府城寺廟發展的交陪境（交誼境）衍生在神明生日時，依交誼深淺到壽誕祭祀的寺廟進行「插燭」或送花祝壽的特殊禮俗。

　　本節就對所研究的寺廟目前仍有的祭祀活動，區分為整體性共同形態的活動與各寺廟個別性特殊活動，做簡單的探索與記錄。

〔註128〕阮昌銳：《中國民間宗教之研究》（臺北：臺灣省立博物館出版部，1990年），頁49。

〔註129〕阮昌銳：《中國民間宗教之研究》，頁50。

一、共同性祭典

（一）早晚祭拜

　　各寺廟在每天早上用清香、敬茶致祭，或依各祭祀空間之慣例另外擺放鮮花、四菓、乾茶、山珍海味……等供品；傍晚或晚間亦再用清香、敬茶致祭。因近年興盛「安太歲」、點「光明燈」、「文昌燈」……等儀式，部分的祭祀空間除了每逢初一、十五會誦經祈福，也為「點燈」信徒頌經，所頌的經文也隨著所祀的神明不同，有專屬的經文，部分寺廟尚有專屬的誦經團組織來進行，各祀神的經文也是個文化的特色範圍，亦可留待日後專題研究。

（二）迓媽祖

　　「迓媽祖」是臺灣最早的媽祖遶境。源於乾隆嘉慶年間，北港媽祖到府城大天后宮會香活動，香路是沿著倒風內海至台江內海的港鎮口岸。最早記載是清臺灣兵備道徐宗幹〈壬癸後記〉：

> 壬子（咸豐元年，1851）三月二十三日為天后神誕，前期，臺人循舊俗，迎嘉邑北港廟中神像至郡城廟供奉，並巡歷城廓內外而回。焚香迎送者，日千萬計。……神之靈也，民之福也，官知幸也〔註130〕。

可見熱鬧非凡。光緒年間《安平縣雜記》：

> 三月，北港進香，市街里保民人沿途往來數萬人，日夜絡繹不絕，各持一小旗，掛一小燈，燈旗各寫『天上聖母、北港進香』八字。迨三月十四日，北港媽來郡乞火，鄉莊民人隨行者數萬人入城。市街民人款留三天。其北港媽駐大媽祖宮，為闔郡民進香。至十五、十六日出廟遶境，沿途回港，護送者蜂擁，隨行者亦同返。此係俗例，一年一次也〔註131〕

可知每年農曆三月媽祖聖誕時，當時沿著倒風內海濱的港鎮鄉民，隨著北港媽祖蜂擁而至臺南府城進香，且市街人民款待三天後，隨原路而回。〔註132〕

〔註130〕徐宗幹：〈壬癸後記〉《斯未信齋雜錄》臺灣文獻叢刊 69（臺北：臺灣銀行經濟研究室，1960 年），頁 69～70。

〔註131〕不著撰人：《安平縣雜記。風俗現況》臺灣文獻叢刊 32（臺北：臺灣銀行經濟研究室，1960 年），頁 14。

〔註132〕參考黃文博：《「倒風內海媽祖行腳」——消失的香路》（臺南：臺南縣政府，2010 年）。

當時迎奉回鑾的媽祖是從臺南大天后宮分迎至北港朝天宮的顯靈三媽，當年為了表示尊敬，是由小北門進城，過橋後經大銃街（自強街），轉往普濟殿，由接佛頭港（民族路附近）到藥皇廟駐蹕，隔日再到大天后宮。北港媽祖亦會特地到分香自北港媽的橫仔林朝興宮。

日治時代，斗六廳下北街朝天宮仍按例年稅駕，但已不固定一年一次，變成可任人迎請。大正四年（1915年）時發生「糖郊媽」事件，因未依例由藥王街轎班抬轎，引起不滿，北港以三媽南下影響消費收入不讓三媽南下，改以「糖郊媽」代替。府城寺廟集資新雕「鎮南媽」，農曆五月十六日開光，北港媽回香成絕響。

府城迓媽祖和商業活動息息相關。當時在大井頭街附近的六興境、新街……一帶各行業的行郊與商號會在「迎媽祖」時，會推出自己的旗幟或搭「藝閣」。商團為了引人注目，藉此廣告打開知名度，宣傳其商品與行銷，莫不挖空心思，以自己行業代表性的產品或材料，經過刻意修飾，製作成五花八門的「郊會旗」遊藝踩街互別苗頭，助於市街熱鬧，促進景氣，吸引在地和外地人潮觀賞，因此有「府城迎媽祖，百百旗」、「臺南迓媽祖，無奇不有」、「臺南迓媽祖，啥咪旗都有」〔註133〕等諺語。

日本人為合理化治臺，極推崇半個日本人的鄭成功，故至民國五十年代初期農曆三月中，為期兩天舉辦「迓開台鄭成功及鎮南媽」〔註134〕。以往其他寺廟辦遶境活動時，大天后宮只出「香擔」，自此也有神轎、陣頭，而每年迓媽祖時，則由鎮南媽出馬。

俗諺「臺南媽祖開運河」〔註135〕的由來是大正十三年臺南開運河，十五年「共進會」在臺南舉行，日本首相弟弟蒞臨府城，主持臺南市運河開通典禮。日本人為配合舉辦運河開通典禮，擴大府城「迎媽祖」活動，這次是日治規模最大的一次，除全市各寺廟參加外，鼓勵府城工商各界以傳統、特殊民間彩旗「百百旗」參加，爭奇鬥勝熱鬧非凡。

日治時期最後一次迎媽祖是昭和十二年（1937年），迎媽祖的出轎隊伍，照往例延平郡王鄭成功及其轄下土地公廟的神轎為首位，第二頂為府城隍，

〔註133〕指臺南迎媽祖的盛況什麼都有熱鬧非凡，又富文化特色。
〔註134〕參考良皇宮舊照片（拍攝於民國五十一年）
〔註135〕曾吉連編撰：《祀典台南大天后宮志》（臺南：台南大天后宮發行，2001年），頁83。

最後一頂轎為大天后宮，其他仍於臺南公會堂依例皆由臺南市尹抽籤，路關依然經過臺南州廳及臺南市尹官舍。後因蘆溝橋事變，為防止臺灣人凝聚民族意識，停止臺南迎媽祖活動。

　　光復以後因政治形勢與不鼓勵迷信拜拜及厲行節約因素，變成單純的「迓媽祖」。媽祖遶境活動未每年舉行，民國四十六年才第二次舉行，有五十幾間廟宇參加，北港媽祖亦參與巡行，民國七十年起以一任臺南市長任期內舉辦一次迎媽祖為定例〔註136〕，除大天后宮的迓媽祖、市府的媽祖文化祭，有些媽祖廟會也會辦理遶境。

（三）建醮

　　「醮典」是臺南民俗之一，過去農業社會百姓於農忙、收割後，為感謝神明保佑，會集庄眾舉辦廟會醮儀稱「秋冬打大醮」，風俗延續至今，雖經濟活動非農業為主，還是於秋冬時節做醮。每年接近立冬，是各廟宇舉辦年終醮典時期，當「牌樓」建立時，是宣告「醮典科儀」正式開始。

　　「醮」是古代「祭神」的祭名。漢末道教盛行後變成「僧道設壇祭神」的專有名詞。醮與祭連用稱醮祭或祭醮。杜光庭認為醮是祭的別名：「牲牷血食謂之祭，蔬果精珍謂之醮。〔註137〕」。

　　「建醮」祈求風調雨順、國泰民安。移墾臺灣時道教通俗信仰、「信鬼尚巫」閩俗傳統及開拓遭遇「毒霧瘴氣」，將「建醮」由「祭祀禮儀」與「民間風俗」結合成祈神酬恩和施鬼祭魂的祭典，信徒認為利用建醮得活動可以消災解厄、治病驅邪。

　　「建醮」分臨時醮與定期醮兩種，臨時醮不定期舉行；定期醮固定時間如三年、五年、六年、十年、十二年甚至六十年。醮期長短分一朝醮（舉行一日）、二朝醮（二日）、三朝醮（三日）、五朝醮（五日），也有數星期；醮期越長，規模越盛大，三朝醮是標準祭期。可分成祈求風調雨順、五業興旺和地方平安的「祈安醮」（平安醮、天醮、春醮）、寺廟竣工、神佛開眼、入座的「開光安座醮」、解除瘟疫「瘟醮」、中元祭典，普渡陰鬼「中元醮」、解水、火厄，為水、火災死者祈福「水火醮」、羅天大醮、圓醮、神明誕醮。

〔註136〕每逢鼠年、龍年、猴年辦理。
〔註137〕參考周西波：《杜光庭道教儀範之研究》（臺北：新文豐出版公司，2003 年）。

在求問神明確定醮期長短和祭區後，組織規劃事宜的「醮局」或「建醮籌備委員會」。儀式過程：

1. 祝告上蒼：將醮事心願、進度表稟告諸天神尊鑒醮。
2. 建立法壇：道士施法和建醮主祭拜場所，分主壇（內壇）與副壇（外壇）。道士們在主辦廟宇內搭設主壇與祭壇佈置；副壇由各角頭廟委辦。
3. 豎燈篙：懸掛有旗旛以及燈幟的高竿稱「燈篙」，被視為請神招鬼最重要的器物，除一日醮沒有普渡科儀，大部分醮祭法會，都把「豎燈篙」視為最重要起頭戲，是邀請天上諸神鑒醮及共享成果，另招引陰間孤魂野鬼來共享孤食。
4. 安天地錢：醮壇左右各有一支燈篙，左置「天錢」，貼金箔紙錢；右置「地錢」，貼銀箔紙錢。是取「趨吉避凶」或「招財進寶」之意。
5. 懸掛平安燈、門彩：參與醮事的住戶（境內祭祀圈信徒），門口懸掛庇祐全家平安及四時順遂的門彩與平安燈。
6. 封山禁水、齋戒素食：醮區境內民眾都要遵守齋戒素食、禁屠殺生靈的規定。「齋戒」為道教表現虔誠與戒慎的行為，在建醮期間，境內善男信女都必須戒守齋素，表達虔誠心意，維持建醮法會聖潔。
7. 放水燈、送彩船：超渡溺水孤魂能早日超生。
8. 拜天公、敬祖先：齋戒後民眾自備祭品、湯圓、牲禮、鮮花、水果……等到各區醮壇敬拜天公與謝三界酬答神恩。
9. 普渡開香：普施孤魂。
10. 謝燈篙：舉行謝燈篙儀式。降下燈篙上燈誌、旗布，拔起竹篙，燒金鳴砲。
11. 送天師：將天師送回「天師府」，醮典圓滿結束。

「送天師」是府城建醮獨有的儀式。建醮時（除王船醮外）都會設天師壇、上帝壇和佛祖壇，請張天師、玄天上帝、觀世音菩薩鑒醮，一般寺廟中並無供奉張天師，故在建醮前要到天壇或玉皇宮迎請張天師前來醮壇。《安平縣雜記‧僧侶並道士》：

> 建醮之前數天，必請天師，（天師張姓，相傳漢之張道陵）；建醮之後數天，必送天師（緣金多者，糊一黑面髯鬚天師像，高五、六尺，

　　衣服均用綢緞為之，一日換一色天師壇舖設極工麗焉），緣金少者，

　　到天壇請泥塑天師而已。〔註138〕

科儀結束後除送玄天上帝、觀世音菩薩外，另要舉行繞境「送天師」儀式。
恭請紙糊天師像的寺廟，在廟會結束後將紙糊天師火化恭送天師回天庭。到
天公廟恭請張天師神像的，在廟會結束後再將天師與天師的虎爺一同遶境並
送回天公廟，「踏香路貼香條」是「送天師」香路行程的預走，送天師回鑾踏
香路貼香條之行，按照府城傳統禮俗出吹陣、香擔，張貼此科恭送天師回鑾
的香條。一般交誼境的寺廟也會共襄盛舉派出神轎、藝閣、陣頭……等，讓
活動盛大熱鬧，以顯現面子〔註139〕。

圖 4-32　火化送天師

資料來源：tw.myblog.yahoo.com/tw_home2001/article?mid=3214&prev=3232&next
　　　　　=3068

（四）禮斗（拜斗）

　　「拜斗」是春、秋兩季為眾善信舉行集體式的禮斗法會。傳說魂魄來源
與歸宿均在「斗府」，「斗」是人本命元辰，分屬北斗七星所轄，稱「本命星
君」。在本命日齋醮祈福會受本命星君庇蔭保佑，可以去疾延壽。

　　斗燈是民間重要的辟邪祈福之物，其作用為「禳境內邪鬼，祈求天賜福，
合家平安，農工商各業隆昌之意。」

　　祭星、改年、拜斗、改運是科儀流程。「祭星」讓不好運勢遠離，「改年」
解罪業，「拜斗」添財、添福壽，在焚香詢問儀式是否圓滿，得允筊後進行「改
運」。 祈安禮斗法會中，「斗燈」為主要避邪祈福物。片岡巖《臺灣風俗誌》：

〔註138〕不著撰人：《安平縣雜記僧侶並道士》臺灣文獻叢刊 32，頁 22。
〔註139〕是寺廟活動中的重點，代表廟境信徒的財力、能力與神威。

米斗盛米點燭，斗內由兩方斜插兩支木劍，中央置一面圓鏡及剪刀、

尺、秤、英盤、錢、土等〔註140〕

桌前供牲醴祈福。斗燈由油燈、米斗、斗燈傘及安在斗米上鏡、劍、秤、剪
及尺五種法器組成，符合五方五行之數，各地放置於斗燈內的物品或有增減，
但差異不大。各物品皆有其代表意涵，米是民間普遍的避邪物，盛米插上各
種器物，點燃油盞成斗燈，採用傳統屬陽火的油燈，在祈安法會期間維持斗
燈長明不滅；燈傳達光明與溫暖，長年明亮的燈火有生生不息的意味；劍為
驅邪逐魔之物；尺和秤是測量工具，意寓能分善惡、知輕重；剪刀為利器，
有關煞之功能；鏡則取其音，為合「境」平安之意〔註141〕。

（五）太陽公生

雖然太陽公生祭祀是府城特有的民間傳統歲時祭典，但何培夫研究調查
發現，全國只有臺南市存有祭拜太陽公的儀式，而且目前府城民間對此歲時
的祭典也式微了，就連寺廟舉行者亦不多見。

農曆三月十九日是明思宗自縊之日，民眾對舊皇政績滿心懷念，卻怕清
朝政府猜忌，就藉祭拜「太陽公生」來緬懷先王。祭品選擇「九豬十六羊」，
根據連橫《雅言》：

> 三月十九日，相傳太陽誕辰，實則明思宗殉國之日也。聞之故老，
> 謂明亡之後，遺民不忍死其君，又慮清人猜忌，乃藉言太陽。太陽，
> 日也；日，君象也，故曰：『太陽一出滿天紅』，以寓復明之志。是
> 日以麵製酒豬十六羊供為犧牲，則少牢之禮也。〔註142〕

「九豬十六羊」是「少牢」禮。豬與「朱」同音，「九豬」就是諧音「救朱」；
太陽與「明」同義，明朝傳位十六位皇帝，意喻著思念明朝故主，隱含有「反
清復明」的意涵。

祭祀方式是清晨時面向東方，在供桌上擺放「九豬十六羊」及薑、糖、
鹽、紅豆（山珍海味），以及未泡過的茶葉、茱碗……等，對太陽升起處祭祀。

〔註140〕片岡巖著、陳金田譯：《臺灣風俗誌》（臺北：眾文書局出版，1990 年），頁
611。

〔註141〕劉還月：《臺灣民間信仰小百科·醮事卷》（臺北：臺原，1994 年），頁 97、
100。

〔註142〕連橫：《雅言》臺灣文獻叢刊 166（臺北：臺灣銀行經濟研究室，1963 年），
頁 82。

目前祭祀時以米、麵粉或綠豆糕製成的牲禮代替，豬羊大小都一樣，尖嘴是羊，寬口的是豬。開基武廟、祀典興濟宮、開基三官廟、與臺灣首廟天壇、開基玉皇宮尚辦有集體祭祀太陽公的祭儀。

圖 4-33　「九豬十六羊」

圖片來源：胡欣榮攝於 2011 年 4 月 21 日

（六）拜契

「拜契」是過去物資匱乏、環境衛生不佳、醫學不發達，父母祈求神佛為孩子「契父」或「契母」，希冀神力護持，平安順利成長。現今仍有父母讓孩子拜神明為「契父」或「契母」習俗存在。

圖 4-34　佩戴「契鏈」與福隆宮拜契書、七娘境開隆宮拜契書

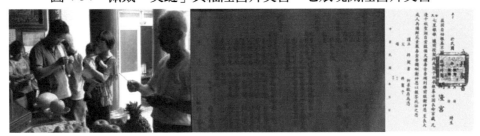

以上圖片來源：胡欣榮攝於 2011 年 7 月 30 日

「拜契」須由父母親自求筊，寺廟執事人員鑑筊，求得一尊或多尊神明核可，再求賜或自備契鏈（手鍊或項鍊）與拜契的日期。契鏈先經加持，

拜契日準備六粒或十二粒紅圓、一粒發粿、一份油麵、四果、五牲（素亦可）、鮮花一對、壓爐紅包（內裝兩個硬幣）、一瓶酒及契書二份。在上香、獻酒後，進行佩帶契鏈儀式，有些慎重的寺廟會在契書上核加官印，一份契書連同壽金在金爐中焚化，稟告天地，另一份由契子女帶回保管，完成拜契的儀式。

（七）神明聖誕（插燭）

神明聖誕時，一般依各祭祀空間慣例準備供品進行。常見供品包括酒、鮮花、壽麵、壽桃、牲禮、十二菜碗、四菓、紅龜、發粿、四菓茶、山珍海味（薑、紅豆、鹽、糖）等，依祭祀習慣略有增減，其中有些奉祀空間強調使用素牲禮或不使用牲禮。

臺南府城因特有「廟境」祭祀圈，鄰近「廟境」有交陪的友廟會前往祝壽稱為「插燭」。「插燭」儀式過程：壽誕前一日下午交誼寺廟（客廟）執事人員由八音、頭旗、涼傘前導抬著祭品前往祀奉聖誕神明的寺廟（主廟），抵達路口時點燃炮篙通知主廟，廟方接獲通知燃放鞭炮與煙火歡迎並前往迎接，接手前來祝壽寺廟的頭旗、涼傘，將祭品及祭祀用品擺置於供桌上，前來「插燭」的執事人員由廟方人員陪同下執禮香行三拜禮、三跪九叩禮祝壽。隨後廟方準備平安宴招待交誼境執事人員並備禮品回謝。

「插燭」時準備：花薦、大香環、禮香、連珠炮一串、竹篙炮、壽金、麵線三杯、山珍海味（紅豆、薑母、砂糖、鹽巴）、麵線塔、壽桃塔、六珍（麻荖、米荖、餅龜、口香、雲片糕、洋羹）、六味（金針、木耳、紫菜、香菇、冬粉、洋菜）、茶水四杯、人蔘茶四杯、四菓茶（四色蜜餞）四杯、四色糕四碟、四色餅四碟、四色包四碟、壽麵龜、壽桃、紅圓、雙連麵龜、壽麵（油麵）、香蕉、薦盒（口酥餅、糕、糖果）或蜜餞塔（帆船糖）、燭台與紅蠟燭一對、花瓶與鮮花一對、淨香爐（含几桌、香末）、四果、八仙彩一條.高錢一對、戲彩一張、花圈（花藍、吊花藍）。

圖 4-35 「插燭」活動

圖片來源：胡欣榮攝於 2010 年 5 月

二、個別性祭典

（一）虎爺聖誕（興濟宮）

興濟宮「下壇將軍」有專屬供桌，誕辰是農曆六月六日，且有「和合堂」的專屬神明會。祭祀虎爺的供品一般是小三牲、雞（鴨）蛋、生肉與米酒頭，祭祀後供品帶回吃平安。由於「虎爺公」喜愛炸雞等食物，近來供桌上經常擺滿炸雞與知名超商冰品。許多父母會帶著子女來為虎爺祝壽，以祈求虎爺保佑身體健康。（見上節）

廟方表示，不少分香廟再回宮謁祖時，還有「虎爺吃炮」迎虎爺炸轎的習俗，民間習俗謂：「炸虎爺轎大發」，因此商家、善信會準備一堆堆如小山丘的鞭炮施放，以祈能大炸大發。

圖 4-36　興濟宮的虎爺

圖片來源：胡欣榮攝於 2010 年 07 月 12 日

圖 4-37　「炸虎爺轎」2010 年北港迓媽祖

圖片來源：北港朝天宮

（二）迓四安旗（下大道良皇宮）

「元宵四安境迓四安旗」活動自民國六十七年起，由良皇宮邀請原四安境成員：保安宮、沙淘宮、神興宮組成「四安境聯誼會」共同製做一面「四安境聖旗」和一座科有四間寺廟名稱的八角聖爐。「四安境」為「聯境」（見

下一節）寺廟民防組織，原由城內良皇宮、沙淘宮、海防廳〔註143〕土地廟（已廢）和城外保安宮、檺林宮（現為神興宮）共同守護著小西門和外新港區治安。其中四安境海防廳土地廟福德正神金身在良皇宮內。

活動內容是從前一任爐主寺廟中請出聯境「聖旗」及「聖爐」，聯合四間四廟神轎，繞行四安境各廟境所涵蓋範圍內的馬路（祭祀圈）後，為境內信徒除去地方不潔之處，求合境平安，再將「聖旗」及「聖爐」迎至下任爐主寺廟。

初成立時是每年元宵節交接，輪流主辦，形成府城特有的民俗活動，民國九十一年後每三年〔註144〕舉行一次。爐主是依照成立時卜筊決定順序，依序是神興宮、保安宮、良皇宮、沙淘宮。

圖 4-38　四安境聖旗與聖爐

圖片來源：胡欣榮設於 2012 年 02 月 06 日元宵節

（三）打城法事（東嶽殿）

自古對因車禍、溺水、上吊或流產而死被困「枉死城」的亡魂，以求助神壇或廟裡乩童或尪姨，至特定寺廟做「打城法事」，超渡接引到西方極樂世界或進入六道輪迴重新轉世。

〔註143〕臺灣海防廳原在鹿耳門，雍正八年（西元 1730 年），移建臺南府治西定坊，光緒十一年（西元 1885 年）裁撤。

〔註144〕即鼠年（子）、兔年（卯）、馬年（午）、雞年（酉）舉辦，據說是值年的爐主花費很劇，因經濟考量而修改成三年一任。

「打城法事」需在祭祀獄帝爺、地藏王菩薩、閻羅王的廟宇舉行。東嶽殿「打城」歷史最久、最具代表性 。「打城」指「攻打枉死城」，是令亡魂脫離枉死城的法事，為「落地府」法術。儀式過程步驟：〔註145〕

   1. 請神調營：上疏請求東嶽大帝赦免亡魂，並調來神兵相助。

   2. 引魂點魄、開路打關、出枉死城、過奈何橋：屬「落地府」，指得到東嶽大帝赦免令並獲神兵相助，下地府請土地公帶領到亡魂山，將亡魂從枉死城中帶走。

   3. 藥王治病、超渡念懺：由法師作法，請藥王為亡魂療傷，並為亡魂念懺超渡。

   4. 牽亡相會：屬「牽亡」，讓亡魂來與親友相會。

   5. 送亡送神：將亡魂及神兵送走，法事結束。

（四）九皇大帝聖誕祈安禮斗法會（天壇）

農曆九月初九日是九皇大帝、斗姥元君及各斗星君聖誕，天壇會在初八晚上十一時為九皇大帝暖壽並舉辦「禮斗法會」。臺灣首廟天壇表示，法會始於民國五十年，每年農曆九月初一至九月初九都會舉辦為期九天的禮斗法會。「禮斗」亦稱「拜斗」。斗壇供奉中天梵氣斗姥元君、中斗、東斗、西斗、南斗及北斗，各有主祀與不同護佑主題。禮斗建立在「禮拜九皇大帝」、「北斗消災」、「南斗延壽」的斗星消災解厄信仰，拜斗期間按拜斗人生辰八字點燈開斗，由天壇經文社及女誦經團齋友循古禮誦讀經典、晚課祈安植福，替斗主祈求賜福消災、延年益壽。

圖 4-39 逾 50 年的紙糊神像「朱衣星君」、「金甲大將」

圖片來源：中華日報新聞網 2008/10/4，http://www.cdnnews.com.tw

〔註145〕傅朝卿：《遠流臺灣館·台南歷史深度旅遊》（臺北，遠流出版社，2000 年），頁 163～166。

天壇的法會中有「朱衣星君」及「金甲大將」兩尊神像,「朱衣星君」持疏文,記錄並稟告凡間禮斗法會各項程序,「金甲大將」持寶劍,驅趕妖魔鬼怪。廟方說這兩尊神像的歷史已超過半世紀,由紙糊名家盧圖所製。

(五)重九飲菊花茶、點心(北極殿)

清代府城在九九重陽日有登高避毒疫、飲菊花茶酒治病的活動,鷲嶺是九九登高休息處,清巡道與知府重陽節設宴請耆老飲菊茶、賞菊花。北極殿重陽仍提供菊花茶、點心,延續自古以來的傳統。

(六)端午「立蛋」、「午時水」與香包(五瘟宮、海安宮)

春節、端午節和中秋並列三大節慶。「端」指「初始」、五月是「午」月,「端五」就是「初五」演變成「端午」。雖然是為歲時節令的活動,但是在目前的社會情況下,許多傳統的風俗習慣卻逐漸被簡化遺忘。

端午節的風俗除了粽子、划龍舟〔註146〕、飲雄黃酒、掛菖蒲和艾草習俗外,配戴香包、正午時立雞蛋與「午時水」也是特殊的風俗,在俗諺上,因應端午包粽子產生「五日節若到,秫米就起大價。」的說法。

端午的禳除習俗源自驅邪避惡,在初夏蟲疫滋生之際,疾病開始流行,臺灣習俗認為端午當天正午,是全年陽氣最盛時刻,飲用午時水可強身健體、驅除百病,加入香茅、艾草、菖蒲等驅邪植物,掛榕枝、飲雄黃酒;當天洗艾草水,也有防毒健身的效果。

五瘟宮五毒大帝原本即為五瘟神,腳下各踏有「蟾蜍、蛇、蜥蜴、蜘蛛、蜈蚣」等五毒,且五毒大帝的誕辰是農曆五月五日,與端午的風俗相關聯,廟方配合習俗與典故每年在端午節當日舉辦取「午時水」〔註147〕、「立蛋」、「香包」、手環編織與擲筊乞求「平安龜」等活動。

「午時水」為五瘟宮傳統習俗,當天午時以祭拜過五瘟神的符令,燒化後放入由地下井抽出的水中,供信眾取用淨身保平安。據說「午時水」可趨

〔註146〕清乾隆二十九年,臺灣便有龍舟競渡,古稱「鬥船」;臺灣府知府蔣元樞曾在臺南法華寺半月池主持友誼賽,發展至今,「五月鑼鼓響半天,阮卜看龍船行河邊!」的典故。

〔註147〕目前在廟旁有地下水源供應的寺廟,也提供「午時水」的汲取,海安宮亦以活動方式舉行。一般人家除至寺廟取得「午時水」外,亦有於午時汲取地下水或以自來水曝曬來取得。

吉避凶，消災解厄，俗諺「午時水啉一嘴，較好補藥吃食三冬」、「午時水洗目睭，金到若烏鶖」。

「立蛋」活動在五瘟宮延續近十年，廟方提供三大箱生雞蛋分送給參加的人。上午十一時開始在廟埕立蛋，今年另有疊高的比賽活動。傳說端午節正午陽氣最重，在端午節正午將雞蛋立起的人，未來一年會運氣好。

香包又稱「香囊」、「馨香」、「香袋仔」，是由「艾虎」和「長命縷」演變來的。「荊楚歲時記」提到「艾虎」是把艾草剪成虎形或把綵絹剪成小虎貼在艾葉上驅除毒氣。後來用五彩線紮一個裝滿艾草、雄黃和檀香粉末與香料的小布袋，將艾虎和長命縷合成香包，讓小孩掛著防毒蟲擾，象徵平安吉祥。廟方提供香包供信徒製作，隨著時代與社會的流行趨勢，將五彩線長命縷配合民俗演變成幸運手環的編織。

「龜」象徵祥瑞、長壽、靈異。《禮記》：「麟、鳳、龜、龍謂之四靈。〔註 148〕」，《抱朴子》談到「有生有死，而龜長存焉。」〔註 149〕。龜因長壽成為民間崇拜的對象，民間祭典和生命禮俗中，常以龜圖像與祭品祈求延年益壽，「龜」在閩南語同「痀」、「聚」，且常與水相關，民間視「水」為財，在形體象徵與語音上具有「圍」與「聚」，所以被延伸象徵圍聚財富。「乞龜」是臺灣民間信仰最普遍的風俗，目的大都在祈求平安、健康或財利。假如祈求之事如願以償，則隔年會加倍奉還，供其他信徒繼續求乞。

乞龜的方式是求乞者祝禱於神明面前，再擲筊徵求神明同意，經過允許後，將香插在龜背以示「名龜有主」，並於廟方登記姓名與聯絡方式，將龜轉向廟門，自廟中門迎出「過火」天公爐返家；回家後須在神案供桌上祭拜再分切食用。〔註 150〕

三郊鎮港海安宮亦有舉辦「汲午時水」的活動。亦是汲取月井的水，加上媽祖的符令供信徒取用，另有一特色為在廟埕上方以灑水器將月井的水噴灑，讓信徒接取。「午時水」的取得除來自寺廟外，亦有於午時汲取地下水或以自來水曝曬來取得。

〔註 148〕《禮記禮運》《仿宋相台五經》本，頁 98。
〔註 149〕參考《抱樸子內篇卷二論仙》，頁 26。
〔註 150〕參考林茂賢：《台灣民俗記事》（臺北：萬卷樓圖書有限公司，1999 年），頁 117～118。與 2012 年 06 月 24 日實地參予活動所得。

圖 4-40　香包、手環、立蛋、午時水、平安龜

圖片來源：胡欣榮攝 2012 年 06 月 23 日

圖 4-41　海安宮 2009 年午時水與五瘟宮驅瘟安宅符令

圖片來源：胡欣榮攝 2009 年 05 月 23 日

（七）設公案桌、暗訪「夜巡」（縣城隍廟）

「設公案桌」是城隍爺在農曆八月一日供冤魂申訴冤屈。「暗訪」是神明夜間巡視轄區，暗查民間隱情的宗教儀式。暗訪的目的在掃除危害地方的妖魔鬼怪，確保地方安寧，民間俗信陰界孤魂野鬼只能在夜間活動，因此暗訪必須在夜間進行。

臺灣首邑臺灣縣城隍廟在農曆七月結束後約一週舉辦「夜巡」遶境；依循傳統酉時一刻由令旗前導出發，城隍爺由轎班護駕出巡，文、武判官、七爺八爺、什家將（由什役領軍加文差、武差、四神、四將）、捕快和大算盤同行，在舊時臺灣縣城轄區內巡查，在重要或交通繁忙路口以油鍋辦「路祭」儀式，「路祭清除」時由家將打圈界定範圍，再以大油鍋點火「煮油淨境」，各路頭分由七爺八爺和眾家將們鎮守把關，城隍爺坐鎮當中，捕快舞動手中草龍（草蓆捲成，為道教法器）輪流驅逐四面邪靈八方凶煞。

圖 4-42　設公案桌

圖片來源：胡欣榮攝於 2010 年 9 月 8 日

圖 4-43　城隍爺夜巡與「路祭」儀式用的油鍋

圖片來源：胡欣榮攝於 2010 年 9 月 14 日

（八）月老（府成四大月老〔註151〕）

臺灣早期供奉月老的寺廟不普遍，隨著社會環境的變遷，月老的崇祀越來越盛。臺南市有臺南大天后宮、祀典武廟、大觀音亭、重慶寺的月老，被謂爲「四大月老」。

大天后宮的月老提供許願疏文與「紅線」讓無交往對象者求取。先說出個人資料及所求後擲筊，在獲允許後，再抽取月老枴杖上的「紅線」放在口袋即可。當紅線不見了，就表示月老開始趕辦祈求的案件。

祀典武廟的「月老公」是最「迷你」，手持枴杖，有「相互扶持」之意，適用夫妻或已婚劈腿者祈拜。傳說若桃花過多，亦可以請月老幫忙斬除爛桃花；已婚者可求月老賜予姻緣路上相互扶持，不離不棄。

大觀音亭的月老是專替無對象想求好姻緣者牽紅線，腰帶題有「白頭偕老，天作之合」，耆老說祂的嘴巴比例特別大，比較會說媒。在求得聖筊後，向廟方索取「緣粉」與「紅線」，女生以「緣粉」擦臉；男生擦耳與脖子，紅

〔註151〕臺南大天后宮、祀典武廟、大觀音亭、重慶寺。參考：《愛情城市手冊》（臺南：臺南市政府，2011 年），頁 7。

線攜帶在身，亦可將自己的生辰八字與擇偶條件寫在紅紙上，置於月老案前請月老幫忙。香爐上詩云：「月下配緣眾男女，老皆白首夫妻和；先術神通能感應，公公慈悲求必成。」

　　重慶寺的月老則與「速報司」搭擋，另搭配一甕「醋矸」（見下項扖醋矸），對於感情多折、關係失和者有特殊功能。

圖 4-44　大天后宮、祀典武廟、大觀音亭之月老

圖片來源：胡欣榮攝 2011 年 04 月 05 日

（九）「扖醋矸」（重慶寺）

　　在臺南府城俗諺「重慶寺扖醋矸」、「三七二十一，醋矸扴咧搖」，指的是至重慶寺攪動醋矸理的醋，以求對方回心轉意。重慶寺供奉的月下老人搭配「速報司」與「醋矸」專解決失和的夫妻、情侶感情不順遂，達破鏡重圓、重拾和睦情感。道光咸豐年間，臺灣府學教諭訓導劉家謀在《海音詩》描述重慶寺「速報司」：「攝合偏饒秘術多，蓮花座下簇青娥，不圖色相全空後，猶捨慈航渡愛河。〔註 152〕」，對重慶寺附註說明：

> 重慶寺，在寧南坊；昔住持以尼，今則僧矣。男女相悅不遂者、夫妻反目者，皆乞靈於佛；置醋甕佛座下，以箸繫髮攪之，云使人心酸；取佛前燈油暗抹所歡頭，則變。東安坊嶽帝廟亦有之。皆整俗者所宜除也。〔註 153〕

誠心向觀音祈求，並用頭髮繞竹棍攪動「觀音菩薩」前「醋甕」裡醋水，對戀愛中感情不順的男女或感情不睦、外遇夫妻都可收立竿見影之效，因此稱

〔註 152〕劉家謀：《海音詩》（南投：臺灣銀行經濟研究室，1958 年），頁 16。
〔註 153〕劉家謀：《海音詩》，頁 16。

呼「醋矸廟」。文中尚提到「東安坊嶽帝廟亦有之」，只是目前的東嶽殿並未見這個祭祀活動。

圖 4-45　月老、速報司與醋矸

圖片來源：胡欣榮攝 2012 年 03 月 08 日

　　日治時期醋矸被毀後，世人漸淡忘。光復後廟方重新擺上醋矸，移到左側「速報司」（水守爺）案前，貼上寫著「醋矸」兩字的紅紙，與「陳情」專用紅紙。民國 100 年時臺南市本土藝術家林正男餽贈新「醋矸」置於速報司前。

　　傳說「速報司」負責普查民間疾苦，因行動速捷得名，一般神像都雕刻成安坐在神椅上，「速報司」只坐三分之一，左腳伸直微翹，像要馬上起身站起來，意謂信眾所託，都會馬上起身辦理。據說邊攪拌醋矸、邊訴說怨言更靈驗。

　　許丙丁的「小封神」和連雅堂「雅言」將「速報司」說是專管男女感情問題的「水守爺」：「腳翹翹，面繚繚，保庇大豬緊入稠〔註154〕」，清代青樓女子〔註155〕常拜「水守爺」，因為臺南府城所使用的語言是為河洛話，「水守」與「水手」是近似音。據說可讓船員成為常客，為清代西門城垣附近與日治時新町一帶的風月場所從業人員所祭拜的神祇。

〔註154〕大豬指出入風月場所的大爺們，「稠」就是「舍」，豬稠（舍）指風月場所，參考許丙丁著、呂興昌編校：〈小封神〉《許丙丁作品集》（臺南：臺南市立文化中心，1996 年 5 月），頁 24～25。與連雅堂：《雅言》（台北：實學社出版股份有限公司，2002 年 8 月）

〔註155〕在臺南府城稱為「城邊貨」，參考許丙丁：〈臺南教坊記〉《台南文化》3：4，1954 年，頁 19～32。

（十）做十六歲（西羅殿）

早期臺灣社會對家庭財產繼承方式有「查埔囝得田園，查某囝得嫁粧。」說法。臺南府城屬商業經濟社會，對女兒的教養非常重視。出嫁時給予大量陪嫁物提高在夫家地位，

娘家會為女兒打點、支付生孩子「做月內」、孩子「滿月」、「周歲」（度晬）、「十六歲」……等生命禮儀的費用，所以有「出世吃到度晬，度晬吃到十六歲」說法，還有「嫁妝一牛車」與「尚好娶府城查某囝仔，毋通嫁作臺南新婦〔註156〕」之說。

「做十六歲」是臺南府城特殊民俗。清朝初、中期五條港是府城對外貿易重心與經濟命脈，港岸是郊商貿易進卸貨物碼頭，大量移民從事苦力工作，形成姓氏、祖籍為中心的碼頭工人集團。未滿十六歲的小孩只能領童工薪資，引起南河港郭姓碼頭工人勞資爭議，遂由官方出面調停制訂遊戲規則，只要小孩年滿十六歲，就視同成年，領取成人的薪資。這個習俗逐漸擴展到整個五條港，進而形成臺南府城全城共通的民俗活動。

一般人相信，七星娘娘是小孩子的守護神，此後臺南府城的小孩只要年滿十六歲，外婆家一定為之準備依一切儀典必需品，並宴請親朋告知街坊。在滿十六歲那年七夕，在家焚香祭拜七娘媽，或到七娘境開隆宮祭祀「七娘媽」酬謝神恩。

在家祭拜「七娘媽」是在客廳擺出分上下層供桌，將七娘媽亭墊高置供桌正後方中央，上層供桌中間是香爐、右邊是紅龜粿（外嬤龜）、左邊是油麵或麵線，金紙放在旁邊，下層最內擺四果、五牲、素果（菜碗），並依序往外擺七碗油飯、七碗麻油雞酒和七碗甜芋，一盤是包括胭脂、新竹膨粉〔註157〕、鏡子、梳子、茶油（髮油）、香水和紅袋子、針線的七項化妝用品，一盤是七朵圓仔花（或玉蘭花等香花）、七朵頭簪花和花枝、燭台、七雙筷子和七支湯匙，供桌兩旁綁二枝紅甘蔗。

祭拜完後是「鑽鳥母宮」，「鳥母宮」即「七娘媽亭」是一個用竹片和彩紙糊成二至三層的樓亭，約五尺高左右，最上層有七娘媽的神符，用來祭祀七娘媽。首先由父母親將七娘媽亭高舉，滿16歲的孩子要鑽進供桌繞行七娘

〔註156〕黃徙：《海翁兮故鄉》（臺南：真平企業，2002年），頁230～231。
〔註157〕泡粉。早期化妝品，用高嶺土、雪花石膏粉、香料、色素為材料，當粉底或腮紅。

媽亭三圈，然後焚化，藉此儀式感謝七娘媽的呵護，使孩子能平安長大，從此之後脫離七娘媽的照顧。

　　臺南老一輩的人說，這代表孩子離開「鳥母宮」轉大人，鳥母也完成照顧孩子的任務，七夕這天要隆重的祭拜「七娘媽」及他的屬下「鳥母」及「床母」，感謝祂們 16 年來的照顧。「做 16 歲」時，外祖母、舅舅要替外孫準備紅包、鞋、襪、帽、衣服、褲子、手錶（錶鏈）、金戒指、車子……行頭外，祭拜用的紅龜（麵龜）也是由外祖母準備，稱之為「外嬤龜」。祭拜結束後，做 16 歲的孩子換上全套裝備到住家附近逛一圈，「外嬤龜」分送親戚、朋友與鄰居，讓大家知道孩子已經 16 歲成年〔註158〕，故有俗諺：「外嬤龜，四界嘟」。

圖 4-46　外嬤龜與供品、七娘媽亭、鑽「鳥母宮」

圖片來源：胡欣榮攝與舊照、鑽「鳥母宮」取自國立臺灣歷史博物館（館藏號：2004.019.0145）

第三節　聯境

　　「境」是指土地的疆界，在臺南府城廟有公廟（如文廟、府縣城隍廟、大天后宮），有私廟，也有境廟。境廟是以寺廟信仰祭祀圈〔註159〕為「境」的範圍，由境民支持，轄區大者十餘街，小者一、二街，有時有屬廟稱角頭廟，

〔註158〕以上「做十六歲」的儀式、擺設、……等，是以研究者當年「做十六歲」時的程序、流程、裝置……為依據，並與家父詢問與老相片所得，或因時代不同其中可能有部分差異，然整體活動大致如此。

〔註159〕林美容定義祭祀圈是「為了共神信仰而共同舉行祭祀的居民所屬的地域單位」；信仰圈「是以某神明或（和）其分身之信仰為中心，信徒所組成的志願性宗教組織，信徒的分布有一定的範圍，通常必須超越地方社區的範圍，才有信仰圈可言。參考林美容：〈由祭祀圈到信仰圈——臺灣民間社會的地域構成與發展〉《中國海洋發展史論文集》第三輯（中央研究院三民主義研究所，1990 年），頁 93 和頁 101。

信徒到寺廟祭祀、發願、祈安、濟難、鎮疾、求醫、撫冥、卜命……等，成為生活的中心。

「聯境」制度是獨步全臺的特色之一，是由若干個「境」所結合成的組織系統，其最原始的目的是為了結合人群與地域結構，團結民間力量，維護地方安全以達到「合境平安」目的「聯境」。

清領以來臺灣一直處於邊陲地帶，對臺灣治安只在肅清反清力量，在地方政府的人力、物力都不足，綠營兵紀律鬆弛，無法應付迭起民變、械鬥，府城防務由商人團體和地方士紳協議組成民防體系。

臺南府城一開始並無建城牆，至朱一貴之役後是木柵竹城時代，林爽文事件後改築三合土城，乾隆五十一年（西元 1786 年）臺灣海防同知楊廷理將郡府居民每數十家添置木柵，防宵小趁亂打家劫舍，維持地方治安，並將五條港碼頭工人組織成「五色旗義民」，彌補官方兵力不足。蔡牽之役後、由三郊組織民防「三郊旗」協助城防，維持府城治安及防衛。

鴉片戰爭時，府城設「籌防局」，由紳士統籌城防，福建巡撫徐宗幹也復設全臺團練總局，負責籌措兵員、糧餉。總兵林向榮，水師副將王國忠北征時，將府城營兵義勇全部帶走。署巡道洪毓琛依各街境依地理環境、境民之間的情感及利害關係，劃分城中為五段，各設總簽首，各街境設簽首一人。城內分東、西、南、北、中五段，東段分由兩員管轄：「六合境」與「八協境」。西段二員員管轄：「六和境」、「六興境」。南段一員管轄「八吉境」。北段一員管轄「十八境」。中段一員管轄「廿一境」。小西門內外亦設一員轄「四安境」。大西門外是商務繁盛地區，分設南、北各一員分轄「三協境」與「七合境」共十境，各聯境另有一境主廟統籌一切。聯境名前的數字代表境內組成聯合的寺廟數，故共計有九十七間寺廟，形成廟境聯合協助治安的防衛，以彌補官方不足的「城區聯防」〔註160〕，但力量不能和義民旗一樣足以守城、平亂，只能維持地方治安，其中位於府城舊城中心以大上帝廟為廟首的二十一境，因未參與城門守備以負責伙食支援。當時粽子成為方便的外送食物，所以大上帝廟週圍過去有不少家粽子店。

〔註160〕石萬壽推測聯境確定年代，極可能是在道光 20 年左右，姚瑩擔任臺灣巡道時期。轉引自石萬壽《台南府城防務的研究——台南都市發展史論之一》（臺南：友寧出版社，1985 年），頁 98。與石萬壽：〈台南府城的城防——台南都市化研究之一〉《臺灣文獻》30 期（4），頁 140～166。

　　除聯境外，郊商亦有民防體系〔註161〕，三郊商人的三益堂也設有大簽首三名，負責大天后宮、水仙宮、海安宮、鹿耳門天后宮（媽祖宮）、溫陵媽廟、義民祠（已廢）的祭祀，港道疏濬與人力、財力支援的防務工作，不直接參與城防工作了。

　　日治時期都市改正拆遷和二次世界大戰戰火摧毀下，「聯境」中的成員因有些寺廟的神像被移祀他廟中，於日後再擇地重建：如六合境永華宮原在府前路臺灣銀行附近，現今則遷建至柱仔行府中街內；有些因主祀相同合祀成一廟：如三官壇合祀至三官堂並改為三官廟；有些是兩廟拆遷重建，如「八吉境」橬仔林朝興宮北港媽祖分靈與馬兵營保和宮池府千歲合祀成橬仔林朝興宮馬兵營保和宮、「十八境」大北門辜婦媽廟辜婦媽與陰陽公廟陰陽公遷廟重建後，辜婦媽合祀於陰陽公廟成為同祀神；有些是其他寺廟拆廟後，遷入他廟中而取代成為主祀，如「八吉境」關帝廳因遷至東轅門土地公廟合祀，後再拆廟重建王提塘街，改為關帝廳合祀東轅門土地公與王提塘講古街觀音菩薩；也有就此失佚：如原址在南門路與友愛街口臺南市刑警隊的「二十一境」龍王廟拆除後，即不再重建。

　　隨族群祀神活動與人際關係維繫與變遷，地域再分化或不同地域重新聯結，形成交互重疊的祭祀圈或信仰圈。府城聯境目前仍存在，但已不再俱有治安防衛的目的和供能。因寺廟的更佚、遷建與合併，聯境組織重新組合，其中大部份的土地公廟都已不存在，甚至名稱部份也有所改變，如原「七合境」目前所剩下的普濟殿、媽祖樓、集福宮、金安宮4間寺廟組成「四聯境」；「二十一境」的二十二間寺廟只剩八間，改組成「中和境」；「六興境」的三間土地公廟在日治時代被拆毀，到目前只剩開山宮、慈蔭亭與保西宮三間，仍以「六興境」稱呼。

　　目前廟境的功能還是具有「祭祀圈」的作用；「聯境」的原有防衛功能早已消失，目前已大多表現在「聯境」組織內與友廟的建醮祭祀行為上，當同聯境中寺廟舉行醮典時，同境其他廟宇會盡力襄讚，甚至擔任「主普」，柱仔行永華宮、米街廣安宮、頂大道興濟宮、下太子昆沙宮和城外的中營慶福宮五間寺廟組成「主普聯誼」，並各取廟名的第一個字當作匾額互贈。

〔註161〕郊商的影響力除府城內的大天后宮、義民祠⋯⋯等地外，大體侷促於大西門及五條港區，無法干涉城內其他區的防務。於是城內耆紳為維持地方治安及公共利益，聯合數境街眾，自訂章程。

　　目前「聯境」組織活動中以「四安境」所運作三年一次的「元宵臺南四安境迎聖旗」（見第三節）最有特色；2012年原八吉境也同組「八吉境聯誼會」，每年各寺廟輪流主辦祭典與餐敘。

圖4-47　咸豐年間八吉境聯約規條與境簽首（其中有東轅門無關帝廳）

圖片來源：朝興宮主委拍於國立歷史博物館

圖4-48　八吉境聯誼會標誌

　　本研究對象中有 28 間隸屬原十個聯境的 97 間寺廟之列，若將三郊所轄大天后宮、水仙宮與海安宮加入，本研究的 34 間寺廟除銀同祖廟、五瘟宮與西羅殿外，共有 31 間都是聯境成員之一佔 30%，十個聯境的境主中就占了 5 間，達到 50%。

　　若再深入分析可知十個聯境 97 間寺廟中，扣除土地公廟 30 間後，本研究的醫藥神寺廟，約占聯境寺廟總數的 45%。在升格直轄市前臺南市有經登記的寺廟共有 333 間，本研究的主體寺廟共有 34 間，其中有 26 間在聯境廟宇之列，佔了 76%高達四分之三。可見醫藥神信仰與臺南府城的關係不僅在一般生活文化習俗上密不可分，在生活政治民防的作用更是息息相關。

　　在內政部《宗教簡介》序文：

> 現今在我國，不論是源自域外之一神教，如基督教、回教，或本土固有、神祇眾多的民間信仰，都能有發展傳播的立足之地。將來政府亦將本諸『宗教一律平等、以服務代替管理、興利重於防弊、宗教事務自治』之四大原則，持續提昇宗教相關部門之行政效率，以護持、協助宗教界，對臺灣社會做出更大的貢獻。〔註162〕

說明了信仰興盛原因與在人類生活中，佔有重要的地位。

　　臺南府城醫藥神信仰在祀神上隨臺南歷史發展，涵蓋天、地、人、自然現象及靈魂（祖先崇拜）與道、佛、儒諸神並存的奉祀，與移民信仰、日本齋教、當權與特權階層信仰、雜揉生命禮俗，政權輪替與社會時空變遷下變革與創新。

　　祀神涵蓋地方守護神保生大帝、感天大帝、廣澤尊王，自然崇拜玉皇上帝、玄天上帝、仁聖大帝、水神大禹、媽祖……，更融合少量移民的福州神祇如五顯大帝、五福大帝、五瘟大帝與密宗佛教。職能在趨吉避禍或因應社會變遷下轉型。從奉祀的神明可看出心理需求及不同時期脈絡下社會變遷。總結而言，閩粵地區民間信仰，在臺南地區特有的社會文化條件下，逐漸發展出獨特性本土化醫藥神系統。

　　臺南府城醫學神信仰及儀式行為表現在許多生活上，如祖先崇拜、神靈信仰、歲時祭儀、生命禮俗、符咒法事及卜卦算命。信仰源自對生活祈求，「生、老、病、死」是一生寫照，所有活動本質歸類成對抗疾病、生死的需求。祭祀活動也為求生、治病、延壽。隨閩、客移民渡海墾殖成為移民精神認同，

〔註162〕《宗教簡介》（臺北：內政部，2003 年 12 月），頁 1。

與佛、儒摻合逐步發展成基層傳統信仰，求個人與家庭富貴財子壽的「互酬性」祭祀活動。

臺灣民間信仰經常以一村一廟的原則，透過村廟活動，來維繫村廟與地方組織關係。每年祭祀由相關村落街莊（角頭）輪值，形成一種社會空間，即所謂的「祭祀圈」。地域性民間信仰組織是漢人移民在臺灣特殊的社會與歷史條件下的一個獨特發展結果。地方性祭祀圈發展外，也發展區域性信仰圈。

臺南府城信仰發展出廟境組織、聯境，甚至形成民防功能。當中的醫藥神寺廟幾乎獨佔這個組織結構組成的四分之三，顯示出醫藥神在臺南府城是一種廣泛性的信仰特質，也是城民生活的縮影。

表4-2　府城各段所屬廟境名稱及各段所轄區域表

				東段
內城區	境　別	防　守	境　主	屬　　廟
	八協境	大東門 小東門	大人廟	*東嶽殿、*福隆宮、*彌陀寺、龍山寺、聖君廟、及祝三多、龍泉井、西竹圍三所土地廟
	六合境	小南門	開山王廟	*清水寺、*永華宮、馬公廟及大埔街、仁厚境、油行尾三所土地廟
	南段			
	八吉境	大南門	保和宮	*重慶寺、*五帝廟、昆沙宮（下太子）、朝興宮、總趕宮、開漳聖王廟（興南宮）、及東轅門、莊雅橋二所土地廟
	西段			
	六興境	大西門	*開山宮	*慈蔭亭、保西宮及西轅門、雙興境、南巷、城外神安宮四所土地廟
	六和境	大西門	*祀典武廟	開基靈祐宮、*開基武廟、米街廣安宮、祝融殿、倉神廟及赤嵌土地廟
	北段			
	十八境	大北門 小北門	*縣城隍廟	*陰陽公廟、*開基玉皇宮、*廣慈院、*祀典興濟宮、*元和宮、*神農殿、顧婦媽廟、慈雲閣、興隆宮、開基天后宮、三老爺宮、大士殿、黃檗寺、及鎮轅境（頂土地）、總祿境（下土地）、安祿境、林投井、柴頭港土地廟
	中段			

	二十一境	居中策應	*北極殿	*府城隍廟、*萬福庵、*天公廟、*三官堂、*三界壇、溫陵媽廟、辜婦媽廟、開隆宮、坑仔底王爺廟、龍王廟、元會境廟及小南天、載福祠、仁壽境、竹仔行、竹仔街、禾寮港、嶺後街、枋橋頭、太平境、頂打石街、下打石街十一所土地廟
小內西外門區	四安境	小西門	*良皇宮	沙陶宮（頂太子）、城外南廠保安宮、牛磨後檨林宮及海防廳土地廟
外城區	南段			
	三協境	五條港	風神廟	*藥王廟、南沙宮、金華府
	北段			
	七合境	五條港	集福宮	*媽祖樓、普濟殿、景福祠、佛頭港崇福宮、金安宮、聖君廟及粗糠崎土地廟

*爲本論文研究對象，資料整理自臺灣文獻第三十卷第四期與「行政院文化建設委員會網站之文化資訊網」〔註163〕

〔註163〕行政院文化建設委員會網站 http：//www.cca.gov.tw/cgi～bin/index.cgi 文化資訊網 http：//www.cca.gov.tw/culture～net/，2010 年 11 月 31 日上網。